权威·前沿·原创

皮书系列为
"十二五""十三五""十四五"时期国家重点出版物出版专项规划项目

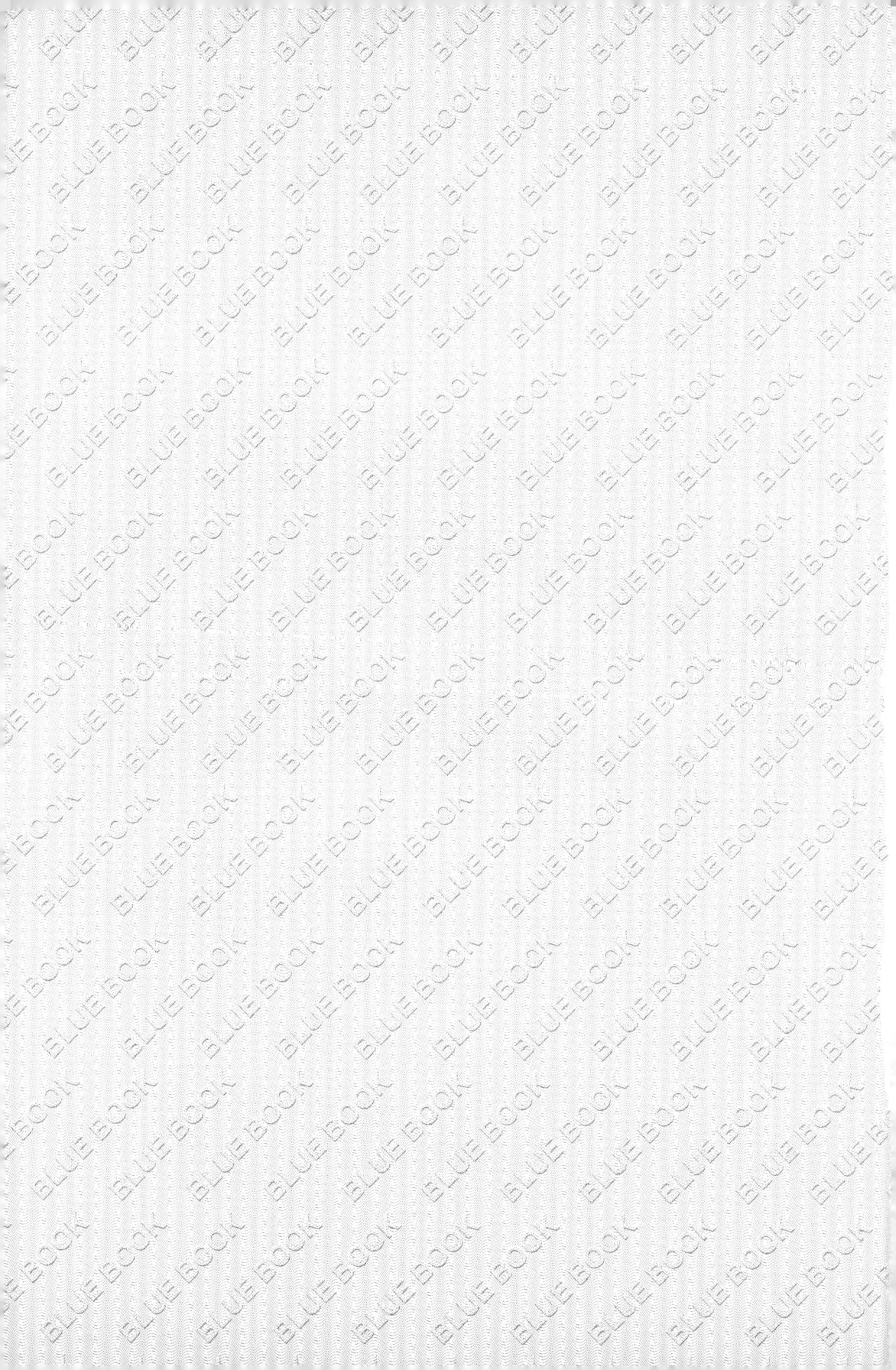

北京经济蓝皮书
BLUE BOOK OF BEIJING'S ECONOMY

北京平台经济发展报告（2023）

ANNUAL REPORT ON BEIJING'S PLATFORM ECONOMY (2023)

平台经济新阶段：创新引领与国际竞争

组织编写／对外经济贸易大学北京对外开放研究院
顾　　问／王　强　王　颖
主　　编／邓慧慧
副 主 编／薛　熠　蓝庆新

社会科学文献出版社
SOCIAL SCIENCES ACADEMIC PRESS (CHINA)

图书在版编目（CIP）数据

北京平台经济发展报告.2023：平台经济新阶段：
创新引领与国际竞争/邓慧慧主编；薛熠，蓝庆新副主
编.--北京：社会科学文献出版社，2023.12
（北京经济蓝皮书）
ISBN 978-7-5228-2872-5

Ⅰ.①北… Ⅱ.①邓… ②薛… ③蓝… Ⅲ.①网络经
济-研究报告-北京-2023 Ⅳ.①F492.3

中国国家版本馆 CIP 数据核字（2023）第 225381 号

北京经济蓝皮书
北京平台经济发展报告（2023）
——平台经济新阶段：创新引领与国际竞争

顾　　问／王　强　王　颖
主　　编／邓慧慧
副 主 编／薛　熠　蓝庆新

出 版 人／冀祥德
组稿编辑／恽　薇
责任编辑／颜林柯
责任印制／王京美

出　　版／社会科学文献出版社·经济与管理分社（010）59367226
　　　　　地址：北京市北三环中路甲 29 号院华龙大厦　邮编：100029
　　　　　网址：www.ssap.com.cn
发　　行／社会科学文献出版社（010）59367028
印　　装／天津千鹤文化传播有限公司

规　　格／开　本：787mm×1092mm　1/16
　　　　　印　张：22　字　数：329 千字
版　　次／2023 年 12 月第 1 版　2023 年 12 月第 1 次印刷
书　　号／ISBN 978-7-5228-2872-5
定　　价／168.00 元

读者服务电话：4008918866

　　本书获对外经济贸易大学北京对外开放研究院首都高端智库试点单位蓝皮书项目和国家自然科学基金面上项目"高质量发展下区位导向性政策的产业升级效应：实现机制与经验辨识"（项目号：72073023）资助

编委会

主要编撰者简介

王　强　对外经济贸易大学副校长，管理学博士，教授，博士生导师，享受国务院政府特殊津贴专家，国家"百千万人才工程"人选。兼任政协北京市朝阳区第十四届委员会副主席，九三学社北京市委委员，九三学社朝阳区委主委，北京市欧美同学会（北京市留学人员联谊会）常务理事。

主要研究领域为服务贸易、国际运输与物流、全球供应链管理、产业经济学。在国内外重要学术刊物上发表论文数十篇，北京市服务业扩大开放等相关领域研究成果曾获党中央、国务院等部门采纳。2009年入选教育部"新世纪优秀人才支持计划"，2013年被授予"北京市优秀教育工作者"称号。获全国商务发展研究成果奖、第六届高等学校科学研究优秀成果奖（人文社会科学）、第七届高等学校科学研究优秀成果奖（人文社会科学）、北京市第十四届哲学社会科学优秀成果奖等。

王　颖　对外经济贸易大学国家（北京）对外开放研究院常务副院长，经济学博士，研究员。兼任全国国际商务专业学位研究生教育指导委员会秘书处办公室主任、中国国际贸易学会常务理事，受聘为北京市人民政府研究室合作外脑专家。

主要研究领域为对外开放政策实践、中美经贸关系、国际贸易理论与政策。出版专著《美国产业地理与对中国贸易政策制定》，参编著作多部，在核心期刊上发表论文20余篇，主持1项国家社会科学基金项目、1项教育部人文社会科学青年基金项目，参与国家级、省部级重大、重点项目10余项。研究报告曾获国家级领导人批示，多项成果被内参采用上报。获北京市优秀教育教学成果二等奖。

邓慧慧 对外经济贸易大学国家（北京）对外开放研究院研究员，国际经济研究院教授，博士生导师。国家社会科学基金重大专项首席专家、对外经济贸易大学杰出青年学者、北京市宣传思想文化系统"四个一批"人才。"双循环新格局与高质量发展"青年学术创新团队和"北京国际消费中心城市建设"智库科研团队带头人，曾获得对外经济贸易大学科研标兵、优秀研究生导师，北京市大学生社会实践先进个人、优秀指导教师。

主要研究领域为数字经济，区域、城市与产业发展。主持国家自然科学基金面上项目、省部级重大项目、教育部人文社会科学项目及北京市社会科学基金项目等 10 余项，出版专著 3 部，在《经济研究》、《中国工业经济》、《统计研究》、*China & World Economy* 等国内外权威期刊发表学术论文 50 余篇，多篇研究报告得到中央和北京市主要领导批示和部委决策采纳。获得教育部高等学校科学研究优秀成果奖（人文社会科学）2 次、北京市哲学社会科学优秀成果奖 3 次，国家一级学会年度最佳论文奖 4 次。担任国家自然科学基金、国家社会科学基金、教育部基金、北京自然科学基金、教育部学位中心通讯评审专家，以及《经济研究》、《中国工业经济》、《经济学》（季刊）、《世界经济》等权威期刊的匿名审稿人。

薛 熠 对外经济贸易大学国家（北京）对外开放研究院研究员，国际经济贸易学院教授，博士生导师，校科研处处长，校学术委员会秘书长，高水平对外开放与金融创新研究中心副主任，国家社会科学基金重大专项首席专家。

2009 年于加拿大西蒙弗雷泽大学获得经济学博士学位。主要研究领域为科技金融、金融开放理论与政策。主持国家社会科学基金、国家自然科学基金及其他课题 10 余项，在国内外一流期刊如 *European Economic Review*、*Journal of Banking and Finance*、《金融研究》、《财贸经济》发表学术论文 30

余篇。多篇研究报告获得国家社科基金项目《成果专报》、《人民日报》、新华社、《光明日报》、教育部、北京市社科基金项目《成果要报》等采纳。

蓝庆新 对外经济贸易大学国家（北京）对外开放研究院研究员，长三角贸易研究院（筹）院长兼国际经济贸易学院副院长，教授，博士生导师，北京市习近平新时代中国特色社会主义思想研究中心研究员，金砖国家研究中心主任，国家社会科学基金重大专项首席专家。

主要研究领域为"一带一路"、开放经济理论与政策。主持国家社会科学基金、国家自然科学基金、教育部基金及北京市社会科学基金、自然科学基金项目及其他课题30余项，出版专著多部，在国内外发表学术论文50余篇，6篇研究报告获得中央领导批示，研究成果获得全国政协、工业和信息化部、商务部、国务院研究室、国务院发展研究中心采纳。获得教育部人文社会科学一等奖1次、商务部全国商务发展研究成果奖5次、北京市哲学社会科学优秀成果奖2次。

摘　要

　　《北京平台经济发展报告（2023）》的年度主题是"平台经济新阶段：创新引领与国际竞争"。面对国际供应链瓶颈与经济全球化逆流、国内需求侧疲软与产业数字化转型等压力，数字经济开辟出国际合作新领域和大国博弈新赛道，平台经济作为经济新底座被给予新的瞩望。2022年以来，平台经济领域政策暖风频吹，1月29日国家发展改革委等部门联合印发《关于推动平台经济规范健康持续发展的若干意见》，指明平台经济的工作重点包括优化发展环境、增强创新发展能力和赋能经济转型发展；12月15~16日举行的中央经济工作会议明确提出"支持平台企业在引领发展、创造就业、国际竞争中大显身手"。多重利好激发下的平台经济释放新活力、呈现新气象，在加快融合创新和开拓国际市场中大有可为。

　　《北京平台经济发展报告（2023）》综合运用调查研究、横向比较、案例分析等方法对北京平台经济进行深度解析，总结并提炼北京创新"平台+"生态体系和业务模式的成果及经验，梳理并分析常态化监管阶段北京营商环境和合规政策的现状及风向，汇集并探讨北京头部平台企业参与全球分工和国际竞争的策略及阻滞因素，勾勒了2022年北京平台经济发展的全景图。报告认为，面对国内外环境的复杂变化，北京平台经济始终呈现强劲的增长韧性，在质效提升过程中深耕生活服务领域，创造消费新业态、就业新模式，整治行业乱象、筑牢数字基础设施、完善数据要素市场，以"先行者"的担当释放巨大的规模效应和辐射效应。聚焦"十四五"规划，北京紧抓"两区"建设、全球数字经济标杆城市建设等契机打造数智高地的

"北京样板",解锁智慧交通、物流融合、金融科技等平台应用新场景,领跑万物互联、数据交易、智能制造等数实融合新通路,并将在更广阔的国际舞台深度链接全球创新网络,释放总部经济效能聚集高端要素,扩容朋友圈探索多元化合作路径。

进入转型升级关键时期,北京平台经济"创新引擎""出海载体"作用日益凸显,但各类平台在转变增长逻辑、规范经营行为、提高发展质量过程中,暴露出平台公共属性与资本逐利目标的矛盾,社会责任缺失的争议与监管治理缺位的困境并存,信息安全、垄断壁垒、数据确权等难题制约着平台经济创新潜力的激发和竞争势能的积蓄。站在打破旧平衡、建立新秩序的路口,北京应坚持践行以人为本、科技向善的理念,促进技术研发与生态治理协同共进,打造符合"双碳"战略要求的高效率、可持续供应链生态圈,营造更具包容度的资源共享型经济系统,激发创新活力;落实横向联动、纵向贯通的常态化监管机制,明确数字公共领域多元主体权责,在业态更迭中把握"守"与"变";整合国内外资源构建企业"出海"全链路服务体系,紧抓全球分工调整、产业链重构契机,积极参与国际规则制定、把控数据风险节点、完善海外仓布局、探索司法协调机制,培育平台企业参与国际竞争新优势,巩固传统市场存量、挖掘新兴市场增量。

关键词: 平台经济 平台企业 协同创新 常态化监管 海外拓展

目 录 ⟍⟋

I 总报告

II 创新篇

皮书数据库阅读**使用指南**

总 报 告

General Report

B.1

2022年北京平台经济发展形势与2023年展望

邓慧慧　王颖　支晨　曾庆阁*

摘　要： 数字化浪潮下，平台经济模式与科学技术创新同频共振，为驱动"数实融合"注入关键动能。2022年，平台经济"北京标杆"活力显现，数字经济增长势头强劲、数字基础设施有序搭建、平台治理政策密集出台，率先形成了国内领先的数据要素市场。随着北京平台经济主体培育深入推进，各类民生平台暖心上线，"头雁企业"引领下产业链雁阵格局形成，创新生态系统广泛集聚创新元素，平台企业全球化脚步明显提速。然而在更加复杂的外部环境中，北京平

* 邓慧慧，对外经济贸易大学北京对外开放研究院研究员，国际经济研究院教授、博士生导师，对外经济贸易大学区域与城市经济研究中心主任，主要研究方向为数字经济，区域、城市与产业发展；王颖，对外经济贸易大学国家对外开放研究院常务副院长、研究员，主要研究方向为对外开放政策实践、中美经贸关系、国际贸易理论与政策；支晨，对外经济贸易大学国家对外开放研究院国际经济研究院博士研究生，主要研究方向为区域经济、世界经济；曾庆阁，对外经济贸易大学国家对外开放研究院国际经济研究院博士研究生，主要研究方向为区域经济、世界经济。

台经济亟待补齐行业内存在技术壁垒、新业态监管迟滞、人才"蓄水池"不足等"硬实力"短板，克服数据跨境风险、社会文化差异、宏观形势动荡等"软环境"制约。为此，本报告认为北京市应多措并举，关注各类群体诉求，落实多元主体责任规制；用好制度"试验田"，推动平台经济领域先进标准"走出去"与"引进来"；拓展万物互联场景，进一步丰富数字消费、夜间经济和便民服务内容；推进生产端数字化转型，以"智"提"质"升级中国制造为中国智造；建好海外仓增强供应链韧性，增强"出海"企业竞争力。

关键词： 平台经济　数字基础设施　创新引领　国际化拓展

平台经济作为我国新一轮科技革命和产业变革中涌现出的新兴业态，获得了前所未有的规模与影响力。当前，我国平台经济正走出粗放发展阶段，如何增强创新发展力、提升国际竞争力成为推动平台经济可持续增长、内生驱动型发展的重要课题。北京市依托政策、资金、技术、人才和首都区位优势，吸引了优秀平台企业聚集，也孵化了众多优质平台品牌，成为我国平台经济发展的排头兵。近年来，北京市坚持"两区"建设和高质量发展"双轮驱动"，聚焦新一代信息技术等重点领域，充分发挥平台经济在扩大就业、促进消费、强化创新等方面的重要作用，大力推进基础研究和数字技术关键领域攻关，积极营造有利于平台企业良性竞争的政策环境，不断强化模式创新和应用创新的长板，同时支持平台企业更多参与国际竞争，在更广阔的市场中补齐原始创新和品牌建设的短板，提升北京平台经济的发展韧性和综合竞争力。

一　北京平台经济发展环境概况

（一）数字经济保持高位增长，成为推动平台经济增长的重要引擎

北京市统计局数据显示，北京市数字经济增加值从 2015 年的 8719.4 亿

元提高至 2022 年的 17330.2 亿元，占 GDP 的比重也由 35.2% 提高到 41.6%，年均增速高达 10.3%。与 2021 年相比，北京市数字经济增加值规模增长了 4.4%，其中数字经济核心产业增加值规模为 9958.3 亿元，同比增长 7.5%，占 GDP 的比重达 23.9%。总体来看，数字经济已经成为推动北京市经济增长的主要引擎。北京市各市辖区表现均十分出色，其中海淀区凭借创新资源集聚优势表现尤其突出。海淀区是我国众多头部互联网平台企业的汇集地，2022 年海淀区 GDP 实现了 1 万亿元的突破，率先成为全国首个经济总量破万亿元的地市级区县，其数字经济核心产业增加值占 GDP 的比重达 50% 以上，成为北京市数字经济发展的重要增长极。

（二）平台经济基础设施建设统筹布局，数字技术底座不断夯实

"双千兆"网络覆盖深度和广度进一步提升。网络设施是链接平台经济供需两端的重要物理节点。《北京市 2022 年国民经济和社会发展统计公报》数据显示，截至 2022 年底北京市已累计完成 7.6 万个 5G 基站建设，万人拥有 5G 基站数居全国首位。5G 网络建设由"广覆盖"转向"精准覆盖"，"241" 5G 网络攻坚行动有序推进。根据北京市通信管理局发布的数据，截至 2022 年 10 月，北京市基本完成广渠路东沿线沿途、长安街沿线至城市副中心京通快速路等"两横"道路沿途以及二环路、三环路、四环路、五环路等"四环"道路沿途 5G 基站的建设优化工作，实现医院、高校、文旅区、火车站、汽车站、地铁站等重点场所 5G 网络精准覆盖，进场率达 96%。千兆光纤覆盖率达到 90% 以上，千兆宽带接入用户数量已升至 124.8 万户，占北京市固定互联网宽带接入用户总数的 12.3%，千兆宽带网络已在车联网、智能制造、医疗健康等重点领域和垂直行业逐步普及应用，持续提升上行、5G 高精度定位等关键能力，逐步拓展"5G+8K""5G+AR/MR"等技术应用场景，家庭与企业商用网络承载能力大幅提高。信息通信的高质量发展也激发了平台经济市场主体活力，主体在北京市的网站数量逾 40 万个，App 数量达到 27.8 万款，均占全国总量的 10% 以上，网站备案率和备案信息准确率均超过 99.5%。

区块链可信数字基础设施平台有序搭建。北京微芯区块链与边缘计算研

究院作为北京市的新型研发机构，牵头研发了国内首个自主可控的区块链软硬件技术体系——"长安链"。2022年以来，"长安链"实现了一系列核心技术突破。2022年11月，全球最大区块链开源存储引擎Huge（中文名"泓"）问世。在Huge加持下，"长安链"协作网络可以充分适应5G、人工智能等技术产生的海量数据场景，为可信万物互联保驾护航，加速了区块链技术在金融结算、国际贸易、政务民生等领域的应用和推广。2023年1月1日0时，北京市目录链2.0正式升级上线。作为全国首个超大城市区块链基础设施，北京市目录链依托"长安链"实现从底层架构到核心算法的全面自主可控，有效打破城市运营"信息孤岛"，提升政务和社会数据安全有序流通的可靠性。

算力基础设施建设稳步推进。北京市经济和信息化局发布的《2022年北京人工智能产业发展白皮书》显示，2022年北京市算力指数位列全国第三，人工智能算力发展位列全国第一，继续保持领先优势。智源"悟道2.0"作为目前全球最大的智能模型，参数规模已达1.75万亿。百度文心大模型作为目前全球最大的中文单体模型，参数规模达2600亿，实现在百度搜索、智能驾驶以及医药等实际场景中的应用，产生百亿级的直接经济效益。北京超级云计算中心于2020年、2021年、2022年连续三年获得通用CPU算力性能（同构众核CPU性能）第一名，展现出北京市超算算力资源的硬实力。2022年7月，工业互联网数字化转型促进中心（北京）揭牌并试运营，助推北京市打造聚焦北部区域的国家工业互联网创新高地。

（三）政策"组合拳"规范平台经济发展，整治乱象保护主体合法权益

2022年5月，北京市经济和信息化局发布《北京市数字经济全产业链开放发展行动方案》（以下简称《行动方案》），《行动方案》明确提出加强数字经济治理，引导平台经济健康发展。要求通过构建多层次合规制度体系和"风险+信用"差异化监管机制，推动平台经济规范化发展。鼓励平台企业开展数据资源合作利用，加快推进业务和数据互联互通。支持区块链和人工智能算力平台延伸应用场景，营造多样化数字技术创新生态。

2022年6月，北京市人民政府印发的《北京市统筹疫情防控和稳定经济增长的实施方案》对平台企业发展做出明确指示，支持平台企业参与智慧城市和新型算力体系建设，拓展"互联网+"消费场景，并提出支持本市企业在香港上市，依法依规推进符合条件的平台企业赴境外上市。

2022年8月，北京市经济和信息化局发布《北京市促进数字人产业创新发展行动计划（2022—2025年）》（以下简称《行动计划》），这是国内首个数字人产业专项支持政策。《行动计划》在数字人技术体系、应用场景、产业生态等方面明确任务要求，对2025年北京市数字人产业规划提出发展目标。作为构建元宇宙内容的基础，数字人产业的加速发展将为平台经济高质量供给和高层次消费提供增长点。

2022年11月，北京市第十五届人民代表大会常务委员会第四十五次会议表决通过《北京市数字经济促进条例》（以下简称《条例》），《条例》在数字基础设施、数据资源、数字产业化、产业数字化、智慧城市建设以及数字经济安全等方面做出了规定，建立健全了平台经济治理规则和监管方式，为完善平台企业自我治理和政府治理提供了政策依据。

此外，为强化移动应用程序（App）数据和消费安全的监管，北京市通信管理局自2022年4月起开展北京地区App综合治理专项行动，对辖区内应检App展开抽测。截至2022年12月30日，北京市通信管理局已对112款检测结果不合规的App予以通报，其中涉及问题包括未经用户同意收集使用个人信息、强制用户使用定向推送、App频繁自启动和关联启动等。App是平台经济的重要载体，App乱象整治对平台经济运营企业积极落实主体责任、对平台消费者的信息保护起到监督作用，为平台经济持续健康发展提供了良好的市场环境。

（四）数据要素市场建设已见成效，数据治理创新提升开放能级

积极开展数据交易先行先试，在全国数据要素市场形成领先优势。数据是平台经济的核心生产要素，加快完善数据要素建设是破除平台经济发展障碍的重要举措。2021年3月，北京国际大数据交易所（以下简称"北数

所")成立,成为北京市数据进场交易登记、评估和规范流通的核心平台。北数所在全国率先推动并引领"可用不可见、可控可计量"的新型数据交易范式,率先探索数据确权的市场化方式,推动多场景数据价值安全流动。北数所数据托管服务平台于2022年4月正式投入使用,成为国内首个可支持企业数据跨境流通的数据托管服务平台。根据"两区"建设两周年新闻发布会公开数据,截至2022年9月,北数所数据交易参与主体共333家,入驻平台及引入各类数据产品量1253个,产生数据交易合约1774个,数据交易调用7.73亿笔。北数所数据资产登记中心也于2022年7月正式揭牌。作为国内首个权威性数据资产登记中心,北数所数据资产登记中心在确权技术、互信技术、交易技术、评估技术支撑下,为北数所提供基础性服务,这是北京市探索数据合理化定价机制、推进数据要素市场化流通的重要举措。北数所数据资产登记中心的设立为北京市推进数据要素市场化配置按下了快进键。根据北京市经济和信息化局统计的数据,2022年北京市数据要素市场规模已达到350亿元,占全国数据要素市场规模的比重约为39%。

数据安全治理创新实践不断深入,持续探索数据开放。2022年以来,北京市不断完善数据安全保障体系,提升数据安全治理能力。北京市经济和信息化局统计数据显示,2022年北京市网络安全企业数量达到932家,领跑全国。2021年9月,北京大兴国际机场临空经济区联合国家互联网应急中心北京分中心、ICMA智联出行研究院、信联科技等专业机构组建了"数据跨境安全与产业发展协同创新中心",着力探索数据跨境安全评估服务与检测技术创新,经过一年多的实践,已建设形成数据出境合规服务平台和央地协同安全监管平台,有效降低了企业合规成本,防范了数据出境安全风险。2022年9月,北京市海淀区获评首批国家网络安全教育技术产业融合发展试验区,依托中关村国家自主创新示范区核心区、国家服务业扩大开放综合示范区、中国(北京)自由贸易试验区科技创新片区"三区"叠加优势,加快"平战结合"的网络安全公共服务平台建设,探索融合创新机制,打造试验区"海淀模式"。完善的数据安全保障体系也为数据开放共享构筑底座，数据活力不断释放。2021年10月，北京市公共数据开放平台开始运行，据平台统计，截至2023年7月，北京市公共数据开放平台累计注册用户4.6万余人，开放数据累计下载使用总量超过32万次，开放了来自全市115个相关单位共计17075个公共数据集，其中包括578723个无条件开放数据项和5771个有条件开放数据项，涉及公共服务事项指南、财税金融、城市管理等热点领域。总的来看，北京市数据开放呈现起步晚但发展快的特征。

二　北京平台经济发展成效

（一）民生领域平台经济有序发展

平台经济生态建设的核心在于推动各类主体参与平台经济价值共创，形成要素资源整合创新的良性循环。北京市通过统筹协调平台经济发展生态要素让数字平台连接更多主体，覆盖居民生活各个场景，发挥平台经济赋能美好生活的最大效力。

生活性服务业数字化升级。2022年，北京市积极开展生活性服务业数字化升级行动，发布实施《北京市生活服务业数字化转型升级工作方案》，联合美团升级"一刻钟便民生活圈"动态地图，"一业一策"提升餐饮、便利店、家政、蔬菜零售、美容等生活性服务业数字化经营能力，通过政企联动推动建设布局合理、业态齐全、智慧便捷的城市"一刻钟便民生活圈"。

"直播+"赋能传统消费。北京市汇集了抖音、快手、京东等多个直播电商平台头部企业以及大量的批发和零售企业，充分释放头部企业的创新聚集优势，有利于将产业优势转化为群众获得感和切实经济效益。北京市着力打造高质量直播电商基地，探索构建立体化直播电商合作体系，支持企业加快拓展直播渠道，参与"2022北京网络直播促销月""桃醉平谷·2022年平谷区鲜桃季"直播助农以及保税仓直播活动，通过"直播+商品""直播+会展""直播+体育"等新模式激活内需潜力,提升北京市数字消费能级。

智慧物流体系提升服务效能。物流是供给端与需求端的连接点,平台经济的快速发展大大提升了物流流量,对单元化物流配送能力提出更高的要求。北京市邮政管理局公布的《2022年北京市邮政行业发展统计公报》显示,2022年北京市年人均快递使用量达到89.56件,同城快递和异地快递业务量也分别完成5.99亿件和13.34亿件。面对巨大的配送压力,北京市加快构建智慧物流体系,为商品干支线运输、市内分拨配送、智能仓储等国内与跨境物流作业场景提供系统化支持。在基地建设上,密云区、顺义区、平谷区等各大物流园区纷纷向绿色、共享、智慧转型,北京大兴国际机场临空经济区顺丰华北智慧物流总部基地、北京市平谷农副产品动态储备暨流通加工中心、北京东南高速公路智慧物流港项目有序推进。在运输配送上,北京市出台《北京市"十四五"时期交通发展建设规划》,积极推进交邮协同,支持建设共同配送站、公共取送点、智能快件箱等末端设施,打通城市末端配送"最后一公里"。此外,依托智能网联和自动驾驶,无人车配送场景也在顺义区、经济技术开发区(以下简称"经开区")顺利落地,助力配送服务提档升级。

(二)头部企业集聚引领效应凸显

北京平台经济主体培育深入推进,已形成健康发展的行业生态。从数量来看,北京市互联网企业继续领跑全国,形成各自领域的行业生态。中国互联网络信息中心(CNNIC)第51次《中国互联网络发展状况统计报告》数据显示,截至2022年12月,我国境内外互联网上市企业中工商注册地位于北京市的互联网上市企业数量居全国首位,占我国境内外互联网上市企业总数的33.3%,上海市、深圳市和杭州市均位列其后。而在实力上,根据中国互联网协会发布的《中国互联网企业综合实力指数报告(2022)》,北京市共有32家互联网企业入选2022年中国互联网企业综合实力百强,同样在入选数量上位列榜首(见表1)。排名前十的北京市互联网企业包括北京三快在线科技有限公司、北京抖音信息服务有限公司①、京东集团、百度公司、北京快手科技有限公司等头部企业，主要经营的平台包括美团、大众点评、抖音、今日头条、西瓜视频、京东、百度搜索、自动驾驶、快手等。这些平台从不同角度延展拓宽城市服务，带动下游产业链条不断衍生新的品牌，逐渐架构出较为完整的线上城市生活数字生态，凭借强大的资源优势和影响力在全国各地广泛布局，引领本地生活领域不同模块高速发展。

表1 2022年中国互联网综合实力百强企业中北京企业基本状况

排名	企业数量（家）	企业涉及的代表性平台
第1~25名	13	美团、大众点评、抖音、今日头条、西瓜视频、京东、百度搜索、自动驾驶、快手、AC-Fun、贝壳找房、链家、58同城、安居客、赶集直招、BOSS直聘、看准网、360安全卫士、新浪网、爱奇艺、搜狐媒体
第26~50名	11	拉卡拉、智联招聘、央视网、学而思网校、猿辅导、斑马、去哪儿网、Opera、Star X、Ark Games、映客直播、新华智云、光环云、汽车之家
第51~75名	3	中国共产党新闻网、"人民网+"、领导留言板、易车App、汽车报价大全、房天下网
第76~100名	5	花椒直播、六间房直播、联动信息、途游斗地主、JJ比赛、263云邮箱、263云视频、263云直播

资料来源：《中国互联网企业综合实力指数报告（2022）》。

从空间分布来看，海淀区和朝阳区凭借卓越的原始创新能力与良好的创新创业环境，成为平台企业集聚发展的主阵地。2022年12月，北京企业联合会、北京市企业家协会发布了"2022北京数字经济企业100强"等一系列榜单。北京市数字经济百强企业2022年度营业收入总额达到1.92万亿元，同比增长14.7%，其中京东集团、小米集团、百度网络技术有限公司、网易有道公司、贝壳控股有限公司等头部平台企业名列前茅。上榜企业主要集中在海淀区，共有52家；其次是朝阳区，共有20家；大兴区位列第三，

---

① 2022年5月6日，北京字节跳动科技有限公司更名为北京抖音信息服务有限公司。

共有8家；其余各区上榜企业数量相对较少（见图1）。整体上来看，北京平台企业集聚发展趋势明显。

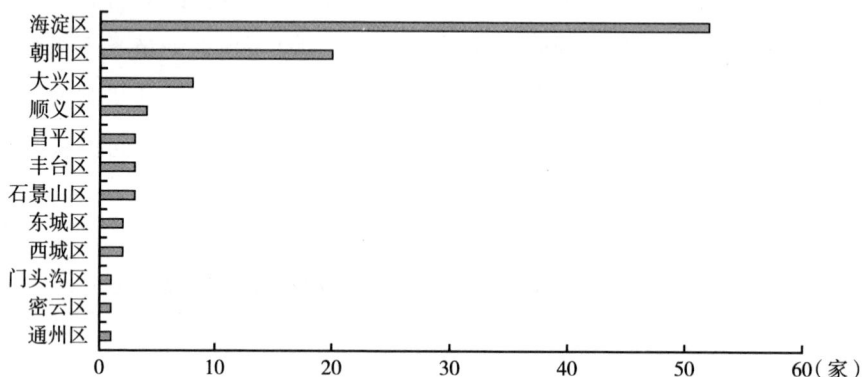

图1 2022年北京市数字经济100强企业分布

资料来源：北京企业联合会、北京市企业家协会发布的"2022北京数字经济企业100强"榜单。

从涉及领域来看，各类平台均处于蓬勃发展期，零售电商平台表现突出。根据网经社电子商务研究中心发布的《2022年度中国泛电商"独角兽"数据报告》，2022年北京市泛电商"独角兽"企业①共30家（见表2），占全国总数的1/3，与上海市（19家）、广东省（17家）相比，具有明显的领先优势。其细分行业囊括居民生活消费的各类场景，零售电商、数字生活和数字健康领域电商平台呈现激烈的多头竞争趋势。技术和产品是企业估值的基础，结合企业估值情况来看，金融科技领域电商平台表现突出，京东科技和度小满金融两大行业头部企业专利布局持续推进，研发实力获得资本认可。

---

① 网经社将"泛电商"定义为以互联网为依托的所有实物、服务和虚拟商品的在线交易行为和业态，包括以大宗商品和工业品为主的产业电商，以消费品为主的零售电商，以在线外卖、在线旅游、在线租房、交通出行等为代表的数字生活及跨境电商、物流科技、数字健康等。"独角兽"指代那些具有发展速度快、数量稀少、是投资者追求的目标等属性的创业企业。标准是创业十年左右，企业估值超过10亿美元。

表2　2022年北京泛电商"独角兽"企业

领域	平台名称	所在行业	领域	平台名称	所在行业
零售电商	抖音	直播电商	数字生活	滴滴出行	移动出行
	车好多	汽车电商		58同城	社区服务
	美菜网	生鲜电商		自如	在线住宿
	转转集团	二手电商		瑞幸咖啡	餐饮外卖
	多点Dmall	生鲜电商		马蜂窝	在线旅游
	微店	电商服务商		途家网	在线旅游
	本来集团	生鲜电商	数字健康	圆心科技	互联网医疗
产业电商	京东工业品	工业品电商		Keep	运动健身
	能链集团	能源电商		数坤	互联网医疗
	易久批	快消品B2B		零氪科技	互联网医疗
	航天云网	B2B服务商		好大夫在线	互联网医疗
跨境电商	空中云汇	跨境服务商		春雨医生	互联网医疗
	Cider	出口跨境电商	金融科技	京东科技	金融科技
物流科技	滴滴货运	同城货运		度小满金融	金融科技
	闪送	同城配送	数字教育	翼鸥	教育服务商

资料来源：网经社电子商务研究中心、网经社投融资中心，《2022年北京泛电商"独角兽"榜单》。

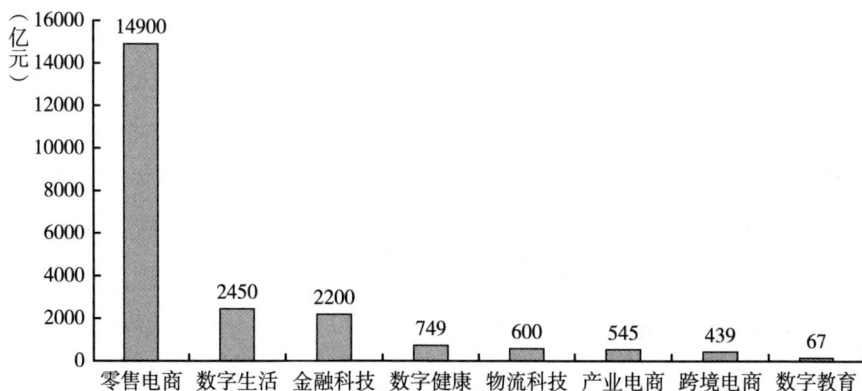

图2　2022年北京泛电商"独角兽"企业估值分布

资料来源：网经社电子商务研究中心、网经社投融资中心，《2022年北京泛电商"独角兽"榜单》。

（三）平台经济创新生态日益完善

加快数字前沿技术研发和成果转换。技术创新是平台经济企业突破发展瓶颈、提升竞争力的重要途径。作为国家科技力量高度聚集地，北京市自主可控、产研一体、软硬协同的技术创新体系逐步形成。《北京市 2022 年国民经济和社会发展统计公报》数据显示，2022 年北京市高技术产业投资同比增长 35.3%，占全市固定资产投资的 15.7%，高技术服务业投资在互联网相关服务领域带动下增长了 41.3%，已培育形成新一代信息技术和科技服务业两个万亿级产业集群。根据科技部新一代人工智能发展研究中心发布的《中国人工智能大模型地图研究报告》，当前我国 10 亿级参数的大模型共计 79 个，其中北京市拥有 38 个。北京市集中突破人工智能芯片、区块链高性能技术、工业互联网以及 6G 等领域关键核心技术，创新成果丰硕。2022 年 4 月，北京市首个高校元宇宙产业科技成果转化平台——北京邮电大学科技园元宇宙产业协同创新中心挂牌成立，进一步探索元宇宙相关的科技成果转化机制突破和模式创新。

应用场景建设多元化布局。数字技术应用的全域拓展持续赋能应用场景建设，北京市线上线下消费新场景不断拓展。CBD、三里屯、大悦城等重点商圈打造智慧商圈大数据管理平台，推出个性化消费引导、安全监管、聚集预警以及智慧停车等功能便利居民消费，三里屯商圈和三里屯太古里南区也在 2022 年分别入选首批全国示范智慧商圈和全国示范智慧商店。作为"两区"建设的重要承载区，CBD 在数字商务场景上频频发力，接连建成国内首个 L4 级别高精度城市级数字孪生平台、发布"北京 CBD 全球数字会客厅"和"北京 CBD 全球创新创业云中心"，推动数字化招商等服务提质增效。在智慧城市建设上，2022 年北京市还发布 10 个智慧应用场景"揭榜挂帅"榜单，涉及智能配送站、全屋智能家居试点、线上线下消费融合智能体验场景店等多个便利民生领域，推动智慧场景加快落地。平台经济也带动了北京老字号品牌的转型，已经有大红门、牛栏山、同仁堂等百余家老字号品牌"触网"，涵盖食品加工、茶叶饮料、服装配饰、工艺美术以及医药百货等多个种类，老字号品牌影响力进一步提升。

创新监管服务和权益保障体系。为真正适应企业需要，海淀区开始深入推进网络交易监管与服务创新，积极创建"政府+企业"的新型合作伙伴关系，推进"接诉即办"与"创新合伙人"服务模式，"一企一策"确保企业合规发展。此外，随着新业态下新型用工模式的"升温"，新型劳动关系中关于保障措施的新问题开始显现。针对新就业形态劳动者维权案件，北京市开始着力规范平台用工、完善职业伤害等社会保障制度措施，探索新场景治理，如经开区仲裁院相继在平台经济龙头企业、人力资源产业园、街道社区建立基层调解组织，努力填补新就业形态劳动者权益保障"真空"地带。

（四）优势平台国际赛场大显身手

平台经济具备打破时空限制的强大优势，随着国内电商平台的流量红利逐渐触顶，开拓国际业务成为平台企业的第二增长曲线。北京大力支持平台企业向国际市场进军，在国际竞争中大显身手。

推动跨境电商高质量发展。2022年以来，北京市以《关于进一步推进跨境电子商务创新发展的若干措施》为指导，依托天竺综合保税区、大兴综合保税区以及跨境电商示范区，探索建立跨境电子商务平台企业综合评价体系，积极培育具有较大发展潜力的新业态新模式初创平台企业，支持企业完善海外仓和海外运营中心等配套服务设施，搭建出口传统贸易企业与平台企业合作对接平台，支持重点跨境电商平台加速全球布局。"免税、保税和跨境电商政策衔接试点"和"跨境电商销售医药产品试点"在2022年中国国际服务贸易交易会上入选北京"两区"建设十大最具影响力政策，两项"北京特色"跨境电商首创性政策给国内消费者带来了更加安全、便捷、稳定、高效的消费体验。

鼓励企业"出海"拓市场。字节跳动是北京积极实施海外发展战略的平台企业的典型，经历多年深耕国际市场，截至2022年3月，字节跳动海外业务已涉及游戏、音乐、网文阅读、美颜拍照、To B、兴趣种草、教育、视频剪辑、电商、漫画等诸多领域。市场分析公司Sensor Tower公布的数据显示，2022 年第四季度抖音海外版 TikTok 以及字节跳动旗下另一款视频编辑应用 CapCut（剪映海外版）在 App Store 和 Google Play 的全球应用程序下载量分别位居第二和第四，在美国、欧洲、亚洲应用商店的下载量榜单中均跻身前五，在与国际竞争对手的较量中彰显中国硬实力。

三 北京发展平台经济面临的挑战和问题

（一）创新"硬实力"尚存短板

1. 多领域技术壁垒影响创新效率

平台经济的蓬勃发展与数字技术和商业模式的创新密不可分，其中平台企业正是引领和推动创新的主体，然而流量的飞轮效应以及研发的高投入特性导致资源在头部平台集聚，与规模经济相伴而生的进入门槛和技术壁垒抑制了行业整体的创新积极性，甚至引发垄断竞争行为。对于美团、滴滴等各领域代表性平台而言，算法等技术的创新和积累不仅是企业的立足之本，更是提供差异化服务、培育核心竞争力的关键所在。为此，美团 2022 年持续加大科研投入力度，全年研发支出同比增长 24%，达到创历史新高的 207 亿元；滴滴在 2017~2022 年累计研发投入高达 350 亿元，其中 2022 年的研发费用为 95 亿元。[①] 如此高昂的研发成本令许多中小平台企业望而却步，平台间合作缺失进一步造成要素重复投入和流动受阻，在缺乏良性竞争的市场环境中头部平台企业凭借技术优势进行"大数据杀熟""猎杀式并购"，这种边界的无序拓展和对市场多样性的破坏降低了整个经济系统的创新活力。

2. 新兴技术的监管治理存在迟滞

日新月异的数字技术驱动平台经济业态加速更迭，新模式、新产品不断涌现，但政府服务和监管治理往往落后于新技术发展的脚步，存在约束管理

---

① 资料来源于美团和滴滴 2022 年年度财务报告。

和包容创新平衡的两难问题。一方面，政策缺失、制度失灵导致新经济领域出现监管缺位和监管盲区，如新经济企业成长需求与传统市场准入要求不适配，关键自主技术的落地认证因政策空白而受到阻滞，创新产品在市场推广初期缺乏政策支持，数据资产因权属登记和价值评估不够清晰而循环不畅等。另一方面，新经济现象也给监管带来挑战，线上技术领域复杂性和侵权行为隐蔽性提高了责任认定难度，平台企业涉及主体众多、纠纷形式多样，暴露出政府传统单一治理模式的局限，隐私安全、无序竞争、税务关系、环境卫生、未成年人保护、劳动者保障等关键领域问题层出不穷，如何实现既守护底线又规制适度的常态化监管，避免政策过于严格压缩创新空间，需要政府相关部门在实践探索中寻找变与不变之间的平衡点。

3. 高水平人才培育供给亟待优化

人才资源是北京建设全球数字经济标杆城市的重要支撑，也是平台企业核心技术取得突破、研发成果积累巩固的关键因素。在全行业数字化深入推进的背景下，复合型专业人才需求日益旺盛，然而2021年中国信息通信研究院发布的《数字经济就业影响研究报告》显示，2020年我国数字经济核心人才缺口接近1100万，人才匮乏正成为制约平台经济发展的瓶颈。与其他城市相比，北京市教育资源充沛、优质企业云集，但同样面临高层次人才需求断层的困境，尤其是人工智能、数据挖掘、量子计算等前沿技术相关岗位招聘困难，"信息传输、软件和信息技术服务业""数字科学研究和技术服务业"是与北京市数字经济最为相关的两类行业，后者的波动趋势大致反映出研发和技术人才数量的变化情况（见图3）。2022年安永与华为联合发布的《中国ICT人才生态白皮书》指出ICT领域人才缺口呈现持续扩大的态势，大部分企业仍需对应届毕业生进行6~12个月的在岗"重塑"才能使其达到任职标准，这揭示了人才培育结构中存在的问题。尽管各高校积极探索产学结合的交叉学科体系，但该体系与市场和产业发展的适配度依然有待提高，高校层面人才培养、留用与转化等环节的系统性不足。

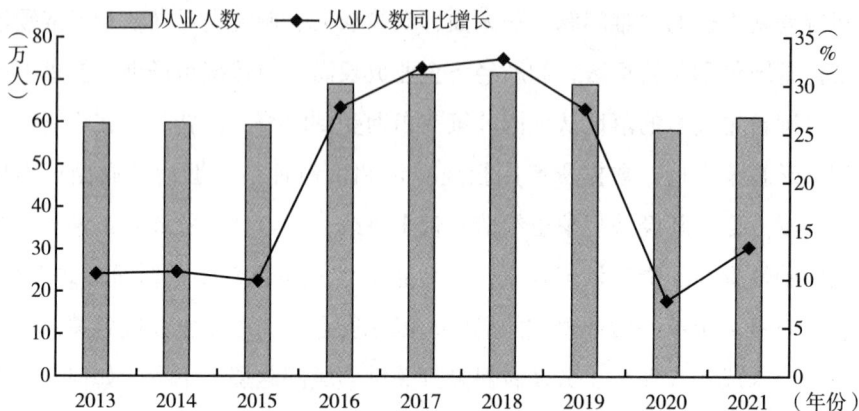

图3　2013~2021年北京市数字科学研究和技术服务业从业情况

资料来源：国家统计局数据库。

（二）国际"软环境"面临动荡

1. 数据跨境流通存在安全风险

数据流动贯穿平台企业整个生命周期，并追随平台海外拓展脚步越过国家边界，成为跨境数字贸易的核心价值媒介。海量数据的全球流转带来了商业模式变革、经济效率提高和国际合作增加，基于这一背景，北京发力建设国际数据港为各类主体"走出去"与"引进来"提供"数据力量"，但日渐庞杂的个人、企业和国家敏感信息与安全技术漏洞增多、管理制度缺失、网络攻击升级以及市场主体非理性特征交织，由此产生的系统性风险加剧。此外，随着数据要素的价值不断攀升，各国纷纷围绕数据流动规制开展角力并试图抢占先机，以数据为目标的黑客攻击更具团队性、对抗性和隐蔽性，当前健全数据合规体系、构筑网络安全屏障迫在眉睫。

2. 海外市场拓展受到环境制约

随着国内互联网市场日趋饱和，曾经凭借流量开发拓展业务空间的高增长模式难以为继，"出海"成为平台企业未来发展的必然趋势。直面两个市场、两种资源，国家和地区间社会文化差异对平台企业运营模式、品牌推广和产品营销等的影响不容忽视。以跨境电商为例，谷歌联合德勤发布的《2021中国跨境电商发展报告》指出美国、英国、西班牙、德国和法国等地消费者与国内消费者的购买习惯不同，前者更为看重品牌的功能和精神价值、故事和形象塑造，尤其是对负责任、有科技感、重环保等附加内涵的认可度较高，这对品牌化趋势下以本土化为目标的跨境电商提出了更为多元化的要求。与此同时，监管环境复杂、合规成本增加、市场竞争加剧等经营风险提高了企业海外生存的难度。

3. 全球经济增添不确定性变量

从政治、金融、贸易等多个层面来看，一系列黑天鹅事件深刻改变了世界发展格局，在动荡的宏观经济环境中平台经济艰难步入下半场。2020年突袭而来的新冠疫情、2021年苏伊士运河货轮搁浅、2022年以来美国多个港口卡车司机罢工等事件将海运费用推至高峰，也暴露出全球产业链和供应链的脆弱性，各国经济政策纷纷转向。2020年1月至2023年1月中国出口集装箱运价指数（CCFI）如图4所示。2022年2月爆发的俄乌冲突进一步

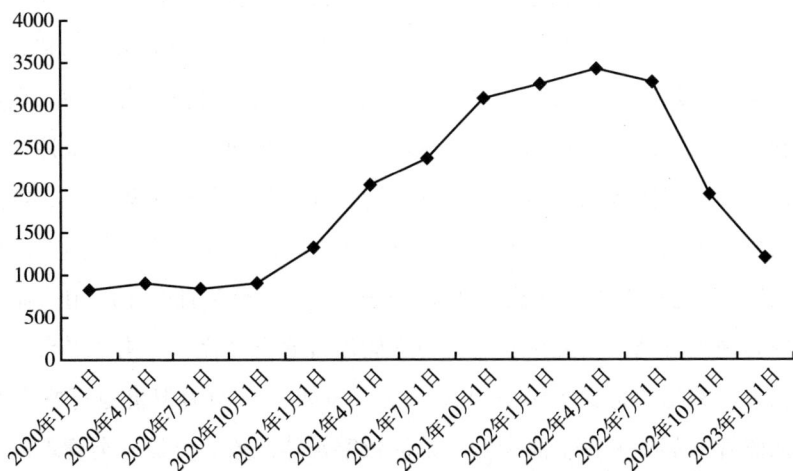

图4 2020年1月至2023年1月中国出口集装箱运价指数（CCFI）

资料来源：上海航运交易所和艾瑞咨询。

导致国际能源体系重构、金融秩序动荡，叠加日益盛行的单边主义和贸易保护主义，国际经贸环境持续恶化。值得注意的是，气候变化、自然灾害、资源稀缺等环境问题也是造成企业生产力下降、动摇投资者信心的重要因素。面对复杂变量冲击，仍有跨界"玩家"尝试入局平台经济，使需求收缩的海外市场竞争更加激烈，在成本和需求双重压力下，平台企业不得不提高技术壁垒、积累独特优势、完善海外仓储。

四 2023年北京市平台经济发展思路和策略

（一）多措并举强化生态治理，各主体协同克服"数字鸿沟"

数字社会中的网络环境维护与每个参与主体息息相关，商业领域算法效率提升，但政府职能转变过程往往伴随个体信息保护与公共利益捍卫的权衡之困，为此应围绕边界合理、数据权益、内容规范等关键领域推动多元主体责任规制，构建政府主导、企业协同、用户参与的"数字公共领域"治理模式。在平台边界约束方面，应进一步细化反垄断相关法律并统筹完善算法技术合规、知识产权保护、市场公平竞争规章，建立社会信用体系和共享经济市场秩序，培育并引入第三方监管机构，规范大型科技平台行为。在数据资源利用方面，应加强数据加密、存储、恢复技术研发，优化安全评估、审查认证流程以保障数据跨境流动便利畅通，立法界定数据采集加工、资产权属和收益分配问题，开展平台企业分层分类服务释放"雁阵效应"，推动"数字特区"建设探索公共数据共享、公开算法内容和社会化应用机制。在线上内容规范方面，信息唾手可得与虚假谣言盛行并存，应构建平台、学校和家长合作参与的青少年保护模式，以"清朗"行动为契机施行常态化系统性强监管，落实平台主体责任、整治数字媒体乱象、分级分类管理内容。

在注重采用效率与公平兼顾的治理方式时，以老年群体为代表的非网民群体尤为值得关注。《2022年北京市老龄事业发展概况》显示，截至2022年底，北京市60岁及以上常住人口数量为465.1万人，占总常住人口的

21.3%，在网络缴费、扫码点餐、掌上医疗、数字媒体日渐普及的今天，"数字鸿沟"的存在令"银发网友"触网难、办事难。为了保障人口老龄化趋势下夕阳群体的数字权利，可以组建智慧社区平台，以街道为单位组织科普活动，讲解智能手机使用、宣传安全上网习惯，鼓励平台企业通过提高技术包容性进行适老化改造，引导子女增加对父母的关心和陪伴，全社会共同营造老年群体的安全上网环境，实现数字化和老龄化同频共振。

（二）发挥头部平台示范效应，开展标准研制并完善规则制度

北京市在出行、餐饮、电商、社媒等领域拥有美团、京东、抖音等行业内领先平台企业，可以充分发挥"两区"先行先试的政策优势，在制度"试验田"中培育并形成一批在平台经济领域具有国内国际影响力的"北京标准"。一方面，鼓励相关企业、科研机构、行业协会等与政府部门一同制定平台经济行业规范，探索人工智能、移动物联、智能安防等新型技术设备标准创制，推进线上数字经济虚拟产品与线下实体经济实物产品认证对接实现"数实融合"，搭建数字化、智能化政务服务和规则查询平台推进行业合规建设，通过完善知识产权保护、采取负面清单制度等措施鼓励企业创新。另一方面，数字经济的全球化属性与北京高标准扩大开放、衔接高标准国际规则的目标相契合，可以在高质量共建"一带一路"国家、对接 RCEP 新规、申请加入 DEPA 过程中，以更积极的姿态接轨先进规则倒逼平台企业完成合规调整，开展科技合作推动领先标准走向国际，实现规则高水平"引进来"与高质量"走出去"并重，营造更具开放度、数智化、灵活性的营商环境，把握数字贸易港和大数据中心建设契机汇聚全球流通数据、引导数据跨境流动、支撑平台企业创新、引领数字规则制定。

（三）释放线上线下经济潜力，创造消费新空间提升城市活力

线上平台通过"承包"人们的衣食住行成为便利日常生活的"基础设施"，其极强的包容性从多维度创造数字消费场景、丰富夜间经济内容、延伸便民服务渠道，成为消费升级和扩大内需的有力抓手。因此，在国际消费

中心城市建设提速背景下，北京市应发挥平台经济优势，利用数字技术构建"万物互联"智能场景，融合线上线下释放夜间消费潜力，搭建社区网络推进便民生活圈建设。首先，不断加强新技术研发并探索新场景应用，用数字基础设施升级支撑智能生活，例如营造更具互动性和真实性的在线教育课堂情境，推广基于智能器械、在线问诊和远程手术支撑的智慧数字医疗，依托元宇宙打造虚拟现实空间、创新体育文化体验。其次，激发夜间消费潜力、打造多元消费形态，立足北京购物商圈、美食街区和文化古迹打造夜间新地标，将线下娱乐节、灯光秀、音乐会等活动和线上宣传预热、优惠促销、评价推荐、电商购物相结合，推广老字号品牌、博物馆文创等特色产品，烘托民俗氛围、增加城市内涵，护航夜经济。再次，以线上平台和即时物流为承载进一步完善"一刻钟便民生活圈"，以点连线、以线带面覆盖买菜、就医、租房等本地化服务，搭建连接居民和商户的线上洗衣、理发、家政、维修等服务预约平台，鼓励平台业务与零售店铺对接，瞄准家庭消费中早餐、生鲜等需求开展线上下单、线下即提模式，减少选购和结账过程中的排队情形，让居民更便利，让城市有温度。最后，在消费新模式、新空间、新场景中，需要格外关注消费者权益保护问题，完善平台售后服务、保证网购产品质量、防止虚假宣传。

（四）融合创新赋能转型发展，联动推进产业应用与技术升级

平台经济以"新基建"为底座搭建起连通数字技术和传统产业的桥梁，在打破消费端时空约束的同时，也推动了生产端分工协作体系重构，"数实融合"的"乘数效应"正加速释放。从要素禀赋来看，北京尚未充分发挥数据资源在经济转型中的关键作用，为此在构建数据要素大市场中应明确数据属性，建立公共数据共享接口以减少割据，用供需关系进行市场定价，推动技术攻关盘活体制内外数据存量、保障数据质量，以智慧城市建设为契机广纳全球科技人才和领先企业。从生产环节来看，产业数字化转型中服务业与制造业的商业应用与技术创新应协同推进，在工业互联网平台集成开发中串联已有信息化系统打破信息茧房，用科技赋能传统产业生产链全流程数字

化、自动化、智能化、绿色化转型，引导数字经济中各类型企业集聚共建产业生态圈。同消费互联网不同，产业互联网因企业、行业异质性而表现出较大差异，因此在实践中，需要格外关注中小企业网络搭建和协同合作中面临的成本和技术挑战，组建云上政务平台引入第三方企业提供与安全生产、环境保护、投资孵化等需求相关的政策指引、信息咨询和对接帮扶服务，鼓励中小企业以彼此合作"抱团"、加入产业"雁阵"等方式共同参与产业转型和数据共享。

（五）打通逆风"出海"关键节点，完善供应链助推企业全球布局

数字化时代，生产和生活方式的转变推动着全球价值链重塑，数字平台冲破行业原有结构跃升为改变全球竞争格局的关键力量，打造韧性、安全、多样的供应链至关重要。一方面，加强"出海"物流、海关等环节畅通，搭建北京智慧交通平台网络推进智能配送、绿色物流，纾解通关流程中卡点、堵点，促进跨境贸易便利化，助力企业减负增效，串联京津冀三地空港群、海港群和陆港群"织密"立体化综合物流网络，推进 5G、北斗等新型基础设施应用和普及，实现更广泛区域的通关监管数智化、信息化。另一方面，明确平台企业在产业上下游节点的关键作用，抓住 TikTok 海外"爆火"、京东业务调整、敦煌网落地线下、马蜂窝加快境外合作等契机，多渠道支持海外仓建设、多角度提供政策服务助力企业海外版图扩张，启动专项计划帮扶传统制造业对接跨境电商和跨境物流企业，组建中小"出海"企业产业联盟共拓国际市场，满足北京 SaaS 平台服务日益增长的企业合规化需求。

参考文献

[1]《坚持高质量发展 创新驱动力增强——数说京津冀协同发展九年成效系列之二》，北京市统计局网站，2023 年 2 月 20 日，https：//tjj. beijing. gov. cn/bwtt_

31461/202302/t20230222_2921509. html。

［2］《北京市 2022 年国民经济和社会发展统计公报》，北京市统计局网站，2023 年 3 月 21 日，https：//tjj. beijing. gov. cn/bwtt_31461/202303/t20230321_2940949. html。

［3］《海淀区政府工作报告》，北京市人民政府网站，2023 年 1 月 31 日，https：//www. beijing. gov. cn/hudong/jpzt/2022jxpj/qzf/202301/P020230131552960077293. pdf。

［4］《北京力争到 2030 年数据要素市场规模达到 2000 亿元》，人民网，2023 年 7 月 6 日，http：//bj. people. com. cn/n2/2023/0706/c14540-40484046. html。

创 新 篇

Innovation Reports

B.2

协同创新与生态共进

——北京智慧交通平台实施现状研究及前景展望

王 强 赵博琨*

摘 要： 随着全球对碳排放减少的需求不断增长，北京智慧交通平台通过整合数字技术与交通系统，以优化交通网络和降低交通碳排放为主要目标，致力于实现碳达峰碳中和，成为交通强国建设的重要推动因素，为碳减排和生态环境保护事业做出积极努力。本报告对北京智慧交通发展环境、发展机遇、发展现状及未来展望进行阐述，并提出了相应的对策建议。北京智慧交通平台的建设在优化物流运输、智能配送、绿色物流等方面发挥了积极作用，推动了"双碳"战略的落地实施。在未来，该平台将持续发展，通过加强行业与供应链融合、引入新技术和新模式，以提高交通系

---

* 王强，对外经济贸易大学副校长，国际经济贸易学院教授、博士生导师，北京对外开放研究院执行院长，主要研究方向为服务贸易、国际运输与物流、全球供应链管理、产业经济学；赵博琨，对外经济贸易大学国际经济贸易学院博士研究生，主要研究方向为运输经济学。

统的效率和可持续性为目标，进一步推动北京交通以加快建设交通强国为统领，促进交通平台的繁荣和发展。

关键词： 智慧交通平台　数字经济　"双碳"战略　北京

一　北京智慧交通发展环境分析

智慧交通系统是一种基于现代电子信息技术的创新型交通运输服务系统，旨在实现对交通信息的全面收集、处理、发布、交换和分析，并通过信息利用的方式为交通参与者提供智能化交通服务。该系统应用了物联网、云计算、互联网、人工智能和自动控制等高新技术，构建了一个覆盖区域、城市和时空范围的智慧交通感知、互联、分析、预测和控制网络，其目标是在提升交通安全的同时提高交通基础设施效能，提高交通系统的运行效率和管理水平，以满足公众出行需求，最终促进交通经济的可持续发展。

智慧交通系统利用传感器、摄像头和无线通信设备等信息收集技术，实时获取道路、车辆和交通参与者的多种数据。这些数据经过信息处理和分析，通过信息发布和交换机制传递给相关的交通参与者，包括驾驶员、交通管理部门和公众。

借助人工智能技术，智慧交通系统能够智能分析大量的交通信息，包括交通流量情况、交通拥堵状况和交通事故发生情况。基于这些分析结果，系统可以预测交通情况，并采取相应的控制措施，如调整交通信号灯、优化路线规划和提供实时导航建议，以提高交通系统的效率和安全性。

在这一背景下，北京智慧交通系统充分利用现代电子信息技术，紧密结合交通运输与服务系统，实现了全面信息利用和智能化交通管理。这为公众出行提供了更便捷、安全和可持续的交通服务，促进了交通系统的高效运行、推动了城市经济的发展。"十三五"期间北京智慧交通科技创新成果如表1所示。

表1 "十三五"期间北京智慧交通科技创新成果

序号	内容
1	推进延崇智慧高速建设,在国内率先开展了高速公路封闭场景下的车路协同测试
2	开放全国首个自动驾驶测试区域,测试道路达200条700公里,自动驾驶发展水平全国领先
3	开通国内首条拥有完全自主知识产权、全自动运营的燕房线,打造首都机场线EUHT综合承载示范工程
4	一体化出行服务加速推进。构建交通运输行业数据开放共享平台,推出国内首个绿色出行一体化服务平台(MaaS),首创市场化、可持续的"碳激励"机制,平台用户数累计达2400余万人
5	实现北京市公共交通"一码通乘",累计注册用户超过920万人,实现轨道交通二维码与上海、呼和浩特的互联互通
6	全面开展道路停车改革,全市829条道路7.6万个道路停车位实行电子收费并纳入政府非税收入管理,停车入位率达到90%以上;330个停车场、2.8万个停车位实施错时共享;为7.9万辆车办理居住停车认证
7	强化交通堵点分级治理,累计治理堵点943处,有效缓解了医院、学校、火车站周边等地区交通拥堵情况
8	启动高速公路入口超限非现场执法工作,路网超限率控制在0.3%以内
9	取消省界收费站,ETC发行总量520万套,实现高速公路跨省无感支付
10	"实时公交"到站查询服务已基本覆盖全部线路,让乘客对候车时间、"车厢拥挤度"精准把控。公交专用道总里程达1005公里,高峰时段公交运行速度提升27.4%

资料来源:2021年3月1日召开的北京交通工作会议内容摘要。

(一)交通强国建设背景下,大环境利好发展迎新机遇

北京是国家中心城市、超大城市,也是全球大型交通枢纽城市之一。历经数年的控制与疏解,北京的"大城市病"已趋向缓和,但拥堵问题仍然突出,人、车、路构成的交通运行系统异常复杂,多重因素交织叠加,使得加快发展北京智慧交通系统的需求越发迫切、强烈。

当今居民出行方式的改变,对城市交通体系提出了全新的挑战。一是城市居民对私家车出行的依赖程度提高,需要运用智能化手段缓解早晚高峰交通拥堵问题;二是需要平衡兼顾"安全"与"便捷",提高高速检查站安检效

率及 ETC 车牌识别精确度，减少公共交通购票、过闸、换乘等环节造成的人员聚集；三是需要改进新型交通出行方式和管理模式，提升城市应急状态下的应对能力，有效降低物流事故及司乘人员受伤风险。据此，建设协同整合能力强、效率高的交通运输平台是北京作为现代化都市未来发展的必然趋势。

（二）新兴技术与交通行业深度融合，数字共创积蓄新势能

北京正在积极建设基于政务外网的交通数据共享交换平台，努力构建一个集开发、配置、部署、管理、监控、安全于一体的全生命周期数据交换管理平台。这一举措旨在未来实现视频数据的汇聚，从而确保全程视频流的安全性和可追溯性。凭借数据共享交换平台，信息能够跨平台、跨部门、跨层级共享共用，为智慧交通建设提供了坚实的科技支撑。

视频内容分析算法可以实现自动识别并检测车辆在路边停放、道路事故和道路施工占用等情况，从而有效提高交通事故处理效率。该技术还能准确控制并限制通行车辆，优化城市交通流量，改善城市交通流畅度。特别是在"乙类乙管"常态化疫情防控阶段，利用视频监控分析技术自动检测和辨识区域内行驶的车辆，成为提升交通治理能力的有效手段。

智能化设备大幅提高了路面交通监控设施的使用效能，减轻了路面警力的部署压力，同时增强了对非接触式交通事件的处置能力，降低了对人工上路核查的依赖。在交通管理中，这一技术具有重要意义，能够实现更高效、更准确的交通监管，有助于降低交通事故带来的风险成本和交通拥堵带来的经济成本。

交通平台的牵引带动作用推动了公共数据的开放，有助于打造首都交通管理智能化体系建设和出行服务质量提升示范应用场景，探索大数据优化交通综合治理新路径，为培育数字经济新生态提供"新引擎"。

二　发展机遇

智慧交通是指基于最前沿的技术应用，在交通领域实现最全面的产

业融合和最广泛的社会链接的概念。它的发展机遇源于技术创新、产业集聚、治理演进和顶层战略选择等多重因素。未来智慧交通平台的发展将为交通强国的建设提供重要支撑，助力实现"双碳"战略和区域一体化战略。

（一）提高交通规划效率与准确性

随着大数据的广泛应用，交通数据的采集、整合和分析变得更加便捷和精确。数据挖掘算法和个性化模型构建可以准确预测和动态调整交通流量、拥堵状况、交通事故等信息。动态实时化的大数据技术可以有效提高交通规划的响应速度和决策的准确性，从而预测和优化交通状况，提供准确的交通规划方案，最终为城市交通管理提供科学依据。

（二）构建城市精细化管理体系

现代社会结构与层次复杂程度日益提升，通过建立细致的交通监测网络和智能传感器系统，可以实时感知和监控道路状况、交通信号灯和交通标志标线等要素。同时，利用网络电子喇叭等通信技术，可以及时向驾驶员和行人传递交通信息、做出安全提示，提高道路交通的整体效率和安全性。这种城市精细化管理体系可以通过软件配套的优良设计和运行，为交通规划决策提供更加全面、准确的数据支持，提高管理决策的精确性和有效性。

（三）提高交通规划智慧水平

智慧水平的提升涉及交通规划中各种技术手段和方法的运用。例如，可以借助人工智能和机器学习等技术对大数据进行深入分析和挖掘，从而预测和优化交通流量，提供更加智能化的交通规划方案。此外，还可以通过建立交通模拟仿真平台，对不同交通规划方案进行评估和优化，以确保其科学性和可行性。

当前，我国智慧交通已经广泛应用于水、陆、空三大交通体系，相关技术水平快速提高。智慧交通建设提高了城市交通的管理、运行效率，为居民提供了更加便捷、人性化的出行服务，得到大力政策支持，社会效益较高，发展前景较好。各行业主要上市公司纷纷在各自擅长的智慧交通细分领域规划布局，力争抢占市场先机，在各领域形成自身绝对优势。2021年中国智慧交通上市公司智慧交通业务规划如表2所示。

表2　2021年中国智慧交通上市公司智慧交通业务规划

序号	公司简称	业务规划内容
1	千方科技	在智慧交通业务领域，坚持以"大数据+全域"的优势与高价值的行业理解和经验沉淀相结合，形成差异化和核心解决方案能力，全面抢占智能网联、交通大数据服务等战略业务在市场、品牌、产品竞争力、标准等方面制高点，创新业务发展模式，提升业务经营质量，打造成为智能物联时代的全域交通数字治理专家
2	四维图新	面向智慧城市及城市数字化快速发展，依托新一代信息技术，不断拓展地理信息系统及数据优势
3	万集科技	2021年，公司ETC方面的战略定位是"做车服务的引领者"，包括ETC车载方案提供商、ETC收费能力提供商、驻车服务引领者、车消费引领者
4	金溢科技	2021年，公司坚持技术研发，推出识别准确率更高、智能化程度更高的产品，并大力拓展市场，助力提升ETC的服务质量和用户体验
5	银江技术	未来，在智慧交通和智慧出行方面，将高度聚焦交通AI治理、信号优化等方面产品的研发与创新;同时将加大城市大脑技术体系的创新应用
6	皖通科技	紧抓"新基建"政策机遇，加大研发资源投入力度，进一步提升研发效率，持续强化公司在AI摄像头等方面的技术产品领先优势
7	中远海科	智慧交通板块要紧紧围绕交通强国建设，抓住交证"新基建"的发展机遇，把产业链供应链的断点作为市场突破点，结合板块内组织结构优化调整，聚力打造产业链一体化经营模式，增强全链条整体解决方案综合服务能力，提升参与智慧交通市场的竞争力
8	天迈科技	进一步完善现有产品线，开发与优化功能模块，提升用户体验，积极推进智能调度、车辆排班、出行服务和ERP信息集成平台的研发，建立统一数据标准和接口标准，实现业务系统的集成与信息共享
9	捷顺科技	运用差异化战略，从智能硬件、解决方案到服务、运营，以及从出入口管理到车位级管控和运营的转变，推动公司从产品到服务的业务转型。实现BCC三个业务线的规模化协同发展，使公司初步成为智慧城市细分领域内集建设、运营、服务于一休的综合服务商

续表

序号	公司简称	业务规划内容
10	多伦科技	公司将继续围绕"人、车、路、云"协同的智慧交通新体系进行深耕,秉承"让道路更畅通,让交通更安全"的企业使命,实施"横四纵"战略,推进驾驶安全、智慧交通、智能车检三大事业群四大业务板块协同发展,致力于成为中国乃至全世界交通安全行业领军企业,实现公司跨越式高质量发展

资料来源:前瞻产业研究院。

三 发展现状

(一)典型平台及案例

1.国外交通管理

亚利桑那州交通部(ADOT)管理着全美第 14 大交通繁忙地区,该地区交通拥堵问题十分严重。为解决这一问题,NoTraffic 公司开发了一款基于人工智能的交通管理平台,为 ADOT 提供了所需的解决方案。该平台通过优化流程,基于实时性利用率和需求来改善交通情况。NoTraffic 将人工智能传感器单元安装在每个交叉路口,利用机器视觉和雷达技术的融合,提供道路用户的检测和分类。这些传感器利用边缘人工智能设备和人工智能框架对交叉路口的视频进行处理,使路边单元能够检测和分类各种道路使用者,包括轿车、公交汽车、卡车、自行车、行人,甚至是在任何光线或天气条件下的应急车辆,对处理后的数据进行优化,从而改善交通信号灯的运行,节省带宽并降低延迟。同时,该平台还提供定制化的数据查看和实时分析功能,可以实现碰撞预测和定义特定道路用户优先级等功能。该平台被 ADOT 采用后,实现了显著的效率提升,并具有良好的未来发展潜力。

2.北京冬奥智慧公路平台

2022 年北京冬奥会延庆赛区专用路是智慧公路的一个成功样板。为提高交通安全和驾驶体验,该路段采用多项智能技术和设施。首先,在关键路段设置弯道盲区预警系统，通过声音和语音提醒驾驶员注意道路条件和其他车辆，利用箭头形状标识和低空照明设施，引导驾驶员按照指定路线行驶，确保交通流畅和安全。其次，在事故多发路段、易结冰路段部署了冰雪预警系统和气象监测传感器，及时掌握道路结冰和恶劣天气情况，并提供相关信息给驾驶员和交通管理部门，提前向驾驶者预警道路结冰情况，采取相应的防滑措施，确保道路的安全通行。最后，还建立了冬奥智慧公路监测平台，实现对智慧公路的全面监测和控制，利用数字化技术对公路状况进行可视化巡检和远程控制，采用监测设备和数据传输技术便于交通管理部门随时了解路况信息，并及时做出调整和处理，以确保交通的高效运行。延庆赛区专用路的智慧公路打造，充分展示了北京在交通领域的技术创新和应用能力，通过对智能设备和数字化系统的运用，该区域的交通安全性得到了显著提升，驾驶者的出行体验也得到了改善。这种智慧公路的成功案例对于其他地区在交通管理和安全方面具有重要借鉴意义。未来，北京智慧公路平台将继续推进智慧公路的建设，为交通领域的发展做出更大的贡献。

3.北京冬奥智慧交通平台

北京冬奥会的智能高铁是数字化铁路运输领域的一个突出案例。该智能高铁运用了一系列创新技术和数字化系统，实现了高效、环保和安全运行。冬奥智慧交通平台通过数字化转型和城轨云系统建设，实现了城市轨道交通系统的全面升级和改造，其利用大数据和人工智能技术，实现了列车运行监控、乘客服务和故障预警等功能，提高了城轨运输的安全性和效率。各类技术的应用使高铁运行更加安全可靠，给予乘客更加舒适的出行体验：基于城轨云系统，智慧交通平台能够集中存储和分析运营数据，为运营决策和调度提供支持，同时提供乘客服务、票务管理和行程规划等功能；运用大数据和人工智能技术，智慧交通平台能够及时监测并分析城轨运输中的安全隐患，实现事故预警和风险控制，确保乘客和运输人员的安全；通过运营数据集成和设备监控，智慧交通平台实现了城轨运营中设备状态的实时监测和管理，提高了运营效率和设备维护的精度和效率；基于移动应用和智能终端，智慧交通平台能够提供实时列车信息、乘车指南、车站导航等服务，提升乘客出行的体验感和便利性。这一智能高铁的案例突出展示了数字化铁路运输在加速交通运输转型方面的重要作用，通过数字化技术的融合应用，高铁行业能够提升运输效率、降低能耗、提高安全性，进一步推动可持续交通发展，这一成功案例也为其他地区在铁路运输领域的数字化转型提供了重要参考。

（二）经济效益

1. 减少因拥堵导致的交通事故

根据公安部统计数据，2020 年中国机动车交通事故发生数量为 211074 起、非机动车交通事故发生数量为 29969 起，其中，汽车交通事故发生数量为 156901 起、摩托车交通事故发生数量为 45789 起、拖拉机交通事故发生数量为 1591 起、自行车交通事故发生数量为 2611 起、行人乘车人交通事故发生数量为 3480 起。依据智研咨询对《中国统计年鉴》的整理，2020 年中国机动车交通事故直接财产损失金额为 122800.9 万元。而根据《中华人民共和国 2022 年国民经济和社会发展统计公报》显示，在高德地图等智慧交通平台引导下，截至 2022 年道路交通事故死亡人数为 1.46 万人，较 2020 年下降 8.7%。根据实时的交通监测和数据分析，智慧交通平台能够及时发现道路拥堵情况，并通过智能调度系统优化交通流量，避免因交通拥堵引发事故。

2. 降低交通成本、减少温室气体排放

《"智能+出行"社会经济价值研究蓝皮书》显示，高德地图通过研判全局路网中的交通流并进行最优分配，辅助居民出行合理规划路线、规避拥堵，为用户出行总计节省时间达 19.3 亿小时，按照 2018 年我国居民 64644 元的人均 GDP 计算，相当于节省约 143 亿元时间成本，其中一线城市更高的人均 GDP 越发凸显高德地图的经济效益。从出行成本角度看，交通拥堵下的缓行、怠速和频繁刹车会导致额外燃油消耗，为此，高德地图利用限流等方式疏导过饱和路段的交通流，提升的燃油效率相当于约 51.3 亿元燃油成本，每年帮助用户合理规划路线、规避拥堵节省的出行距离达 109 亿公里，相当于减少约

6.84亿升的额外燃油消耗、节省约513亿元的额外油耗成本。

3.京津冀协同机制的规模效应和示范效应

智慧交通平台的信息共享和协同调度功能，促使京津冀三地交通运输系统高效整合并释放规模效应。与此同时，智慧交通平台的成功应用也为其他地区提供了示范效应，吸引了更多地区参与智慧交通建设。京津冀协同机制中智慧交通平台的推广现已覆盖20个城市，取得了显著的经济和社会效益。随着智慧城市建设的转型升级，我国对智慧城市的投资规模也在不断扩大。艾媒咨询公布的《2021年中国智慧交通行业发展分析报告》显示，2018年智慧交通行业市场规模为1451.5亿元，2019年为1918.5亿元，2020年为2287.0亿元，同比增长19.2%，预计2023年中国智慧交通行业市场规模将突破4000亿元（见图1）。

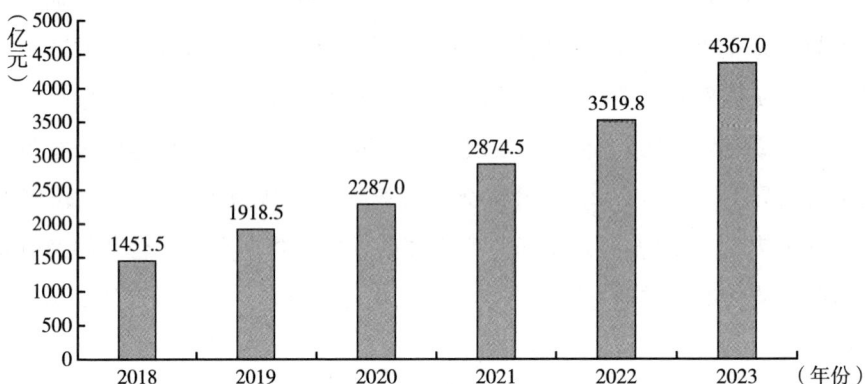

图1 2018~2023年中国智慧交通行业市场规模

资料来源：艾媒咨询。

（三）发展痛点

1.智慧交通平台的实施面临内外环境尚待改善之挑战

目前，北京智慧交通平台在实施过程中面临内外环境方面的不足。一是内部环境方面，包括城市基础设施建设、交通数据采集和处理能力、交通设备设施的智能化程度等方面仍存在差距。尽管已经建设了一些基础设施和智能交通设备，但整体覆盖面不够广泛，缺乏全面的数据支持和协同管理机制。二是外部环境方面，包括交通法规政策、标准规范和信息安全等方面需要进一步完善，当前政策标准的制定和执行存在规范性问题，缺乏统一指导和协调机制，信息安全问题不容忽视。

2. 高水平科技创新平台和高层次领军人才的培育亟须加强

高水平科技创新平台和高层次领军人才的培育是北京发展智慧交通的关键因素之一。尽管目前已经建立部分科技创新平台并引进相关高水平人才，但整体水平和数量还无法满足智慧交通发展的需求，尤其是具有核心技术和创新能力的科技创新平台建设不足，智慧交通领域具备丰富经验和领导能力的高层次领军人才缺乏，成为制约北京智慧交通平台发展和创新能力提升的关键因素。

3. 科技创新体系的完善和科技创新链条的优化亟待解决

当前，科技创新体系各个环节之间的协调和沟通还不够充分，不同部门和企业之间的协同合作有待加强，科技创新链条有待优化。现阶段，一些高级功能和潜在功能已在智慧交通平台中得到应用，但整体深度和效果仍有提升空间。此外，数据共享和协调机制的不完善限制了科技创新链条的顺畅运行，阻碍了更高效智慧交通平台的应用。

四 前景展望

（一）城市交通生态数字化升级与生态产业融合共进

城市交通生态数字化升级与生态产业融合共进，是当前交通运输行业数字化转型的重要趋势。目前，城市交通生态数字化升级体现出如下发展趋势：传统泛行业数字技术向交通运输智能化、信息化的技术架构转化；常规通用数字使用场景向垂直子领域的针对性数字解决方案转化；由旧有单纯的硬件技术支持向技术、服务与应用场景的融合转化。

为了加快交通数字化转型步伐，保障交通运输高质量发展，更深度地切入细分交通运输类别，有必要聚焦垂直领域与产业精细化。在智慧机场领域，通过数字化解决方案和大数据分析，可以实时监测、分析旅客流和航班流，优化旅客流动、航班调度和资源利用；运用人工智能和视频云技术，实现智能安防监控和异常事件预警，提高机场安全性和应急响应能力；通过物联网技术连接机场设备和传感器，实现设备远程监控和管理，提升运行效率和设备维护保养水平；整合人脸识别技术，实现"出行一张脸"的自助检票、安检和登机服务，提高旅客出行效率和出行体验；采用数字化技术呈现机场内部的运行状态和流程，实现"运行一张图"的实时监控和调度。

在智慧物流领域，智慧交通平台可以利用数字化特征和物流服务，实现物流过程的数字化记录和管理，提供全程物流服务和定制化解决方案。例如，搭建智慧物流线上系统连接货主、物流公司和运输车辆，实现订单管理、货物跟踪和运输调度的集中化和自动化，提高物流运输的效率和准确性；整合仓储、运输和配送环节，实现物流全链路的信息共享和协同管理，提升货物运输的准时性和配送服务的灵活性；建设大票零担智慧化物流信息平台，以物流信息和资源整合为契机实现货物的智能匹配和运输过程的实时监控，提高物流运输的效率和准确性；利用温度传感器和追溯技术，实现智慧冷链和生鲜物流，确保生鲜产品的质量和安全，提供高效的生鲜物流服务；推动示范项目和"互联网+生鲜农产品"集约供应链建设，提高农产品的流通效率和质量控制。

总体而言，当前数字物流技术在人工智能特别是机器人在物流业的应用已比较广泛，区块链正在加速布局，元宇宙在物流业的应用则有待观察。因此，城市交通生态数字化升级与生态产业融合共进、推动交通运输行业数字化转型高质量发展，需要在技术与应用场景的深度融合上不断探索。

（二）促进区域协同创新、产业协作，提升基础设施建设水平

在当前的发展形势下，强化区域协同创新、推动区域产业协作在发展智慧交通平台中发挥重要作用。平台建设应坚持协同融合，强化科技研发、成

果转化、机制创新的协同推进，构建政产学研用协同创新体系。

科技研发是实现区域协同创新的关键。一方面，需要加强科技创新，推动跨领域、跨部门、跨区域科技创新资源融合，打破传统的行业壁垒，促进不同行业之间的合作与创新。另一方面，重视成果转化，加强技术转移、知识产权保护等方面的工作，推动科技成果的产业化应用，鼓励跨机构、跨领域研究，加强企业、研究机构与政府之间的知识共享与合作研究，成立专家咨询委员会与学术委员会，为学术研究、教育培训提供平台，最终形成决策影响。

加强城市交通行业数字底座的建设。完善数据共享和应用相关的整体框架、管理制度、流程规范、接口标准、数据种类、考核评价体系、数据安全等领域，并建立相应的数据管理机制。依托交通公共资源加强企业合作，以信息共享、数据共享作为合作契机，提升企业参与积极性。此外，数据交换共享除了确保数据安全、保护个人隐私外，还应考虑数据的确权、共享后数据增值与分配方面的机制，破除数据交换共享方面的挑战。

机制创新也是协同创新的关键。平台发展需要建立良好的政策环境，为此应鼓励企业加大投入力度、提升研发能力，引导企业成为创新主体，推动产业协作深入发展。在国家和城市层面对智慧交通平台衍生出的新出行服务进行立法准备，在数据开放、共享以及放松管制等方面加强立法，打破体制与合作壁垒。例如，为实现开放统一的平台，出行服务商有义务提供开放应用程序接口，分享必要的数据；政府从补贴公共交通转向补贴整个交通系统；合理放松对网约车共享模式的管制等。政府与参与方应积极参与政策标准制定的过程，推动行业政策、标准与导则的制定，为决策者提供政策建议，为平台建设及运营提供政策保障。

（三）实现交通运输领域全周期产业链的低碳、绿色发展

智慧交通平台建设应满足交通行业服务国家碳达峰碳中和与绿色交通发展的需要，以"双碳"为牵引，实现交通运输领域全周期产业链的低碳、绿色发展。北京智慧交通平台通过整合新能源、创新应用清洁能源，促进交

通能源互联网建设，推动多源多态能源转换控制与管理，实现交通能源的高效利用。

在生态环境保护与修复方面，智慧交通平台的构建应重点采取综合性交通污染防治措施，以有效减少交通污染物的排放量，展开对交通能耗和碳排放的实时监测，实现对交通能源消耗和碳排放的精确评估与监管，积极推进碳捕集技术在交通运输领域的应用以减少碳排放量，实现大型交通枢纽的近零排放目标。

在交通基础设施与生态系统交互方面，通过交通走廊生态环境影响评估与效益提升，优化交通基础设施的选址，实现生态环境保护与修复的关键技术；研发交通基础设施绿色规划建设技术，实现交通基础设施网络的生态化规划；推动交通基础设施的"无害化"穿越和生态化建造及监测评估技术的应用，减少对生态环境的破坏。

在交通污染与降碳协同治理方面，开展污染排放监测监管，采取措施控制载运工具的污染排放，应用高速公路服务区污水排放监管和处置技术，降低交通污染对环境的影响。此外，推动面向下一代高速铁路减振降噪技术的研发，减少交通噪声对生态环境的干扰，积极引入相关技术和措施，保护海洋生态环境，深度治理船舶污染物，实现海上溢油预警及快速清理。

通过北京智慧交通平台的建设，交通运输领域全周期产业链实现了低碳、绿色发展。该平台的综合应用促进了新能源和清洁能源的创新，提高了交通能源的利用效率，并通过生态环境保护与修复措施，降低了交通污染物对环境的影响。同时，该平台的监测评估技术和协同治理措施，有效减少了交通能耗和交通污染物排放，实现了交通基础设施与生态系统的良性互动。

参考文献

[1] 赵光辉：《数字经济赋能智慧交通构建的路径探讨》，《企业经济》2022年第10期，第5~15+2页。

［2］刘畅、高谦：《智慧交通一体化趋势、特征及平台经济模式的建设路径》，《交通建设与管理》2022年第5期，第56~59页。

［3］夏会兰：《当前高速公路收费管理中的问题及对策研究》，《交通财会》2019年第9期，第66~72页。

［4］赵东慧：《智慧交通在高速公路中的应用研究》，《无线互联科技》2019年第15期，第131~132页。

［5］《2021年交通运输行业发展统计公报》，交通运输部网站，2022年5月24日，https：//xxgk.mot.gov.cn/2020/jigou/zhghs/202205/t20220524_3656659.html。

［6］刘烨：《基于绿色出行理念下的智能出行工具研究现状》，《美与时代》（城市版）2016年第5期，第64~65页。

B.3
平台经济背景下的港口与供应链融合创新发展

王 强 杨欣玥[*]

摘　要： 港口既是物流运输系统的重要枢纽和基础设施，也是一个国家进行对外贸易的重要通道，在全球供应链的畅通中发挥着重要作用。由于其连接的强大供应链系统，港口已成为当地乃至全球经济增长的重要推动力，这是其取得巨大成功的关键。港口供应链平台的发展将对推动港口及区域经济发展产生重要作用。港口供应链平台围绕港口，通过信息技术加持，实现供应链各节点要素互联共享。国内在港口供应链平台建设上，已做了多种探索，国家交通运输物流公共信息平台、连云港港的"一站式"供应链服务平台都获得了良好的效果。在此趋势下，北京市可借助平台经济融入港口供应链，利用技术优势打造信息平台，发挥资源优势建设内陆港，利用平台信息发展多式联运，以及通过技术赋能助力港口金融创新。

关键词： 平台经济　港口　供应链

2022 年最新的全球金融中心排名显示，前 10 位金融中心城市大多是国际航运中心。在 2022 年全球 50 大港口排名中，我国的港口占据了前 25 名

---

* 王强，对外经济贸易大学副校长，国际经济贸易学院教授、博士生导师，北京对外开放研究院执行院长，主要研究方向为服务贸易、国际运输与物流、全球供应链管理、产业经济学；杨欣玥，对外经济贸易大学商务战略研究院博士研究生，主要研究方向为产业链、供应链。

中的 80%，但是在全球金融中心指数排行榜的前 20 名中，我国却只有 4 个城市上榜（包括香港），只占 20%。从全球金融中心排名和全球 50 大港口排名中，我们可以发现中国已经成为全球的航运大国，但还远未成为金融大国。中国在 2001 年加入世界贸易组织（WTO）后，外贸业和航运业迎来爆发式增长，港口建设也进入高潮，中国成为新的世界工厂，也成为新的全球航运中心。我国的上海港、宁波港、广州港等港口，一跃成为世界级港口。但自 2010 年之后中国的 GDP 增速处于放缓趋势，在疫情防控常态化时期，随着中美博弈的加剧、中国人口负增长和第 5 次国际产业转移的加速，我国的对外贸易增速明显放缓，与之相关的航运业务也随之减少。另外，我国港口的发展已达到"瓶颈"，难以进一步扩大规模，迫切需要转型升级，丰富业务种类，通过多元化经营来增加收入。可沿供应链布局贸易、金融等产业，加速港口与供应链的融合，利用平台经济创新发展，促进港口业务完成从量的增长向质的提升的转变，最终实现港口的"高质量发展"。

一　港口与供应链发展现状

（一）港口发展现状

港口既是物流运输系统的重要枢纽和基础设施，也是一个国家进行对外贸易的重要通道，在全球供应链的畅通中发挥着重要作用。新中国成立以来，我国一直重视港口建设。改革开放以后，为进一步开展对外合作和经济交流，我国在 1984 年开放了第一批 14 个沿海港口城市。我国的港口建设也随之进入了飞速发展期。随着国民经济的迅速增长，港口建设也迎来了新的高潮，港口数量增加，港口规模和吞吐量更是实现了跨越式发展，我国也由此跨入世界港口强国的行列，形成了独具特色的港口布局。2006 年 9 月，交通部公布了《全国沿海港口布局规划》，目的在于更合理地利用资源，提升港口效率以带来更大的利益。根据规划，我国港口按地理位置的不同形成环渤海、长江三角洲、东南沿海、珠江三角洲和西南沿海五个港口群体，同时形成了与国计民生密切相关的八大运输系统，分别是煤炭运输系统、石油运输系统、铁矿石运输系统、集装箱运输系统、粮食运输系统、商品汽车运输及物流系统、陆岛滚装运输系统和旅客运输系统。

近年来，我国港口货物吞吐量持续增长。交通运输部发布的《2022年交通运输行业发展统计公报》显示，2022年全国港口共计完成货物吞吐量156.85亿吨，同比增长0.9%。其中，沿海港口完成101.31亿吨，同比增长1.6%；内河港口完成55.54亿吨，同比下降0.3%。外贸货物吞吐量46.07亿吨，同比下降1.9%；内贸货物吞吐量110.77亿吨，同比增长2.1%。全国港口完成集装箱吞吐量2.96亿标准箱，同比增长4.7%，完成集装箱水铁联运874.70万标准箱，同比增长16.0%。

根据交通运输部统计，2022年在货物吞吐量、外贸货物吞吐量方面，宁波舟山港排名第一，而在集装箱吞吐量方面上海港排名第一。整体来看，2022年的全国港口货物吞吐量增长率较上年下降较多，增速放缓也表明港口货物吞吐量高速增长是不可持续的，港口发展要转向注重质的提升。从全国港口集装箱吞吐量增速来看，有3个港口保持了10%以上的高增速，分别是北部湾港增长了16.8%、日照港增长了12.2%和苏州港（内河）增长了11.9%。中国经济信息社和交通运输部水运科学研究院联合发布的《世界一流港口综合评价报告（2023）》显示，2022年全球港口集装箱吞吐量增速放缓，而中国港口表现依然突出，在世界一流港口中占据了较多席位，其中上海港继续处于世界一流港口领先水平，另外宁波舟山港、深圳港、青岛港、香港港也继续保持世界一流港口前列。

（二）港口供应链融合发展

港口作为现代供应链体系中极为关键的一环，已成为地区及国家经济增长的重要推动力。现代临港产业体系是以港口为核心，连接产业链上下游，在利润最大化驱动下逐步形成的包括物流、金融、制造和商业等全面的产业体系。得益于产业体系的丰富全面，港口正成为当地经济进一步发展的主要推动力。在现如今的社会背景下，当代枢纽港口已成为全球供应链中的关键环节，对于供应链畅通至关重要。基于此，港口在全球贸易中也有着不可或缺的地位。为了与经济发展相适应，港口供应链要进行全方位一体化的发展。

迄今为止，港口的发展大致经历了四个阶段：第一代港口的功能比较单一，主要作为物流的关键节点，执行运输、仓储的相关职能；第二代港口相较于上一代进行了功能升级，在传统职能基础上开展了增值服务，更新为"运输+服务中心"；第三代港口被称为"国际物流中心"，在上一代的基础上完善了国际多式联运功能，并在传统物流基础上综合了信息技术，将商流、物流、信息流有效整合，充分发挥现代物流的作用；第四代港口除了拥有前三代港口的全部功能以外，还具有信息化、柔性化的特点，在这个阶段，各个国家逐渐认识到港口对于供应链畅通的重要性。因此，第四代港口更加重视港口与港口及港口与其他物流环节间信息传递的顺畅，通过建立连接内外的公共信息平台加强信息交流。此外，随着港口间竞争的加剧，第四代港口业关注到了客户的个性化需求，打造柔性、精细、敏捷的港口以满足客户需求，提升运作效率，实现港口与供应链的完美衔接。现在，有学者提出建设第五代港口的设想，为港口未来发展方向提供了一些建议。第五代港口是低碳港口，在第四代港口基础上进一步融入了可持续发展的理念，以及港城融合发展的设想。另外，虚拟无水港概念的提出使内陆城市也可具备港口的功能。

从第一代到第四代，港口的功能不断升级，从单一的装卸、仓储，到成为现代供应链综合服务体系的重要节点，是衔接生产和消费的重要物流环节。依托港口的港口物流服务供应链，可通过多式联运服务连接公路和铁路承运商、船运企业或其他综合物流企业，为世界各地的供应商和消费者提供多种运输方式相结合的便捷服务。与制造供应链相比，港口物流供应链不为港口客户提供有形的产品，而是提供各类无形的产品和服务。

港口物流供应链是依托港口的供应链服务体系，其通过优化整合经过港口的商品供应链的上下游企业、物流企业及金融机构、政府监管部门等，以更低的总成本，根据客户需求将商品按照相应的标准准时送到指定地点。在此过程中，核心企业或平台企业需要有效管理供应链体系中的物流、信息流和资金流，为供应链增值，提升供应链管理效率。

港口供应链的融合发展蕴含着两个层面的意义。首先是供应链内部各节点的相互协调，即港口与公路、铁路承运企业和船运企业之间的伙伴关系。随着供应链理论得到广泛认可，港口企业逐渐意识到其所在供应链的整体实力与其竞争优势密切相关。例如，上下游行业产能需协调一致才能获得稳定的市场份额。否则，即使公路或铁路运输企业在服务和价格上建立了明显优势，如果合作的腹地港口的运作效率和通达性无法满足客户需求，也不能获得市场。除此之外，航运业内部也在进行兼并重组。船运企业自20世纪90年代开始牵头建立以客户为中心的供应链服务模式，通过逐级整合（较少的资产重组）的方式，为用户提供更密集的航运班次服务和更大范围的航运目的地。一方面，建立新服务模式的目的不是获取更多的规模经济，而是在于更快地拓展市场、更多地创造附加值。另一方面，新模式与传统物流联盟相比，更体现了供应链上下游企业目标一致、利益共享的长期战略伙伴关系。

其次是港口所处的海运物流行业在完成了供应链各节点整合的基础上，可以进行更高层次的供应链与供应链的融合。一般来说，当伙伴关系建立在个体利益最大化的基础上时，如果出现了外部冲击，即使合作会给参与各方带来更大的总收益，但是参与者会因为收益存在不确定性而选择放弃合作。想要保持长期合作关系需要两重保障，第一重保障是联盟参与方之间的信任建立，或者是可以阻止参与方背弃协议的惩罚措施；第二重保障是确保个体选择合作会获取更大的收益。综上，良好的伙伴关系既要双方拥有共同的合作目标，降低外部冲击，也要有稳定的收益。

二 港口供应链的平台经济

（一）平台经济对港口供应链融合的推动

供应链中货物的运输和配送涉及一系列复杂的物流任务，在制造商和仓库之间，通过港口和海关，向批发商、零售商以及最终向消费者运送物品。

所有这些步骤都涉及关键文件和信息的数据传输，如提单和海关批准，沿着供应链跟踪货物。直到最近，传输这些信息的系统还依赖于硬拷贝纸和文件存储，其流程和数据按区域和功能分散。

港口供应链的进一步融合还有一些限制因素。一是海量信息的处理和传输。港口连接的信息系统种类复杂多样，各系统间不能实现有效的实时共享，导致系统中的数据信息冗余。在港口供应链的融合过程中，数据资源是不可或缺的要素资源。如何处理海量数据信息，即过滤无效数据、保留有效信息对港口供应链的融合十分关键。随着信息技术被应用到供应链各节点，不同部门、不同企业间在信息流转时，难免有信息传输不及时甚至无法共享的情况发生，导致出现"信息孤岛"现象。二是供应链各参与方存在信息不对称、交易效率低的情况。由于供应链上各参与方存在技术与管理的差异性，无法做到充分的信息共享。金融机构也因为信息的不对称而无法全链条授信，由此也影响了供应链金融发展。三是不能及时识别风险。由于信息不能及时有效地在各参与主体间传输，因此风险的识别和处置存在严重滞后性，增加了潜在风险，可能导致更大的损失。

从 2000 年中期开始的技术进步使简化数据流和改善物流网络中合作伙伴之间的通信成为可能。射频识别（RFID）等连接技术，对国际货运和海关中的货物进行跟踪，从而简化了物流信息并改善了物流网络中合作伙伴之间的通信。随着企业和海关机构向在线门户和其他数字流程过渡，物流文书工作也变得更加高效。在全球范围内，标准制定组织促进了这些进步技术在国家之间的互操作性。另外，由于数据可获得性的提高、商业模式从实体零售向电子商务的转变以及新冠疫情造成的供应链中断，物流商业模式持续发生变化。初创公司与传统的货运代理服务公司在许多方面展开竞争，包括更灵活的报价、高效的机器人仓库和区块链文件验证。供应链中断也增加了对供应链可见性和智能服务的需求，使客户能够跟踪生产并预测延误。物流技术平台正在颠覆传统货运代理，建设港口供应链平台，通过信息技术加持，实现供应链各节点要素互联共享，并对接港口的各项管理系统，从而实现生产全流程的在线操作，加快推进货物集疏港作业全程无纸化进程。通过信息的实时共享、运轨的在线追踪，合理有效调度车辆，提升装载效率，保障港口集疏运顺畅。同时，通过平台调度，也可以实现车辆带货出港交付后，再通过内陆无水港带货返程，减少车辆的空驶情况，提高车货匹配效率，实现港口物流的降本增效。

（二）港口供应链平台经济发展趋势

随着大型互联网公司的全球化布局，区域经济与区域物流一体化发展，在已形成物流产业集群的城市中，港口企业通常与国际物流园区合作，共同发展建设港口供应链来提升运作效率，营造自由便利的贸易环境，这为港口供应链平台经济的发展提供了有利契机。为便利港口供应链的信息与资源共享，以港口为中心构建港口供应链平台，连接供应链上下游的供应商、制造企业、批发零售企业、消费者以及提供服务的第三方物流、金融企业和海关检验检疫等部门，提供一站式服务。平台经济将与贸易自由、物流便利、资金流动、人才培养、创新激励等方面双向促进。另外，卫星导航、互联技术和云计算的技术改进使物流数据标准已经转向更大的开放性和交换性。这种模式有明显的好处：只要数据安全交换，物流合作伙伴之间的即时通信将提高效率，降低运输成本和排放，并使企业和客户能够预测和规划中断。

港口供应链平台经济的商业模式可以有多种形式，如港口主导、自贸区主导、第三方物流主导、船企主导、港—产—城一体化、港—产—城—区一体化、全球供应链一体化等。而通过信息技术赋能，港口也能更好地服务区域经济，与产业、城市、地区协同发展，实现新鲜信息、政策体制机制等的协同，更好地配置全球资源，平衡成本、收益及风险，最终实现可持续发展。

三　港口供应链平台的探索

（一）国家交通运输物流公共信息平台（LOGINK）

国家交通运输物流公共信息平台（以下简称"国家物流信息平台"，英文标识"LOGINK"）是国务院《物流业发展中长期规划（2014—2020

年）》的主要任务和重点工程之一，是多项国家级和部委级物流业具体发展规划的重点建设内容，是由交通运输部和国家发展改革委牵头，多方参与共建的公共物流信息服务网络，是一个以政府主导、承载国家物流领域重大发展战略的服务机构。

按照国家及相关部委规划要求，国家物流信息平台致力于构建覆盖全国、辐射国际的物流信息服务基础设施、覆盖全产业链的数据仓库和国家级综合服务门户，有效实现国际间、区域间、行业间、运输方式间、政企间、企业间的物流信息安全、可控、顺畅交换共享，逐步汇集物流业内和上下游相关行业的国内外静动态数据信息，提供公共、基础、开放、权威的物流公共信息服务。

国家物流信息平台自开始建设以来，经过国内标准化探索、区域一体化发展和国际扩张三个阶段的发展，完成了多方面的探索，促进形成了我国物流信息服务领域"国家级公共平台+区域级公共平台+商业服务平台"的基本发展模式，在标准化、数据交换、国际合作方面取得了丰硕的成果。作为一个可以为用户提供一站式的物流数据管理、货物跟踪和满足企业之间以及企业与政府之间的信息交换需求的服务平台，国家物流信息平台免费为全球港口、货运承运人和货运代理以及其他国家和实体提供服务。此外，为实现更广泛地应用，该平台还推广物流数据标准化。目前正在开发的第二代国家物流信息平台将提供一套基于云的企业软件应用程序，例如高级数据分析和业务伙伴关系管理工具。这些升级将使国家物流信息平台更好地连接全球商业数据，从而更好地促进港口与供应链融合发展。

国家物流信息平台允许用户相互通信和交换文件和数据，以及查找货物位置或货运公司报价等信息。它还可以通过提供货物数据、关税代码名称和其他相关信息来促进清关。国家物流信息平台最初由浙江省交通运输厅运营，旨在成为所有物流信息交换的"一站式商店"。它可以免费提供给供应链中的参与方使用，如托运人和收货人、货运承运人和港口运营商，但使用者必须采用国家物流信息平台的标准与平台进行数据交换。此外，它还允许第三方访问平台上的共享数据，例如提供供应链数据分析的信息服务。国家物流信息平台还包含了"单一窗口"或"单一国家窗口"的功能。

自 2014 年国家物流信息平台在国际上推广以来，其已大大拓展了全球业务范围。它与中国境外的至少 25 个港口、自由港和港口运营商签订了合作协议，其中 12 个港口在亚洲地区，9 个港口在欧洲地区，4 个港口在中东地区（见表 1）。除了与港口、自由港和港口运营商的合作外，国家物流信息平台的扩张还通过与中国和非中国的主要国际物流公司合作以及参与 UNESCAP（联合国亚洲及太平洋经济社会委员会）等国际组织来实现。其中包括 ISO（国际标准化组织）等标准制定机构，平台正在利用这些机构来提高其在更发达经济体中的采用便利性，并引导新兴经济体的物流发展方向。

表 1　LOGINK 与国际港口的合作协议

港口	合作开始年份	说明
日本东京—横滨	2010	
韩国釜山	2010	
日本川崎	2012	
日本大阪	2012	
日本神户	2012	东北亚物流信息共享网络框架
韩国仁川	2012	
韩国光阳	2012	
日本四日	2015	
日本新潟	2015	
韩国蔚山	2015	
韩国平泽	2015	
马来西亚巴生	2017	协议表明，该交流旨在促进整个东盟的互联互通
葡萄牙锡尼什	2017	合作协议提及"一带一路"倡议
西班牙巴塞罗那	2017	
阿联酋阿布扎比（UAE）	2017	合作协议表明阿联酋有意与中国进行更多贸易
比利时安特卫普	2017	
阿联酋迪拜、杰贝阿里	2017	通过位于阿布扎比的港口社区系统 Maqta Gateway 连接
乌克兰敖德萨	2018	包括区块链提单倡议
以色列海法	2018	包括区块链提单倡议

港口	合作开始年份	说明
拉脱维亚里加自由港	2018	深圳的姊妹港
拉脱维亚文茨皮尔斯	2018	
荷兰鹿特丹	2019	协议提到了标准合作
德国汉堡	2019	
德国不来梅	2019	

资料来源：国家物流信息平台。

国家物流信息平台也与众多公司合作，包括国有企业和物流初创公司，但一些关键的合作伙伴关系大大扩展了该平台的范围和增加了数据访问量。其中最主要的是与货运管理软件提供商货讯通于2016年签署的数据共享协议，在同意交换船舶、订舱和海关数据后，平台可以通过货讯通访问全球90%以上集装箱船的实时移动数据。2018年，国家物流信息平台与阿里巴巴集团标准化部、菜鸟网络、国际港口社区系统协会发起成立国际物流可视化任务组，共同推进全球智慧供应链的建设。在过去的几年里，菜鸟已在全球布局六大智慧物流枢纽，18座分拨中心，运营300多万平方米跨境物流仓库，每月有240多架包机用于干线运输，并和全球超过50个港口合作建立智能清关系统，搭建了一张高质量的全球物流网络。国家物流信息平台最初的许多合作伙伴关系都集中在传统物流（即集装箱而不是包裹）上，与菜鸟的信息交流为平台提供了对中国跨境电子商务交易的全面了解。这样做使平台能够适应物流服务的变化。

（二）连云港港"一站式"供应链服务平台

江苏连云港连合供应链公司是连云港港口控股集团有限公司旗下的专门从事供应链管理服务的一家现代物流企业，公司的经营理念是科技赋能金融、金融带动商贸、商贸带动物流、物流带动港口发展。公司目前具有港口物流、贸易、货物代理、配送等业务经验。为了整合港口内外部资源，建立港口供应链服务体系，构建港口内陆无水港模式，打造绿色智慧港口模型，该公司着力打造了"一站式"全程服务供应链平台，平台涵盖了供应链中的信息流、物流、资金流。

公司首先通过一个连合商服——统一公共信息服务平台，构建了一个信息交换、信息共享的基础设施。在此基础上，又构建了一个叫连合易商的交易平台，这是一个聚集商流的交易平台；当这个商流聚集起来，就会聚集物流，它又把在线的"互联网+物流"平台，就是连合智运平台做起来；通过连合智运，数据化的信息不断积累，最后再导入连合金服，把金融服务嫁接进来。这四大平台（连合商服、连合易商、连合智运、连合金服）共同构成了供应链平台内的完整架构。

为了有效挖掘平台潜能，该公司结合港口大宗货物运输特点，以大宗商品现货交易平台为建设重点，以仓储管理和车货匹配两大基本服务为突破点，拓展延伸商贸、交割、金融服务功能，持续打造连合易商、连合智运、连合金服三大功能平台，并依托信息技术手段，逐步实现了三个平台与港内外信息平台互通互联、数据共享。

三大功能平台结合形成的全过程供应链综合服务平台，丰富了港口的功能，可以满足客户的不同需求，有效增强港口竞争力。在全程供应链模式下，将港口与上下游产业紧密地联系在一起，向上整合上游客户，以钢厂、煤炭等为主，把货源注入平台；向下整合下游的运力，以长期稳定的社会车辆作为主要运力资源。因此，平台既可以管理调度车辆完成运输任务，也可以帮助企业降低供应链中的成本，还可以提供金融服务，帮助中小企业融资，优化资源配置，营造良好的港口供应链生态。

四　北京通过平台经济融入港口供应链的政策建议

（一）利用技术优势，打造信息平台

北京长期作为北方最大的经济中心和交通枢纽，如今更是全国科技创新

中心城市，在数字经济、金融创新等方面遥遥领先于国内其他城市。已成为北京王牌产业的数字经济产业处于蓬勃发展中，云计算、大数据、人工智能、区块链等技术走在前列。数字经济合作平台正在规划建设中，如"一带一路"数字经济联盟或大数据中心等。同时，北京也利用自贸区的制度优势，在国际商务片区重点发展数字贸易和国际物流等。北京可以充分利用这些技术优势，将现有的一些供应链平台与沿海港口平台对接，形成港口—腹地的供应链服务平台体系，实现两地信息系统的互通互联和数据共享。运用物联网、大数据和5G技术，加快推动内陆智慧无水港建设，通过平台系统关联，在本地实现"一站式"和"无纸化"通关，为港口客户提供便利高效的服务，提高口岸专业化服务水平。形成内陆港与海港良好互动发展的趋势，建立信息网络平台，实现内陆港、铁路、海港、海关、检验检疫等部门的跨区域、跨部门、跨平台的电子数据交换，实现与沿海港口的融合发展。

（二）发挥资源优势，建设内陆港

在新发展格局下，港口作为"双循环"的重要节点，不论是出于自身发展需要，还是为了更好地服务经济发展，都要充分发挥自身优势，利用机会发展壮大，内陆港也不例外。与沿海港口不同，内陆港既要具备前三代港口的基本功能，也要与沿海港口连接，协调供应链系统的活动，以差异化服务满足客户需求，提高管理的精细化程度，及时响应客户需求，形成灵活畅通的内陆港供应链体系。但内陆港建设周期长、沉没成本高，属于资本密集型行业，同时，建设内陆港也需要政府的支持。北京作为内陆城市，没有临海港口，但是作为我国的政治中心和区域经济中心，北京的外贸规模较大，且保持着强劲的增长势头。通过便捷的交通体系，北京可方便利用天津和河北的港口，建立起丝毫不逊色于沿海城市的对外贸易途径，无港口胜似有港口。所以，北京虽然没有传统意义上的港口，却有着丰富的港口资源。近年来，北京也在倾力打造"无水港"，将港口带进北京。同时，通过信息共享平台与本地外贸企业、沿海港口建立有效连接，提升内陆港通过效率，进而提升供应链整体效率。

（三）结合平台信息，发展多式联运

北京本身具备良好的交通条件，但连通内陆企业与沿海港口的供应链体系仍需完善。采用"无水港"运作模式，建立与沿海港口的大物流、大通关等供应链服务体系，形成港口供应链服务体系。北京在大力建设区域内物流枢纽时，应积极展现其稳定性与承载力，使其与海港实现密切衔接。目前，内港集装箱以内陆港货物为最佳运输方式。健全公铁联运、铁海联运的运输系统，对于港口供应链的融合发展是十分必要的。公路与铁路建立合作关系，运用有效的措施完善集疏运系统，达到门到门运输效果。通过信息共享平台，调度安排运输工具与集装箱，减少装载集装箱的车辆空驶，尽量实现往返都满载行驶，将空箱转运成本降到最低。而铁路与海运的合作，协调班列与运输计划，追踪装载货物，减少货物在港口停留的时间，但集装箱多式联运仍有关键问题需要解决。国内集装箱多式联运标准还不完善，主要原因是货柜尺寸没有统一标准。以海铁联运为例，铁路货柜和船公司的货柜规格大小具有差异性，物品运输到海港后，无法直接装载到铁路，必须更换铁路货柜才能继续运输，因此增加了运输和报关的时间，降低了效率。因此，只有推进集装箱的标准化运输、健全多式联运运输系统，才能实现内陆供应链与海港融合发展。

（四）技术赋能，助力港口金融创新

融资问题一直是港口供应链上参与方难以解决的问题，由此也限制了港口供应链的发展。在传统贸易的融资过程中，银行因为潜在的质权不清、重复质押、一货多卖等风险，即使有资金需求的客户货物在港上，且银行有资金，也难以批准贷款。而新兴的区块链技术可以为此提供帮助。区块链技术有助于实现供应链金融体系的信用穿透，一方面其不可篡改的特性可保证票据真实有效，另一方面其可溯源性可确保债权凭证的流转真实有效。同时，区块链技术通过"去中心化"的账本特性，可以减少传统融资过程的中间环节和信任问题。所有供应链上的参与方可以共享同一个账本，通过实时记

录和验证交易信息，保证所有链上的参与方的数据一致和可追溯，从而实现全程可控，降低融资风险。由此，通过区块链技术的加持，港口可解决关联供应链上企业融资难的问题，创新融资模式。北京更可凭借其技术、金融优势，通过技术赋能为港口供应链平台提供升级服务，创新金融模式，化解传统贸易融资过程中信息不对称的信用风险，提升运作效率，助力港口供应链上企业解决融资问题，畅通港口供应链，助力建设新型智慧港口，为港口供应链降本增效。

参考文献

［1］车程怡：《港口供应链风险管理研究》，硕士学位论文，哈尔滨工程大学，2017。

［2］李娟：《基于供应链模式下港口物流发展路径探析》，《商展经济》2023 年第 9 期，第 101~104 页。

［3］邓爱民、李志军、曹朝霞：《国际竞争优势增强　助推港口供应链平台经济》，《现代物流报》2022 年 6 月 20 日，第 A04 版。

［4］王圣：《"蓝色伙伴关系"国家港口供应链融合发展研究》，《中国渔业经济》2022 年第 1 期，第 22~29 页。

［5］乔雨：《4PL 港口供应链企业竞合与利益协调策略研究》，硕士学位论文，大连海事大学，2020。

［6］苏红燕：《京津冀港口—腹地物流网络模型研究》，硕士学位论文，燕山大学，2012。

［7］王雪梅：《推动内陆港与海铁联运协同发展》，《中国储运》2023 年第 4 期，第 60~61 页。

［8］《2022 年交通运输行业发展统计公报》，交通运输部网站，2023 年 6 月 15 日，https://xxgk.mot.gov.cn/2020/jigou/zhghs/202306/t20230615_3847023.html。

［9］梅叶、郭映江：《区块链赋能港口供应链问题与路径》，《中国港口》2021 年第 9 期，第 50~51 页。

B.4
北京供应链平台建设现状、创新及发展趋势

王 强 刘梦婷*

摘 要： 平台经济与供应链融合发展已成不可阻挡的趋势。供应链平台的建设对提高企业效率、降低企业成本、提升企业竞争力有很强的促进作用。本报告在全球供应链平台发展建设背景下，主要关注北京市供应链平台的发展现状及面临的前景。首先，详细介绍了北京市供应链平台的发展现状，典型供应链平台。其次，结合相关数据分析了供应链平台发展的特色。再次，依据相关资料，阐述了在当前供应链生态环境下北京市供应链平台的发展趋势。最后，基于以上分析，对北京市供应链平台发展提出了相应的对策建议：第一，加大政策扶持力度、给予更多资金、税收优惠；第二，完善供应链平台专业人才培养机制；第三，加强国际交流和合作，构建国内国际供应链生态系统；第四，发展绿色供应链平台，全面推进供应链碳减排。

关键词： 供应链平台 "互联网+供应链" 数字化转型 绿色供应链

一 供应链平台发展现状

供应链是指围绕关键企业，连接其上下游企业，达到使产品和服务顺利

---

* 王强，对外经济贸易大学副校长，国际经济贸易学院教授、博士生导师，北京对外开放研究院执行院长，主要研究方向为服务贸易、国际运输与物流、全球供应链管理、产业经济学；刘梦婷，对外经济贸易大学国际经济贸易学院博士研究生，主要研究方向为运输与物流。

流通的网链结构。随着技术进步、经济发展，消费者需求与购买行为发生了极大的变化，企业的产销行为也相应发生了变化，传统供应链的营运模式、物流承运方式、信息管理、结算方式等，已远远不能满足市场需求。同时，受国际政治局势、经贸冲突等不确定性因素的影响，各国、各地区乃至全球的供应链管理都面临极大的挑战。在此背景下，现代供应链的发展为供应链的发展提供了新思路。与传统供应链相比，现代供应链具有全球化、智能化、数字化、绿色化、服务化等特征，与平台经济的融合越来越深入。

什么是平台化供应链？简单来讲，就是协同管理，即借助互联网等技术，结合供应链上参与主体的需求，打造一个将商流、信息流、物流、资金流整合在一起的在线服务平台，目的是降低成本、提高效率，使各参与主体的利益最大化。依据不同服务功能和服务主体，可将供应链平台分为采购供应链平台、物流供应链平台、金融供应链平台、数据供应链平台、电商供应链平台、流通消费型供应链服务平台、生产型供应链服务平台、行业供应链平台、一体化供应链管理服务平台等。作为现代供应链发展的新形式，供应链平台以平台型企业为核心，协同整合不同地区、不同产业、不同企业的资源，构建一体化、稳定高效的区域、国家、全球供应链网络，其发展趋势是形成供应链生态圈。疫情发生后，数字化供应链平台在医疗物资供应、保障民生等方面起到了十分重要的作用。我国无论是整体上，还是单个省市，尤其像北京、上海这样的一线城市，供应链能够有序地开展，离不开平台供应链的加持。基于此，建设协同整合能力强、效率高的供应链平台是全球供应链发展的必然趋势，我国也越来越重视现代供应链发展。接下来，本报告将在简要介绍全球供应链服务平台、中国供应链服务平台发展现状后，着重介绍北京市的供应链服务平台发展情况。

（一）全球供应链服务平台

长期以来，受国际上政治博弈、经贸冲突、环保等因素和极端天气、地震、疫情等突发因素的影响，供应链的发展始终面临着挑战。而在数字经济驱动下，供应链能力已经成为企业市场竞争的核心能力，供应链平台的发展迎来巨大机遇，全球供应链服务平台发展也越发成熟。主要体现在以下三个方面。第一，数据化和智能化成为发展趋势。随着技术的深入发展，数据在供应链平台中的应用越发广泛，即互联网、物联网云计算等技术拓宽了数据的应用深度和扩大了其应用场景，极大地提升了整个供应链的效率，由此，有效降低了整个供应链的成本。第二，一体化供应链平台发展迅速。一体化平台是指聚合一个行业或者多个行业全产业链的参与者，为其提供供应链管理服务，提高参与者供应链的质量，降低成本，提升产品的市场竞争力。第三，供应链平台的国际化趋势也较为明显，从单一到多元化发展，其应用的领域越来越广泛，涵盖金融、物流、医药业、零售业和工业制造业等多个领域。例如，纯物流供应链平台——亚马逊物流；综合性电商平台——阿里巴巴的菜鸟网络；金融供应链平台——蚂蚁金服的芝麻信用。

（二）中国供应链服务平台

我国供应链平台的发展，与改革开放有着紧密的联系。市场经济的发展，使企业面临严峻的供应链问题，推动了在线供应链平台的建设。20世纪90年代末，我国国内供应链平台开始起步，第一家上市的供应链平台公司为深圳市怡亚通供应链股份有限公司。21世纪开始，随着市场需求的增加，在政策支持和技术加持下，供应链发展边界不断被拓宽，逐渐呈现数字化、智能化发展趋势。当前，我国供应链平台发展呈现如下特征。第一，涵盖领域广、范围大，垂直化供应链平台发展较快。同时，跨行跨界供应链更加普遍。第二，供应链平台发展不均衡。主要体现在分类上，以电商平台和金融供应链平台为主，专业的供应链平台企业较少。其中，电商平台供应链为我国供应链服务平台中发展最成熟的领域。第三，在线供应链平台与相关实体设施的融合发展，如仓储物流园区等。第四，自动化、智能化物流供应链平台日益普及，如无人机物流配送等。第五，供应链管理平台市场越来越大，各类平台数量和规模都在增加，但仍存在小而散、多而不专的问题。第六，监管制度标准落后制约供应链平台行业发展，安全和隐私保护问题仍然存在。

1.供应链平台建设的政策支持力度较大

2017年，国务院办公厅发布了《关于积极推进供应链创新与应用的指导意见》；党的十九大，将现代供应链建设上升为国家战略，提出培育新增长点、形成新动能；2018年5月，商务部和财政部联合发布《关于开展2018年流通领域现代供应链体系建设的通知》；2020年10月，中国共产党第十九届中央委员会第五次全体会议审议通过了《中共中央关于制定国民经济和社会发展第十四个五年规划和二〇三五年远景目标的建议》，明确指出，要提升产业链供应链的现代化水平。2022年1月，国家发展改革委发布了《"十四五"现代流通体系建设规划》，提出创新供应链协同管理模式，积极搭建物流信息和供应链服务平台等。2022年5月，商务部等8单位联合发布了《全国供应链创新与应用示范创建工作规范》，建立了相关评价指标体系，其中，将供应链协同平台建设情况，即供应链公共服务平台和企业供应链服务协同平台建设数量及发展状况作为评价的依据。党的二十大报告提出，要着力提升供应链安全水平和韧性，充分利用工业互联网平台，推动传统供应链的现代化转型。

2.创新试点、示范企业的地区分布差异较大

2021年，我国供应链创新与应用试点企业省级行政区分布情况如图1所示。2021年，全国共有266家试点企业，其中，北京市37家、江苏省33家、广东省30家、浙江省26家、上海市20家，5省市共146家企业，超过总量的50%。由此可知，试点企业主要分布于长三角地区、环渤海地区和珠三角地区。

2021年，在266个试点企业中评选出94家示范企业，如图2所示。北京市、浙江省、广东省和江苏省的示范企业数量排名前四位，占比超过50%。由此可知，这四省市的供应链创新发展位于全国前列。依据区域划分可知，这些企业主要分布于长三角地区、环渤海地区和珠三角地区，这几个地区共有65家，占比69%。

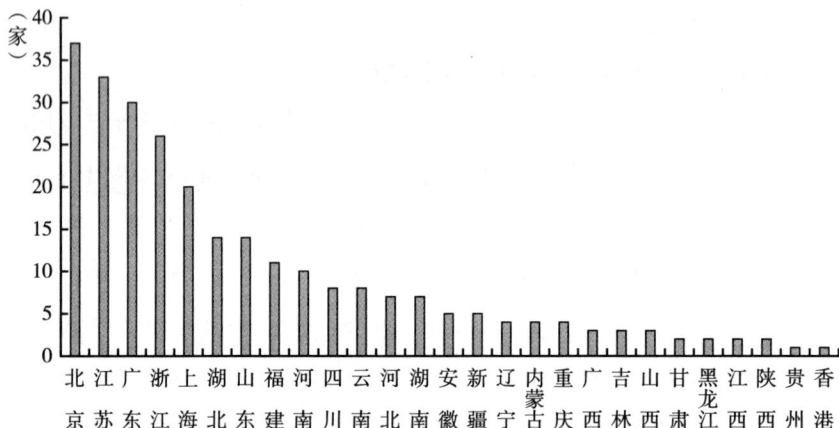

图1 2021年我国供应链创新与应用试点企业省级行政区分布情况

资料来源:《中国供应链发展报告（2021）》。

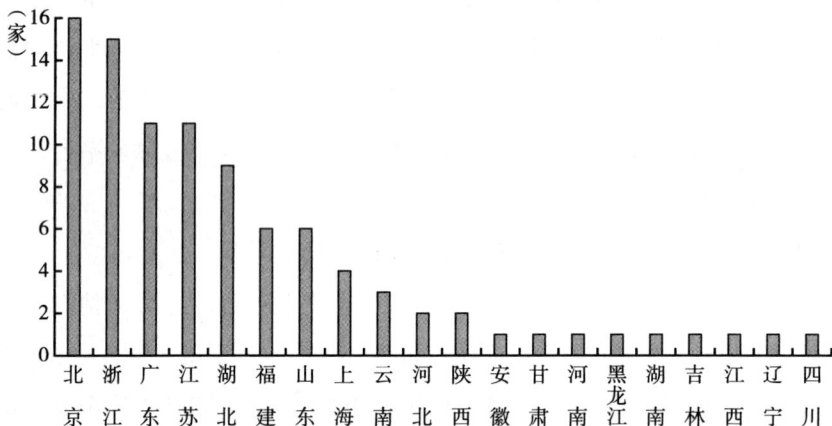

图2 2021年我国供应链创新与应用示范企业省级行政区分布情况

资料来源:根据全国供应链创新与应用示范城市和市范企业评审结果整理。

3. 平台化为数字化供应链中最受关注的一环

据《中国供应链发展报告（2021）》相关数据可知,在数字化转型趋势下,平台化供应链得到了更多的认可和关注。266家试点企业中,超过2/3的企业自建了相关供应链服务平台,3/4的企业利用供应链平台来降本增效。在此背景下,综合供应链服务平台得到了迅速发展。不同的行业有不同的供应链服务平台，比如农业资源整合平台、棉花电商服务平台、工业互联网平台、智慧物流平台等。

4. 供应链服务平台数量多，涵盖范围广，分布不均匀

截至 2023 年 6 月，据企查查相关信息，我国以"供应链服务平台"为名称的企业，近 64000 家，涵盖我国 31 个省（区、市），涉及电子信息、制造、建材、运输、医疗、批发零售等领域。其中，广东省 12975 家企业、山东省 12942 家、湖南省 5120 家、海南省 3317 家、上海市 2469 家、福建省 2447 家、江苏省 2394 家、浙江省 2242 家、陕西省 1825 家、安徽省 1570 家、四川省 1459 家、湖北省 1407 家、北京市 1283 家、贵州省 1218 家、重庆市 1137 家、云南省 1117 家、河南省 1095 家、广西壮族自治区 1084 家、辽宁省 971 家、江西省 738 家、河北省 672 家、天津市 566 家、甘肃省 556 家、吉林省 511 家、新疆维吾尔自治区 499 家、内蒙古自治区 419 家、黑龙江省 418 家、山西省 376 家、宁夏回族自治区 248 家、青海省 77 家、西藏自治区 55 家（见图 3）。总体来讲，我国供应链服务平台数量较多，已经形成一定规模，但其分布不均匀，主要分布在东南沿海省（市），西北内陆省（市）的数量较少。同时，据 2021 年《财富》公布的世界 500 强排行榜中，我国共有 143 家企业入围，其中有 5 家龙头供应链企业。

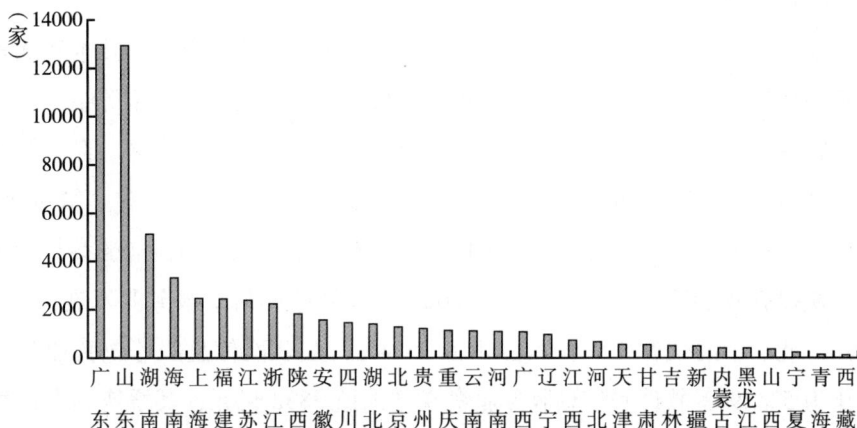

图 3 全国 31 个省（区、市）供应链服务平台相关企业数量

资料来源：企查查。

（三）北京市供应链平台

1. 供应链平台发展政策环境不断优化

政策上，北京市出台了多项政策，给予相关资金、税收等优惠措施，支持、鼓励、引导企业建设供应链平台。2017 年，国务院办公厅印发了《积极推进供应链创新与应用的指导意见》；2018 年，北京市商务局和财政局印发了《北京市流通领域现代供应链体系建设试点项目与资金管理办法》；2020 年，北京市人民政府发布了《北京市加快新型基础设施建设行动方案（2020—2022 年）》。2021 年，财政部、商务部发布了《关于进一步加强农产品供应链体系建设的通知》；2021 年，北京市各区相继发布了发展规划，如海淀区发布了《北京市海淀区国民经济和社会发展第十四个五年规划和二〇三五年远景目标纲要》；2021 年，北京市人民政府印发《北京市"十四五"时期高精尖产业发展规划》；2021 年，北京市人民政府印发《北京市"十四五"时期现代服务业发展规划》等。2022 年，北京市经济和信息化局、北京市财政局共同印发了《关于促进本市新型基础设施投资中新技术新产品推广应用的若干措施》。无论是专门针对供应链平台建设的政策，还是其他相关政策，均为供应链平台发展营造了良好的氛围。

2. 供应链平台发展配套基础设施日益完善

随着供应链平台的发展，相关实体基础设施也越发完善。在技术和优惠政策的加持下，在线供应链平台与相关基础设施如物流基础设施等结合得越来越紧密。当前，北京市有顺义区空港核心区、大兴机场开发区、经济技术开发区等物流园区。物流是供应链的重要组成部分，这些智能化、绿色化、信息化的物流园区的发展，完善了供应链物流网络体系，为供应链参与者提供了便捷高效的物流服务。根据《2022 北京软件和信息服务业发展报告》可知，北京市的软件业务收入占比为 95.4%，互联网信息服务业营业收入占比为 52.2%，软件和信息服务业实现增加值 3832 亿元，其增速和占比均为北京市第一位。2021 年，中国软件和信息技术服务竞争力百强榜单中，属于北京市的企业数量超过 1/3。同时，在新基建及数字化浪潮下，大数据、人工智能类软件发展迅速，而工业软件数量在云转型背景下也实现快速增长。根据《2022 中国互联网企业综合实力指数报告》可知，2022 年中国互联网综合实力排名前 100 的企业中，有 32 家是北京市的企业，处于领先地位；互联网数据安全服务排名前十的企业中，有 7 家北京市的企业。此外，还有一些其他新型基础设施，如网络基础设施、数据智能基础设施、生态系统基础设施、科创平台基础设施、智慧应用基础设施等。由《北京市 2022 年国民经济和社会发展统计公报》数据可知，2022 年，云计算、人工智能等新基建项目固定资产投资比上年增长 25.5%，移动电话基站 29.8 万个，其中，5G 基站 7.6 万个，比上年增加 2.4 万个。无论是传统基础设施还是新型基础设施，都为供应链平台化奠定了坚实基础。

3. 信息化和数字化规模覆盖面广

作为我国首都和政治、经济、文化中心，在广泛的关注下，2022 年，北京市"信息传输、软件和信息技术服务业，金融业，科学研究和技术服务业增加值分别增长 9.8%、6.4%、1.8%，占地区生产总值比重合计为 45.9%，比上年提高 2.5 个百分点。部分高技术产品生产保持较快增长，高技术服务业投资在互联网相关服务领域带动下增长 41.3%"[①]。技术的进步加速了北京市"平台+实体商业"的发展，为平台经济插上了翅膀，同时，也为供应链平台发展创造了良好的技术环境。随着现代技术的纵深发展，北京市供应链平台转型升级迅速。供应链平台建设智能化水平有了显著提升，其覆盖范围也相应扩大，既降低了成本，又提高了效率，很好地满足了企业和消费者的需求。在此过程中，供应链绿色发展也取得了长足进步。

4. 供应链平台具有一定规模，供应链生态系统初具规模

以"供应链平台"在企查查上查到在北京市注册的企业共 1282 家。其中，东城区 22 家、西城区 26 家、朝阳区 151 家、丰台区 58 家、石景山区 87 家、海淀区 233 家、门头沟区 19 家、房山区 34 家、通州区 79 家、顺义区 85 家、昌平区 107 家、大兴区 201 家、怀柔区 42 家、平谷区 55 家。这

---

① 资料来源于《北京市 2022 年国民经济和社会发展统计公报》。

些企业大多分布于海淀区、大兴区、朝阳区和昌平区。其中，注册资本1000万元以上的供应链平台企业共441家。根据企查查搜索结果了解到，虽然北京市供应链平台企业已经具有一定发展规模，但较深圳市、广州市、上海市还有一定发展差距。大量物流企业、金融企业、互联网技术企业聚集在北京市，还有大量研究机构和高校，其协作构建了初具规模的供应链平台生态系统。

（四）北京市典型供应链平台

1. 京东智能供应链平台

京东是我国最大的自营电商平台之一，总部位于北京市。在发展过程中，京东越来越重视5G、区块链、物联网、AI、大数据等技术，并不断借由技术的发展，来提升其数字化、智能化、自动化能力，提升整个供应链的效率。京东的智能供应链，基于大数据和人工智能技术，实现了从"智能采购""智能仓储""智能配送""智能售后"等模块的全流程管理。其中，"智能采购"模块是通过对销售数据的分析来预测市场需求、制定采购计划，由此降低了库存成本；"智能仓储"，则是通过智能分拣与管理来提升仓储准确率和效率，如其"亚洲一号"大型智能仓库；"智能配送"则是通过智能调度，实现路线优化，来提高配送的准确率和效率；"智能售后"是通过智能客服及售后，提升客户的消费体验和忠诚度。京东智能供应链的三大核心应用分别是供应链管理平台、智能C2B平台、供应链企业信息管理平台。据相关资料介绍，供应链管理平台是"聚焦各行业供给侧问题，以平台化管理视角，发现效能增长点，提供智能生产，信息资源整合，智能预测分析，智能调度与分配以及相关物流保障服务"；智能C2B平台主要是"基于京东大数据和第三方产业数据，利用机器学习和NLP技术，提供用户洞察、市场洞察、品牌提升、精准营销相关分析和服务，解决各行业品牌营销和反向定制等问题"；供应链企业信息管理平台是"基于京东平台入驻企业和第三方企业数据，进行企业信息的采集和汇总，精准描述企业画像，为政府招商和企业上下游合作解决产业上下游信息不对称导致的供需匹配低效问题"。2019 年，京东提出"供应链产业平台（OPDS）"，该平台主要聚焦提供全供应链服务和搭建供应链技术平台两个方面。同年，京东的 5G 智能物流平台 LoMir（络谜）建成，并促进了 5G 智能物流示范园区的落地。

2. 阿里巴巴数字供应链平台（Alibaba DChain）

阿里巴巴于 1999 年在杭州成立，也是我国最大的电商平台之一。2019年，阿里巴巴成立二十周年之际，于北京朝阳区设立了总部园区，标志着阿里巴巴集团"北京+杭州"双总部、双中心战略正式落地实施，两个总部各有侧重，同样重要。阿里巴巴的供应链系统被称作阿里巴巴数字供应链管理平台，该数字平台基于大数据、人工智能、互联网、云计算等技术，实现由供应商到消费者的全流程管理，主要包括供应商服务平台、采购服务平台、仓储服务平台、配送服务平台、售后服务平台等。其中，供应商管理服务，主要是评估管理供应商，优化供应链合作关系；采购服务，通过大数据来分析预测市场需求和制定采购集合，以此来降低库存成本；仓储和配送管理，都是通过技术手段，来提高仓储和配送的效率及准确率；售后管理则是通过 AI 等技术，来提升售后处理效率，完善消费者的售后体验。

基于大数据和 AI 智慧引擎算法技术，加强供应链预测和洞察能力：计算合理的品类结构（带动增长的货品结构、出现爆款概率大的货品结构）、客观反映市场的销售预测和流行趋势预测，制定精准的销售计划、规划高效的库存周转、优化较低的供给成本、决策出快速的履约失效、匹配出前瞻性的生产计划等，以此来优化供应链管理，提升服务质量和水平，满足不断变化、个性化的需求及预期。目前，阿里巴巴数字供应链平台，已经有许多成功案例。比如天猫消费电子供应链深度协同和创新、盒马生鲜智慧供应链升级、Lazada 国际供应链升级、零售通算法驱动供应链优化等。

二　北京市供应链平台发展创新之处

随着经济发展向深度、广度拓展，发展模式多元及创新，供应链发展也愈加复杂。作为企业、产业、行业、地区、国家发展的重要组成部分，现代供应链的发展对国家的经济安全和经济转型升级具有重要意义,越来越受到各主体的重视。作为我国的首都,北京市拥有一系列不可比拟的优势资源,经济发展位于全国前列,在此基础上,北京市供应链平台创新,有其创新基础及必要性。下面将详细介绍下北京市供应链平台发展的创新之处。

2021年,我国首批10个供应链创新与应用示范城市,北京市位居其中;首批94家示范企业,北京市有16家,数量位列第一。2022年,中国供应链创新与应用示范城市名单,共有15个供应链创新示范城市,106家示范企业,其中,总部位于北京市的企业数量也较2021年有大幅下降,共8家。2021~2022年共有25个供应链创新与应用示范城市和200家供应链创新示范企业,据统计,这些示范企业主要分布在长三角地区、珠三角地区、京津冀城市群、中原城市群和成渝城市群。2021~2022年北京市供应链创新与应用示范企业名单如表1所示。

表1 2021~2022年北京市供应链创新与应用示范企业名单

序号	企业名称(2021年)	企业名称(2022年)
1	北京国联视讯信息技术股份有限公司	国家能源集团物资有限公司
2	北京京东世纪贸易有限公司	君乐宝乳业集团有限公司
3	北京四联创业化工集团有限公司	利亚德光电股份有限公司
4	国家电网有限公司	中国电信集团有限公司
5	华润医药商业集团有限公司	中国交通建设集团有限公司
6	联想(北京)有限公司	中国能源建设股份有限公司
7	亿海蓝(北京)数据技术股份公司	中粮贸易有限公司
8	中国电力建设集团有限公司	中铁物资集团有限公司
9	中国联合网络通信有限公司	
10	中国石化国际事业有限公司	
11	中国物资储运集团有限公司	
12	中国移动通信集团有限公司	
13	中国中材进出口有限公司	
14	中国中化集团有限公司	
15	中铁物贸集团有限公司	
16	中信金属集团有限公司	

资料来源:根据全国供应链创新与应用示范城市和示范企业评审结果整理。

（一）智慧化物流供应链平台取得进展，准确性和效率大大提高

2022 年，中国供应链创新排名前 100 的企业中，有 21 家属于北京，占总数的比重超过 1/5（见表 2）。由表 2 可知，21 家企业中，有 11 家企业的创新点在于各类智能化、平台化供应链，如金融科技服务平台、供应链服务平台、电子采购平台、供应链协同平台、物流运营平台、供应链计划平台等。100 家供应链创新企业中，共有 35 家企业使用的是供应链平台，北京市占 10 家，这说明北京市的智能化、信息化物流供应链平台发展取得了不小的进步。其中，福耀玻璃为满足消费者需求，建设了"智慧供应链协同平台"和"福耀供应链精益屋"，智慧化管理供应链，其物流供应链信息的时效性、透明度、运营效率及准确性大大提高。京东的云数智供应链运用"大云物移智"技术，赋能品牌合作商，提升了全供应链流程的管理能力和效率，促进了产业的发展。北京丝路易达网络科技有限公司打造的中非全供应链综合服务跨境电商平台，以"供应链+互联网"为核心，基于信息服务、贸易服务、国际物流、会展商旅和咨询培训五大平台，借助金融方面的优势，为中非相关贸易主体提供一体化综合服务。

表 2　2022 年全国排名前 100 的北京市供应链创新企业

序号	企业简称	备注
1	中国华能	华能"能信"供应链金融科技服务平台
2	阿里巴巴	数智化跨境供应链服务平台
3	京东	京东云数智供应链
4	中车股份	中车供应链管理电子采购平台
5	中粮集团	数智化供应链
6	北汽福田	智能整合型供应链模式
7	联想	供应链智能控制塔（SCI）
8	新希望	新希望乳业供应链协同平台
9	福耀玻璃	智慧供应链协同平台
10	中国电科	中国电科供应链平台

序号	企业简称	备注
11	中航供应链	航空供应链集成服务体系
12	小米	黑灯工厂，供应链金融
13	字节跳动	质检物流一体化运营中心
14	鑫方盛	"工品通"智慧供应链管理系统
15	国联视讯	"数字工厂+PTDCloud 工业互联网"
16	华软金科	简链产业供应链平台解决方案
17	中商惠民	快消品城市仓配体系
18	华清科盛	AIoT 数智化物流运营平台 Wisdom ©
19	杉数科技	智慧供应链计划平台
20	兰格集团	钢铁供应链 EBC
21	冻品到家	数据驱动的冷冻食材供应链服务平台

资料来源：2022 供应链创新 TOP100（enet. com. cn）。

（二）供应链金融平台服务覆盖面广

由企查查"供应链金融"可查到，北京市共有 545 家企业提供供应链金融服务平台服务。其中，注册资本在 5000 万元以上的企业有 251 家，注册资本在 1000 万~5000 万元的企业有 159 家，注册资本在 1000 万元以下的有 135 家。从地理分布上来看：东城区有 26 家，西城区有 57 家，朝阳区有 160 家，丰台区有 21 家，石景山区有 15 家，海淀区有 125 家，门头沟区有 10 家，房山区有 10 家，通州区有 35 家，顺义区有 11 家，昌平区有 14 家，大兴区有 28 家，怀柔区有 5 家，平谷区有 15 家。供应链金融企业覆盖了所有辖区，但主要分布于朝阳区和海淀区等主城区。除地理区位上全覆盖外，供应链金融平台服务的对象、服务范围也较广，涉及北京市和其他省（市）各个产业的各种规模的企业。近年来，尤其关注小微企业，如北京市供应链债权债务平台，该平台基于区块链技术，以小微企业综合金融服务平台为入口，快速为中小微企业提供安全有保障的全方位供应链金融服务。

（三）数据供应链平台规模变大，应用场景多元化

近年来，以大数据、区块链、人工智能为代表的新一代信息技术和实体经济融合较为迅速，极大地推动了经济增长和产业升级。北京市在数字经济发展上取得很大进步，积极打造全国数字经济"北京样板"和全球数字经济"北京标杆"，建设了国家工业互联网大数据中心，规模以上工业企业生产设备数字化率超过54%，服务业的数字化速度也相当快。北京市统计局公布的数据显示，2021年，北京市数字经济产值为16251.9亿元，占北京市GDP的40.4%；其互联网信息服务业营业收入达2.2万亿元，占全国的25.7%，在全国排名首位。在线企业（游戏、娱乐、体育等）收入增幅均超过20%，线上支付金额增幅提高至16.3%。

北京市的数字技术创新硕果累累，包括发布首个万亿级的智能模型"悟道"、超导量子计算云平台、首个自主可控区块链平台"长安链"等。工业互联网平台数量居全国首位，国家网络安全区已经入驻了200家企业。《2021全球创新指数报告》显示，在最佳科技集群排名中，北京位列第三，仅次于我国深圳—香港—广州，其中，上海位列第8，南京位列第18，杭州位列第21。在此背景下，数据供应链平台规模越来越大，其应用的场景也越来越多元，如北京泛太物流有限公司的售后服务供应链平台，作为专业通信行业物流和物流信息供应商，其业务遍布我国数十个省（区、市）。

（四）供应链平台柔性化发展

什么是柔性化供应链平台？简单来讲，就是能迅速对市场需求做出反应的供应链平台。在新零售等新的产销模式下，消费需求呈现个性化、多元化、细分化、精确化等特征，这种新的消费趋势，促使供应链平台柔性化发展。柔性化已经成为供应链平台应对市场不确定性的有效手段，是供应链平台企业获得竞争优势的必然选择。疫情期间，京东为湖北省定制了系统性供应链平台，统一进行数字化整合防疫物资管理，并推出了应急公共服务平台，在防疫和保民生方面取得了巨大的成绩。

三 北京市供应链平台未来发展趋势

（一）新技术广泛应用，深入信息化、数字化升级和数据化分析

作为推动供应链转型升级和实现降本增效的有效手段，新兴数字技术越来越受到企业的青睐。未来，平台建设起步较早的供应链企业开始将内部的供应链平台向外拓展，与其他合作伙伴进行链接，共建产业供应链生态圈。在此背景下，供应链平台会产生三个发展方向，即横向发展、纵向发展及综合一体化发展。北京市拥有丰富的技术资源优势，在技术支撑和市场需求的基础上，企业供应链数字化、数智化和数据化仍有深入发展的空间。

（二）以可持续发展为目标，重视绿色化供应链平台建设

绿色供应链概念于20世纪70年代起源于美国，即将环境因素纳入全供应链建设的考量范畴中。在当前碳达峰碳中和目标下，绿色供应链平台建设是供应链可持续发展的必然趋势。供应链平台的数字化和智能化加速了供应链管理模式的改革，在很大程度上推动了绿色供应链的发展。当前，北京市的很多企业已经开始由供应商选择、采购、生产、流通等，在全供应链流程中做"碳减排"设计，进行绿色供应链转型，比如京东的"青流计划"。

（三）管理柔性化，重视供应链平台风险管理

在当前时代背景下，供应链平台不是独立的，而是一个生态系统，系统内的任何变化对整个生态系统的影响都不可小觑。消费需求日益个性化、多元化、零碎化，市场需求的不确定性越来越大，供应链平台风险管理，对于应对急剧变化的市场、对于更好地满足市场主体需求具有相当重要的意义。供应链平台柔性化，对于应对外部环境变化、保障供应链平稳安全运行十分

重要。北京市作为我国的首都，是拥有2000多万人口的一线城市，其供应链平台管理自主可控受到各主体的重视有其必然性。未来，北京市会基于先进技术如区块链技术发展"区块链+供应链平台"模式，为供应链平台风险管理赋能，提升供应链平台的自主可控能力。

（四）地域化发展为基，参与重构全球供应链

地缘政治因素深刻地影响了世界的物流、供应链结构，加速了全球供应链的重构。北京市拥有很多供应链创新的试点和示范企业，应积极主动抓住机遇，做出表率，发展更多的属于我国的品牌企业，推动区域供应链平台的建设和完善，参与全球供应链的重构。这既是我国总体发展战略和对外发展战略的要求，也是北京市在供应链平台发展中心位置的责任与义务，更是供应链平台深入发展的必然结果。

四 北京市供应链平台发展对策建议

综上所述，北京市的供应链平台发展，有其优势，也存在问题。基于以上分析，本部分对北京市供应链平台发展提出对策建议。

（一）加大政策扶持力度，给予更多资金、税收优惠

供应链平台的建设及运营，需要大量的资金投入。当前，虽然北京市政府颁布了很多供应链数字化、智能化、平台化等政策，但一方面，其宣传工作做得并不到位，应该举办一些重要的行业会议如供应链年会，或者借用其他的方式方法，加强对政策的宣传和推广，使其真正被供应链参与主体了解和应用；另一方面，供应链平台发展时间并不长，与其相关的政策法律法规并不完善，应该在实践中做出相应调整，保障供应链平台的安全稳定发展，同时，也要加强对其技术规范和标准的制定，提高供应链平台的质量及运营效率。

（二）完善供应链平台专业人才培养机制

专业人才是供应链平台发展的保障。作为新兴领域，供应链平台的发展自然缺乏相关专业人才，因此，北京市应该加强供应链专业人才的培养与引进。一方面，应该建立完善的人才培养体系，政府应加大支持力度，同高校及企业联合，展开对供应链平台专业、高素质、强能力人才的培养；另一方面，加强国内外优秀人才引进，政府应加大对人才引进的支持力度，提供良好的就业发展机会。

（三）加强国际交流和合作，构建国内国际供应链生态系统

近年来，国际政治、经济发展局势复杂，全球供应链受到不小的冲击。北京市可借供应链创新的试点、示范企业，抓住全球供应链重构的机遇，加强与全球供应链的链接，推动关键产业如电子材料、新能源等融入全球供应链。充分利用北京供应链平台的发展优势，加强与相关产业国家的交流与合作，基于合作国家的市场需求，配合建设优势互补、互利共赢的区域供应链生态，构建国际供应链生态系统。

（四）发展绿色供应链平台，全面推进供应链碳减排

基于供应链平台当前发展政策和发展现实情况可知，绿色可持续发展是供应链平台发展的必然趋势。在"双碳"背景下，北京市应做好供应链平台绿色化发展的带头作用，以全供应链绿色发展为导向，建设低能耗、低污染的供应链体系。首先，要积极落实国家绿色供应链相关政策，在此基础上，制定适合北京市的绿色供应链发展政策，建立更加规范化的发展标准。其次，可参照供应链创新试点、示范工作，开展一些绿色供应链平台试点、示范工作。比如联想的数字化、智能化绿色供应链发展规划，争取引导带动全供应链的低碳转型。最后，可对绿色供应链平台企业进行资金支持或采取优惠措施，比如优先采购权等。

参考文献

［1］彭新良主编《中国供应链发展报告（2021）》，人民邮电出版社，2022。

［2］周园、张天娇、周昊明：《"双碳"目标下供应链减排合作服务平台经济发展研究》，《经济纵横》2023 年第 3 期，第 69~79 页。

B.5

数字经济时代商业银行数字化转型与平台化发展

薛　熠　王若翰　张昕智*

摘　要： 在数字经济时代，银行服务"脱实体化"与"平台化"进程不断加快，金融科技促进商业银行数字化转型，推动商业银行发展步入银行4.0阶段。在此背景下，北京市商业银行发展呈现金融科技投入与布局持续增加、自建金融科技子公司进程加速、与金融科技公司合作不断深入、开放银行实践步伐逐步加快等特点，以中国建设银行、北京银行为代表的商业银行数字化转型模式不断创新与完善，取得了不错的成效。然而，数据泄露、数据开放标准与范围的不统一以及数据开放所带来的业务模式不确定性，使数据问题成为商业银行推动数字化转型与平台化发展过程中的重要挑战。面对此问题，一方面要求政府完善传统监管体系、探索监管科技等技术路线，构建新时代新业态下银行业的制度规范；另一方面也要求商业银行主动拥抱国家监管体系，从组织架构整合、业务场景延伸以及安全制度框架构建等方面积极推动新时代银行业治理体系的构建。

关键词： 商业银行　数字化转型　平台化发展　监管科技

---

* 薛熠，对外经济贸易大学国际经济贸易学院教授、博士生导师，主要研究方向为科技金融、金融开放理论与政策；王若翰，河北经贸大学金融学院讲师，主要研究方向为国家债务；张昕智，对外经济贸易大学国际经济贸易学院博士研究生，主要研究方向为数字金融、金融科技。

一 数字经济时代商业银行战略重点及发展现状

（一）数字经济时代商业银行发展的战略重点

商业银行的发展大致可以分为四个阶段（见图 1），而随着数字经济的发展，银行服务"脱实体化"进程不断推进，银行业当下面临的最大挑战不是来自同业而是来自其他行业的竞争者，特别是金融科技公司的发展对银行构成了巨大的威胁。因此，商业银行加速金融科技布局，加速推动自身数字化转型成为此阶段发展的战略重点。

习近平总书记指出："高质量发展是全面建设社会主义现代化国家的首要任务。"① 2020 年 4 月，数据作为数字经济时代的一种新型生产要素被写入《中共中央国务院关于构建更加完善的要素市场化配置体制机制的意见》中，与土地、劳动力、资本、技术等传统要素共同发挥重要作用，并且其在规模经济、网络效应和范围经济效应等方面的影响力更大。面对此历史机遇，在银行 4.0 阶段，银行业发展的经营业态、风险形式以及安全边界都发生了重大变化。《中国银行家调查报告（2022）》显示，近六成的受访者认为银行未来发展的战略重点在于"推进数字化转型"，这一比重比 2021 年高出 3.6 个百分点。41.9% 的银行家将"推进风险管控能力提升"作为重要战略选择，占比居第二位（见图 2）。

在数字经济时代，商业银行面临越来越大的经营压力，《银行家》杂志的调查数据表明，商业银行的平均净资产收益率从 2006 年的 23.37% 跌至 2017 年的 11.82%。而金融科技的迅速发展，为银行带来了新的利润增长点。《中国银行家调查报告（2022）》数据显示，55.4% 的银行家认为商业银行未来的利润增长点集中于"金融科技引领数字化转型，带动业务增长"（见图 3）。其中大数据技术受到 44.1% 银行家的关注，而 5G 技术、NFC 技术等移动通信技术以 38.9% 的关注度居第二位，云计算、开放结构技术、区

---

① 习近平：《高举中国特色社会主义伟大旗帜 为全面建设社会主义现代化国家而团结奋斗——在中国共产党第二十次全国代表大会上的报告》，《人民日报》2022 年 10 月 26 日，第 3 版。

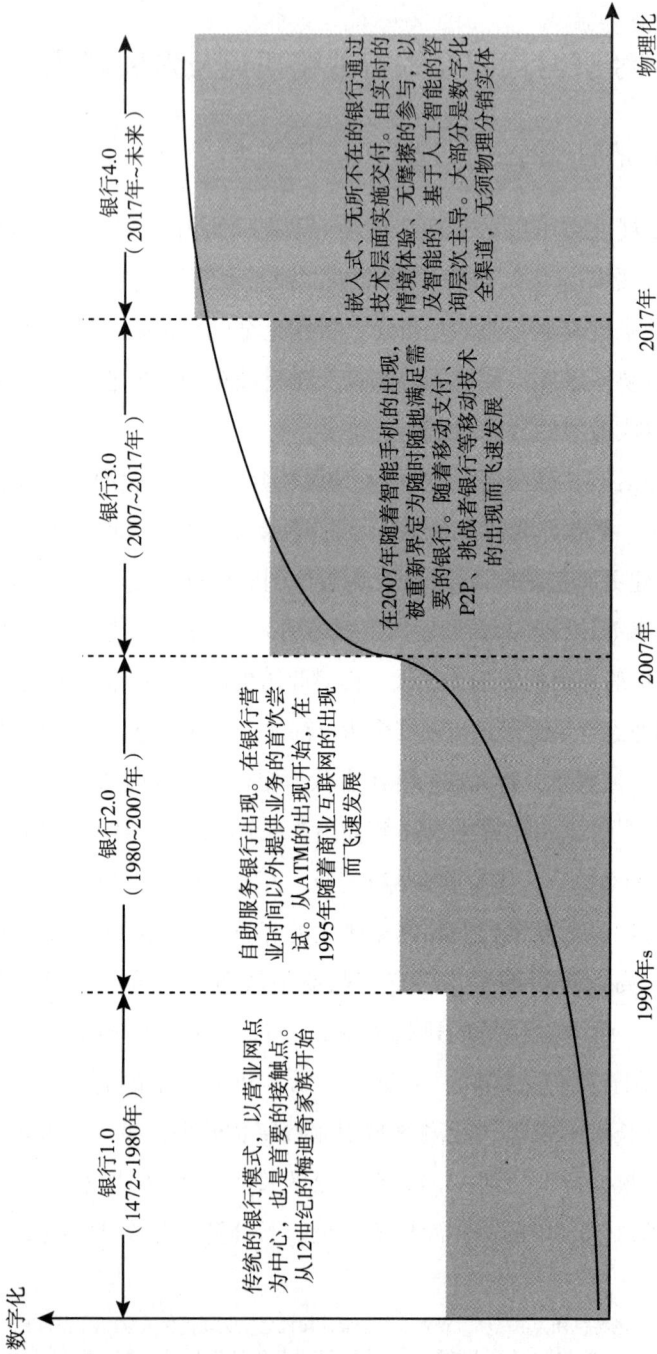

图 1 商业银行的发展阶段

数字化

物理化

银行1.0
（1472~1980年）

传统的银行模式，以营业网点为中心，也是首要的接触点。从12世纪的梅迪奇家族开始

银行2.0
（1980~2007年）

自助服务银行出现。在银行营业时间以外提供业务的首次尝试。从ATM的出现开始，在1995年随着商业互联网的出现而飞速发展

银行3.0
（2007~2017年）

在2007年随着智能手机的出现，被重新界定为随时随地满足需要的银行。随着移动支付、P2P、挑战者银行等移动技术的出现而飞速发展

银行4.0
（2017年~未来）

嵌入式、无所不在的银行通过的技术层面实施支付。由实时的情境体验、无摩擦的参与，以及智能的、基于人工智能的咨询层次主导，大部分是数字化询层次主导，无须分是数字化实体全渠道，无须物理分销实体

1990年s
2007年
2017年

资料来源：笔者根据公开资料整理。

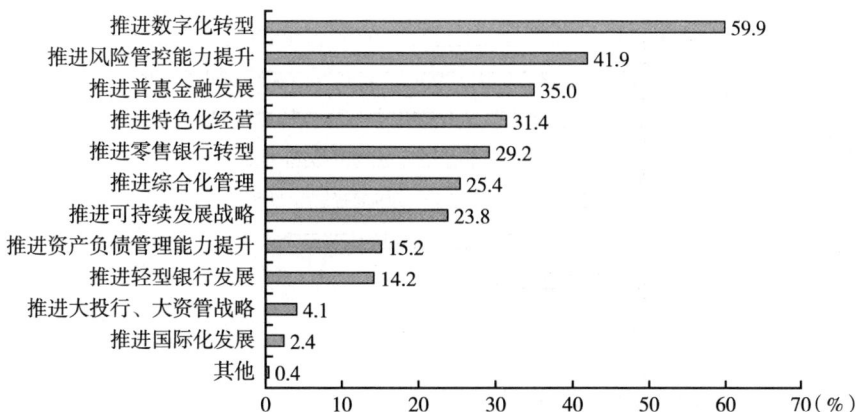

推进数字化转型 59.9
推进风险管控能力提升 41.9
推进普惠金融发展 35.0
推进特色化经营 31.4
推进零售银行转型 29.2
推进综合化管理 25.4
推进可持续发展战略 23.8
推进资产负债管理能力提升 15.2
推进轻型银行发展 14.2
推进大投行、大资管战略 4.1
推进国际化发展 2.4
其他 0.4

图 2 2022 年商业银行战略重点

资料来源:《中国银行家调查报告(2022)》。

块链技术、人工智能技术等分列第三至第六位(见图 4)。而在金融科技重点应用领域方面,有 44.9% 的银行家认为场景金融是金融科技最重要的应用领域。此外,小微金融、移动支付、直销银行、大数据风控和反洗钱也是金融科技的重要应用领域(见图 5)。

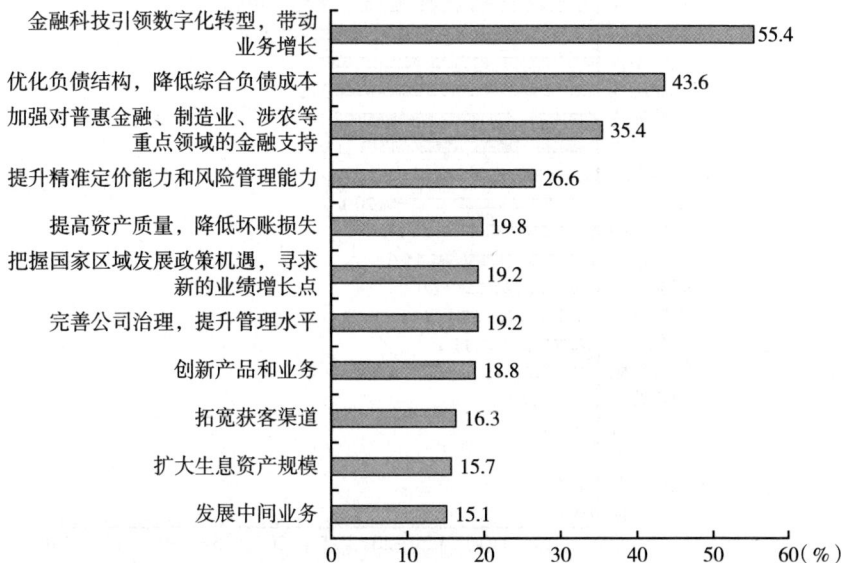

金融科技引领数字化转型,带动业务增长 55.4
优化负债结构,降低综合负债成本 43.6
加强对普惠金融、制造业、涉农等重点领域的金融支持 35.4
提升精准定价能力和风险管理能力 26.6
提高资产质量,降低坏账损失 19.8
把握国家区域发展政策机遇,寻求新的业绩增长点 19.2
完善公司治理,提升管理水平 19.2
创新产品和业务 18.8
拓宽获客渠道 16.3
扩大生息资产规模 15.7
发展中间业务 15.1

图 3 商业银行未来推进利润增长的途径

资料来源:《中国银行家调查报告(2022)》。

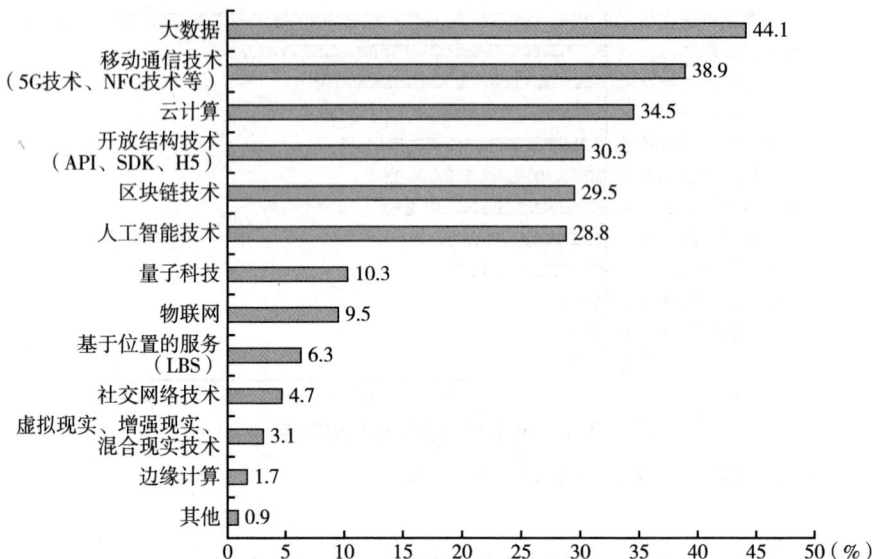

图4 商业银行关注的金融科技技术

资料来源：《中国银行家调查报告（2022）》。

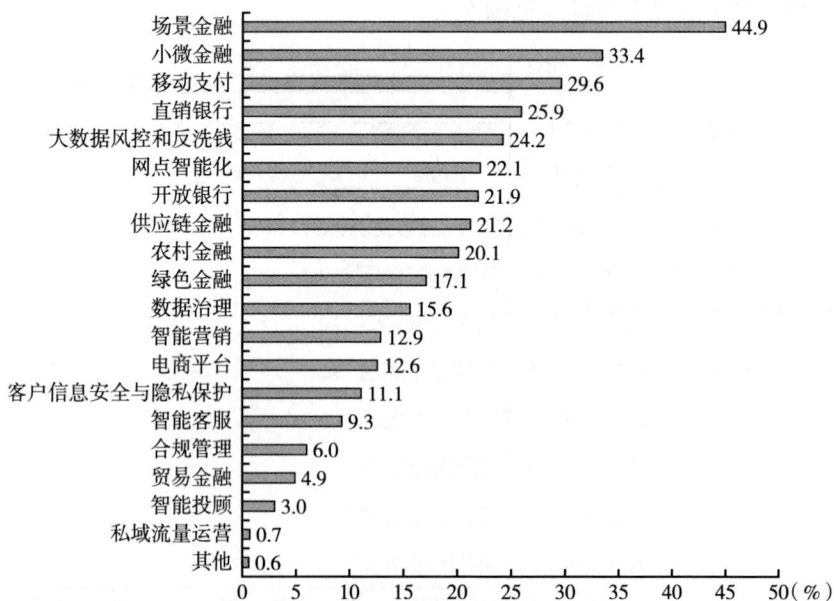

图5 商业银行金融科技重点应用领域

资料来源：《中国银行家调查报告（2022）》。

（二）北京商业银行数字化转型现状

1. 商业银行金融科技投入与布局持续增加

在数字经济时代，金融科技成为商业银行数字化转型的重要动力，资金投入是衡量商业银行金融科技发展的核心指标之一，根据年报数据，2019~2022 年有 6 家国有银行及 8 家全国性股份制商业银行的金融科技投入金额持续上升，2022 年有 14 家商业银行的金融科技投入金额达 1680.50 亿元，同比增长 8.13%（见图 6）。从金融科技员工人数来看，2019~2022 年有 14 家商业银行的金融科技员工人数持续上升，2022 年有 14 家商业银行的金融科技员工总人数达 12.62 万人，同比增长 10.4%（见图 7）。

从银行类别来看，6 大国有银行①在金融科技投入与金融科技人员配置方面仍占据主导地位，其贡献了近 70% 的金融科技投入金额以及金融科技员工人数。2022 年，6 家国有银行的金融科技投入均超过百亿元，金融科技投入金额达 1165.49 亿元，较 2021 年增加 90.56 亿元，同比增长 8.42%。从金融科技占营业收入比重来看，主要集中在 2.83% 至 5.16% 之间。同时，6 家国有银行金融科技员工数量较 2021 年末均有所增加，金融科技员工总数达 8.73 万人，同比增长 7.78%，金融科技员工人数占全行员工人数比例在 2.22% 至 8.3% 之间。同时，8 家全国性股份制商业银行②近年来发展速度较快，2022 年 8 家全国性股份制商业银行的金融科技投入总金额达 515.01 亿元，同比增长 7.46%。就金融科技占营业收入比重来看，主要集中在 3.57% 至 5.27% 之间。同时，2022 年 8 家全国性股份制商业银行金融科技员工总数达 3.89 万人，较 2021 年增加 0.56 万人，同比增长 16.82%。

2. 商业银行加速自建金融科技子公司

从 2015 年开始，中国部分银行开始自建金融科技子公司，至今已有 19 家银行正式成立金融科技子公司，并逐步从国有大行和全国性股份制银行向

---

① 6 大国有银行分别是：工商银行、建设银行、交通银行、农业银行、邮储银行、中国银行。

② 8 家全国性股份制商业银行分别是：招商银行、中信银行、平安银行、兴业银行、光大银行、民生银行、恒丰银行、渤海银行。

□ 14家商业银行金融科技投入金额　■ 6家国有银行金融科技投入金额
■ 8家全国性股份制商业银行金融科技投入金额

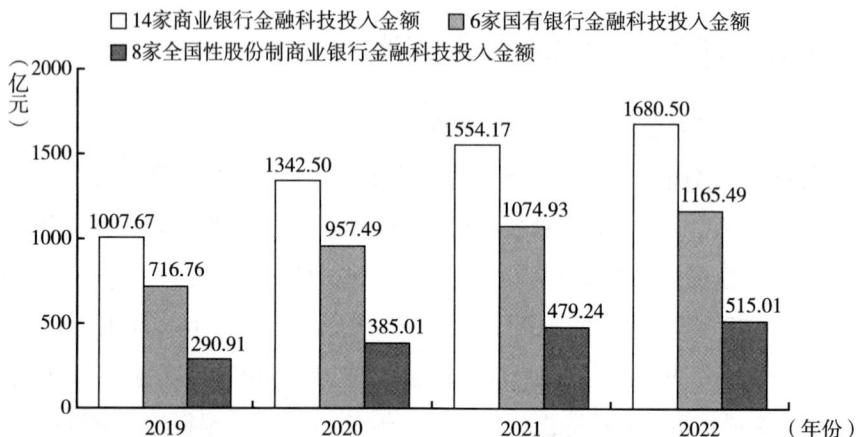

图 6　2019～2022 年 14 家商业银行金融科技投入金额

资料来源：各银行年报信息。

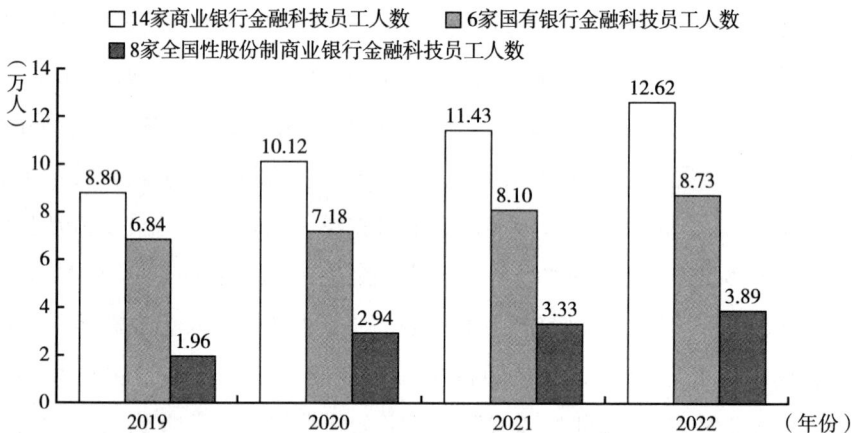

□ 14家商业银行金融科技员工人数　■ 6家国有银行金融科技员工人数
■ 8家全国性股份制商业银行金融科技员工人数

图 7　2019～2022 年 14 家商业银行金融科技员工人数

资料来源：各银行年报信息。

城商行、农商行扩展。具体来看，除邮政储蓄银行外，我国 5 家大型国有银行均成立了金融科技子公司，并且国有银行的金融科技子公司注册资本均处于相对较高水平。7 家全国性股份制银行、4 家城商行和 3 家农商行分别成立了金融科技子公司。虽然相比国有大行和全国性股份制银行来讲，城商行与农商行起步较晚，但近两年已逐步开始形成发展趋势，对于金融科技的重视程度逐渐升高，后续也有较大的发展空间。如表1所示，从商业银行金融科技子公司注册地来看，光大银行、民生银行、华夏银行等6家银行选择在北京注册金融科技子公司，同时上海、深圳等也属于热门注册城市。对于城商行和农商行来讲，其注册地与银行总行所在地和其主要辐射范围相关。从商业银行金融科技子公司注册资本来看，各银行之间的差异较大，在200万元到16亿元之间，其中建设银行作为国有银行中第一家成立金融科技子公司的银行，建信金融科技有限责任公司的注册资本高达16亿元，居于19家银行之首；廊坊银行设立的金融科技子公司易达科技的注册资本仅为200万元。从银行金融科技子公司的研发成果来看，19家银行的金融科技子公司中有12家拥有专利，金融壹账通以5171项专利居于首位，其次是建信金科3109项（见图8）。

表1　商业银行金融科技子公司基本情况（统计截至2023年5月）

序号	银行名称	金融科技子公司	成立时间	注册地	注册资本（亿元）	股权结构
1	兴业银行	兴业数字金融服务（上海）股份有限公司	2015年11月	上海	3.50	兴业国信资产管理有限公司持股72.9%
2	平安银行	深圳壹账通智能科技有限公司	2015年12月	深圳	12.00	深圳平安金融科技咨询有限公司持股44.3%
3	招商银行	招银云创信息技术有限公司	2016年2月	深圳	2.49	招银科技控股（深圳）有限公司持股100%
4	深圳农商行	前海金信（深圳）科技有限责任公司	2016年5月	深圳	0.11	深圳市誉银惠众投资发展有限公司持股100%
5	光大银行	光大科技有限公司	2016年12月	北京	2.00	中国光大集团股份公司持股100%
6	建设银行	建信金融科技有限责任公司	2018年4月	上海	17.30	建银腾辉（上海）私募基金管理有限公司持股92.5%

续表

序号	银行名称	金融科技子公司	成立时间	注册地	注册资本（亿元）	股权结构
7	民生银行	民生科技有限责任公司	2018年4月	北京	2.00	民生置业有限公司持股100%
8	华夏银行	龙盈智达（北京）科技有限公司	2018年5月	北京	0.21	北京龙盈科创股权投资基金中心（有限合伙）持股99.9%
9	工商银行	工银科技有限公司	2019年3月	保定	9.00	工银国际投资有限公司持股100%
10	北京银行	北银金融科技有限公司	2019年5月	北京	0.50	北银置业有限公司持股100%
11	中国银行	中银金融科技有限公司	2019年6月	上海	6.00	天津津远实业有限公司持股100%
12	浙商银行	易企银（杭州）技术有限公司	2020年2月	杭州	0.20	天枢数链（浙江）科技有限公司持股100%
13	农业银行	农银金融科技有限责任公司	2020年7月	北京	6.00	农银投（嘉兴）企业管理有限公司持股100%
14	交通银行	交银金融科技有限公司	2020年8月	上海	6.00	交银国际（上海）股权投资管理有限公司持股100%
15	厦门银行	集友科技创新（深圳）有限公司	2020年9月	深圳	0.10	集友银行（香港）有限公司持股100%
16	廊坊银行	廊坊易达科技有限公司	2020年11月	廊坊	0.02	廊坊银行股份有限公司工会委员会持股99%
17	浙江农信社	浙江农商数字科技有限公司	2020年12月	杭州	1.00	浙江农村商业联合银行股份有限公司工会委员会持股100%
18	广西银行	广西桂盛金融信息科技服务有限公司	2020年12月	南宁	0.12	广西桂盛信息咨询服务有限责任公司持股100%

续表

序号	银行名称	金融科技子公司	成立时间	注册地	注册资本（亿元）	股权结构
19	盛京银行	盛银数科（沈阳）技术有限公司	2021年7月	沈阳	0.10	盛京银行股份有限公司沈阳分行工会委员会持股60%

资料来源：企查查。

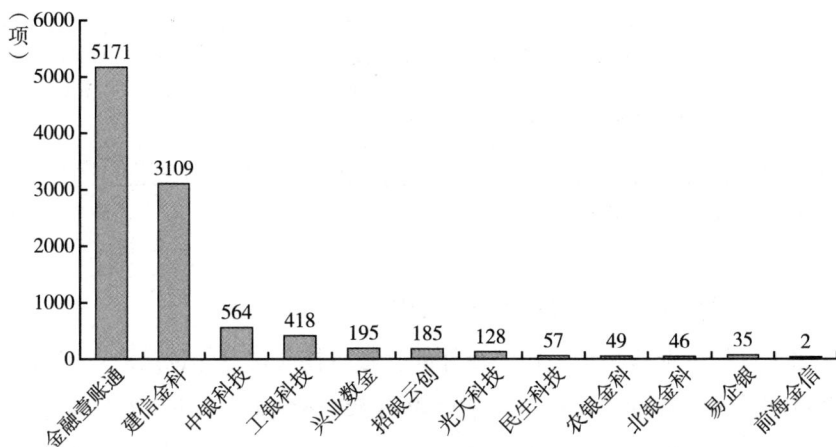

图8　金融科技子公司专利数量

注：统计截至2023年5月。

资料来源：企查查。

表2　部分商业银行金融科技子公司发展战略

金融科技子公司	发展战略
建信金科	2022年加快推进数字基础设施建设和全面云化转型,持续打造"建行云"品牌
工银科技	抓住"十四五"数字化转型期间市场需求,将数字合规工具无缝嵌入交易行为监测、业务数据报送等场景,助力金融监管部门提升监管效能;注重"科技+场景"共建,在助力数字政府转型、响应国家医疗健康领域改革政策以及助力"新基建"建设等方面着力
中银科技	以"立足集团内服务,放眼集团外拓展;深耕金融行业,探索跨界合作"为发展战略,打造具备市场竞争力的金融科技平台,围绕集团发展战略,分阶段、分领域向行业和市场开放服务,实现金融科技跨业输出

续表

金融科技子公司	发展战略
金融壹账通	一方面,以"技术+业务"的模式作为主要竞争优势,推进客户深耕,整合和升级产品,拓展金融服务生态;另一方面,持续推展境外业务,并在近年获得强劲增长,尤其是香港和东南亚市场
招银云创	依托覆盖全国的区域中心和在地运维服务网络,构建了"业务咨询+数字化产品+大规模交付+售后运营服务"的全流程一体化服务体系,助力企业洞悉资金流全景,使财务真正实现对业务的深度洞察和对企业的价值引领创造
光大科技	积极贯彻集团2021年提出的"绿色光大"战略,以科技创新、数字化转型为抓手,深入贯彻中央关于"双碳"建设相关要求,助力国家实现碳达峰碳中和目标,积极助力集团加快"三大一新"产业绿色低碳转型,大力发展数字化、智慧化新业态,全面推动"绿色光大"发展目标落地
前海金信	专注于互联网金融平台、金融科技解决方案、智能物流等领域的信息科技服务

资料来源:笔者根据公开资料整理。

3. 商业银行加速与金融科技公司合作

除了自建金融科技子公司,与外部金融科技公司合作也是商业银行推进自身数字化转型的重要途径。目前已经有25家商业银行①与外部金融科技公司展开合作,根据其合作内容及性质大致可以划分为三种模式,第一种是业务/场景合作。商业银行与金融科技公司的业务及场景类合作主要是指商业银行将自己的传统业务进行拆分并外包给金融科技公司,利用金融科技公司的技术或场景优势来实现商业银行传统业务的升级改造,这一合作模式往往仅涉及一项或几项业务。目前,第一种合作模式是商业银行与金融科技公司合作的最主要形式,占比达67.37%。第二种是战略合作。与第一种仅涉及某几项具体业务和场景不同,商业银行与金融科技公司的战略合作更像是银行体系向外寻求技术、业务以及场景等的全包服务。这一合作模式在实践中的占比约为23.16%。第三种是创建联合实验室。某些大型商业银行为了

---

① 25家商业银行分别是:工商银行、建设银行、交通银行、农业银行、邮储银行、中国银行、招商银行、光大银行、华夏银行、民生银行、平安银行、浦发银行、兴业银行、中信银行、北京银行、成都银行、哈尔滨银行、杭州银行、江苏银行、南京银行、青岛银行、上海银行、广州农商行、重庆农商行、紫金农商行。

推动科技与其传统金融业务的深入融合，提升自身科技实力，会选择与金融科技公司创建联合实验室（见表3）。在实践中，这一合作模式主要集中在大型商业银行与头部金融科技公司之间，占比仅为9.47%。

表3　外部金融科技公司与商业银行创建联合实验室情况

金融科技公司	商业银行	实验室名称
百度	农业银行	中国农业银行—百度金融科技联合创新实验室
	浦发银行	浦发—百度深度学习实验室
华为	华夏银行	联合创新实验室
	浦发银行	浦发—华为开源技术联合实验室
腾讯	建设银行	建设银行—腾讯金融科技联合创新实验室
	中国银行	中国银行—腾讯金融科技联合创新实验室
	光大银行	光大—腾讯金融科技创新实验室
	华夏银行	人工智能云客服实验室
	广州农商行	金融科技创新实验室
阿里	光大银行	数据共创实验室
	杭州银行	杭州银行金融实验室
京东、科大讯飞	兴业银行	AI家庭智慧银行联合实验室
科大讯飞	农业银行	智能语音联合创新实验室
	浦发银行	浦发—科大讯飞智能交互实验室
第四范式	光大银行	光大银行信用卡中心—第四范式人工智能实验室
同盾科技	建设银行	建设银行—同盾科技金融科技联合创新实验室
云从科技	建设银行	Fintech联合创新实验室
南大通用	农业银行	联合创新实验室

资料来源：笔者根据公开资料整理。

而从商业银行与金融科技公司的具体合作方向来看，在场景应用层面，二者的合作方向主要集中于智能风控领域，占比高达52%。智能营销、智能客服以及基础架构分别以13%、10%、7%的占比居第二至第四位（见图9）。与国有大行不同，部分城商行、农商行与金融科技公司的合作会较多涉及安全防护、平台建设以及灾备中心建设等领域；在技术层面，商业银行与金融科技公司的合作超半数（52.15%）集中于人工智能领域，超过30%的合作涉及大数据领域，而云计算领域与区块链领域的合作相对较少，仅分别占比9.82%和7.98%（见图10）。

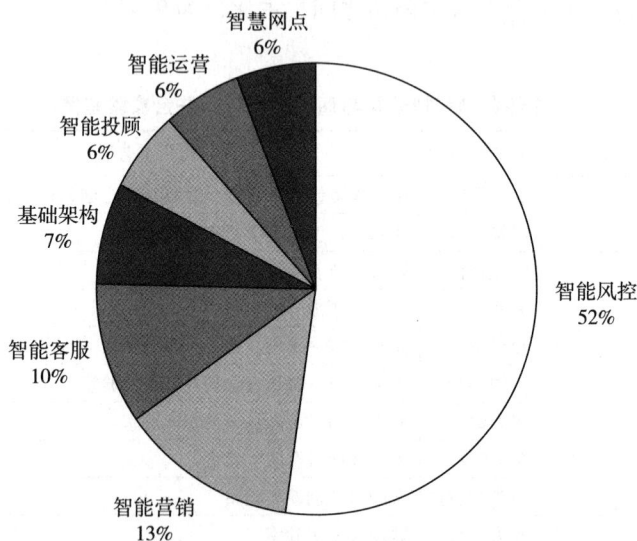

图9 商业银行与金融科技公司在场景应用层面的合作方向

资料来源：零壹智库。

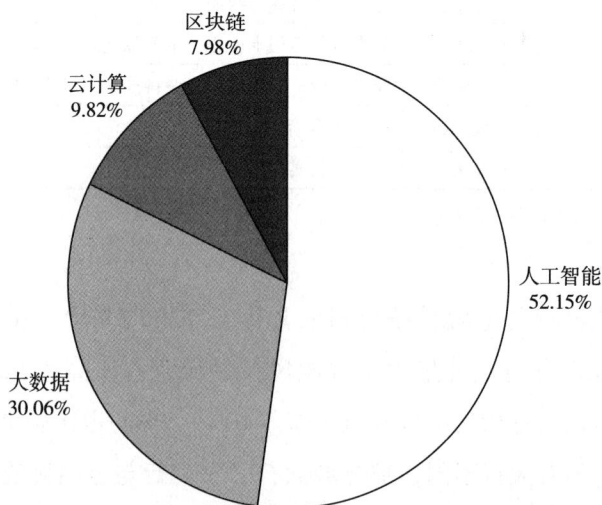

图10 商业银行与金融科技公司在技术层面的合作方向

资料来源：零壹智库。

4. 商业银行加快了其进行开放银行实践的步伐

中国银行最早于 2012 年提出了"开放平台"的概念，推出中银开放平台，在整合银行各类业务接口的基础上开放了 1600 多个接口，打造用户、开发者、银行"三赢"局面。但该理念在当时并没有获得市场的广泛关注。进入数字经济时代，随着金融科技的发展，"开放银行"的概念重新进入大众视野。2017 年，华瑞银行提出"把银行开在别人家 App 里"的开放理念，向对公客户提供 SDK 和 API。而自 2018 年下半年开始，国有银行及全国性股份制商业银行纷纷开始探索开放银行发展模式。其中，2018 年 7 月，浦发银行推出业内首个 API Bank（无界开放银行），通过 API 架构驱动，全面开放银行服务。2018 年 8 月，工商银行提出将全面实施 e-ICBC3.0 互联网金融发展战略，推进传统金融服务的智能化改造。2018 年 9 月，建设银行提出要将包括商业银行、租赁、保险、基金等集团业务的功能和数据能力以服务的形式向社会开放。2019 年 2 月，招商银行宣布迭代上线招商银行 App7.0 以及掌上生活 App7.0 两款产品。开放式的平台设计实现了金融与生活场景的连接。2018 年 10 月，众邦银行推出开放银行平台，经过平台注册、沙箱自测、开发测试和灰度发布环节后，即可接入开放银行平台，且支持 SDK、API 和 H5 接入，重点在供应链融资、投资、账户、支付四个领域提供解决方案。

二　北京市商业银行数字化转型案例分析

以下我们选取总部位于北京的中国建设银行（以下简称"建设银行"）以及北京银行来分析其数字化转型的具体路径。

（一）国有银行数字化转型案例分析——以建设银行为例

在国有大行中，建设银行的数字化转型十分具有代表性。以阶段划分，可以大概将建设银行数字化转型分为三个阶段。

第一阶段着力打造新一代核心系统，实现流程再造。"黄金十年"的结束使银行业普遍面临增长压力，亟待寻求新的业务增长点，特别是近年来新型数字技术的兴起与发展，使商业银行传统经营模式难以维系。面对此挑战，建设银行"新一代"核心系统应运而生，其建设理念大致可以概括为以下三点。第一，以客户为中心。以"了解、经营、维护客户"为宗旨，打破技术壁垒，实现流程共建，数据共享，以客户为中心，为其提供更加专业以及个性化的服务。第二，以企业架构为核心。打破原有的"部门、分行、系统"层级观念，从全行顶层视角进行资源配置与组织布局。第三，以企业级业务模型为驱动。以结构化、标准化方式描述战略能力与操作需求，将"银行价值链"作为主要业务模型，确保银行业务先进性。在2017年7月，"新一代核心系统"于全行37家分行、1.5万个网点及全部电子渠道部署推广，其全新核心系统正式建成，为建行数字化转型及业务升级改造提供了动力。

第二阶段着力建设金融生态，搭建应用场景。2018年，建设银行正式发布《金融科技战略规划》，明确金融科技战略实施方向，从三个方向着力实施。第一，在住房场景方面，建设银行推行住房租赁战略，赋能社会发展。一是搭建住房租赁服务平台，地级市覆盖率达94%。特别地，其与11个试点城市签订《发展政策性租赁住房战略合作协议》，提供一揽子金融住房服务；二是推出"存房业务"，共建住房租赁产业联盟，合作签约商户，培育住房租赁新生态。在抗疫期间，累计为医护人员等无偿提供住房近2000套（间）。第二，在普惠金融方面，建设银行搭建"智能、高效、强风控"的普惠金融体系，服务实体经济。一是利用数字技术，化解信贷信用问题。建设银行在创建信用评分卡评价模式的同时，为小微企业融资设置了"正面清单"，利用人工智能、大数据等新型技术对小微企业进行画像，评估其生产经营状况与信用状况。重构小微企业金融服务模式。二是推动业务流程再造，实现秒批秒贷。三是创新平台经营模式，扩大覆盖范围。建设银行依托生物识别、人工智能的新型数字技术，推出"惠懂你"移动客户端，融合小微快贷、个人经营快贷、裕农快贷、交易快贷等应用，提供一键评估、一键贷款、一键支用、一键还款等功能，大幅提升服务效率和扩大覆盖范围。第三，在金融科技方面，建设银行持续推进金融科技战略布局，推动金融服务开放。建设银行聚焦 ABCDMIX（人工智能、区块链、云计算、大数据、移动互联、物联网和其他前沿技术），赋能业务创新。具体来看，在平台化方面，建设银行人工智能平台已上线图像识别、知识图谱等 6 大类 18 个人工智能组件，覆盖 300 多个业务场景。大数据云平台实现了数据以服务方式对外发布，支持智慧政务、住房公积金数据平台等重点客户的大数据服务。在云服务方面，建设银行部署了"建行云"，物理节点达 26000 多个，云化算力达到 90%，拥有端到端解决方案，提供金融级防护。建设银行云服务实力在国有大行中领先，上云业务应用项目已超 270 个，其中包括住房租赁、智慧政务、智慧社区、善行宗教和中银协区块链等。

第三阶段围绕"生态、场景、用户"，全面开展数字化经营。一方面通过打造业务、数据与技术的大中台体系，建设"数字化工厂"，构建数据智能中枢和全域数据供应网，赋能传统业务发展；另一方面，围绕"生态、场景、用户"开展探索，打造"彼此相连、同步迭代、实时互动、共创共享"业务生态圈，分别对个人用户、企业用户提供针对性服务。具体来看，对于个人用户，建设银行试图对其进行精准画像，依据其个性化需求提供公共出行、生活服务、商户消费等生态场景全方位服务；对于企业用户，上线"惠懂你"平台，针对其信贷融资、产品交付等具体需求服务于企业全生命周期。

（二）股份制商业银行数字化转型案例分析——以北京银行为例

面对越发激烈的市场竞争，北京银行依托数字技术，提升其金融服务的覆盖面、可得性和便利度，加快全行体系数字化转型。北京银行树立"一个银行（One Bank）、一体数据（One Data）、一体平台（One Platform）"的理念，坚持以数字化转型统领发展模式、业务结构、客户结构、营运能力、管理方式"五大转型"，确立了"数字京行"整体战略布局。根据 2022 年北京银行发布的年度报告数据，其信息科技投入占营业收入的比重为 3.7%，较上年提升 0.2 个百分点（见图 11）。其中，研究开发类投入 8.4 亿元，同比增长 56%。

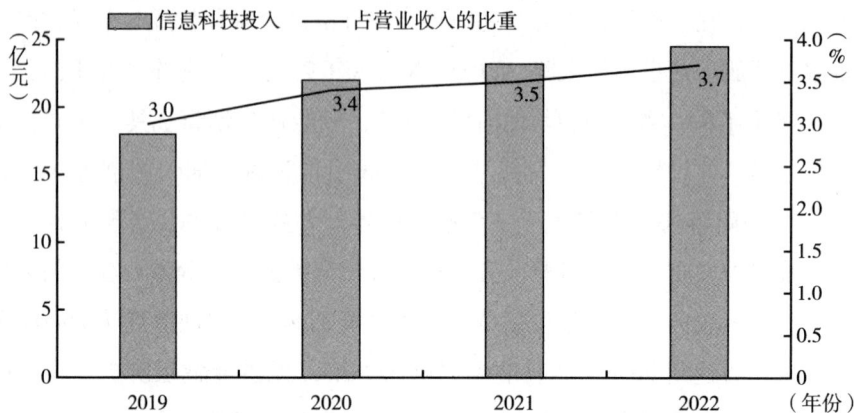

图11 2019~2022年北京银行信息科技投入及其占营业收入的比重

资料来源：根据2019~2022年北京银行发布的年度报告数据统计。

基于"数字京行"的战略布局，在组织配合上，北京银行成立数字化转型战略委员会、金融科技委员会、北京市首家金融企业科学技术协会。以敏捷协作机制和并联推动模式为抓手，统筹推动数字化转型各领域重点工作。在底层技术上，北京银行建成统一数据底座，实现全行统一数据、统一供给、统一服务、统一共享，数据要素资源在行内系统间实现高效流转同时，北京银行按照"五高两低一智能"（高并发、高穿透、高协同、高一致、高体验；低代码、低耦合；智能化）的方向，积极推进统一金融操作系统建设，实现各业务系统在统一金融操作系统上的互联互通，有效打通系统竖井。在业务服务上，北京银行利用数字技术赋能业务服务，实现了其业务高质量发展。具体来看，一是完善了"京智大脑"人工智能平台，搭建零售"智策"体系，完善智能决策模型，提升大数据对经营决策的支撑作用；二是建立NPS客户体验评价体系，将客户体验作为产品服务创新的出发点和落脚点；三是推出"数字普惠金融陪伴计划"，普惠线上贷款大幅增长；四是强化平台型、生态化业务模式打造，打造汇聚政府、高校、媒体、科技企业各方资源的"儿童金融平台"，搭建全天候、高品质、开放式的"大财富管理平台"，构建以"京信链"为核心的"数字供应链　金融平台"，推动北京银行逐步从封闭金融体系的主要参与者转变为开放金融生态的超级合作者；五是北京银行上线"冒烟指数"，搭建"规则+模型+算法"的风险监测预警体系，填补银行业模型监测预警管理的空白。此外，北京银行打造"掌上银行家4.0""京客图谱"等一系列数字化工具，上线多模态数字人平台，发布首批虚拟数字员工形象，建设RPA机器人工厂，用数字化手段为员工减负赋能，让员工提升数字化转型的参与感、获得感。北京银行"数字京行"整体战略布局如图12所示。

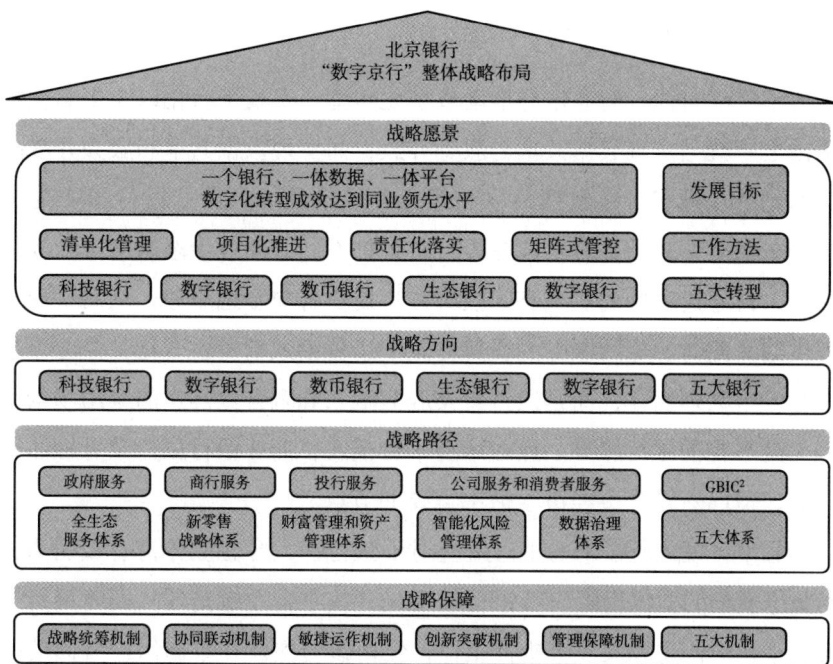

图12　北京银行"数字京行"整体战略布局

资料来源：笔者根据公开信息整理。

三　商业银行数字化转型面临的挑战

商业银行在过去很长一段时间的组织方式都以集中式管理为主，这意味着商业银行需要通过不断扩大生产规模、扩充物理网点，来降低商业银行总体边际成本。随着云计算、大数据、人工智能等新技术的逐步成熟和应用，人们获取金融服务的数量和范围得到极大扩展，金融数据快速积累、沉淀，促使银行业寻求更多跨界合作，加速自身数字化转型。然而，在数字经济时代，数字化转型所倡导的业务理念、业务方式以及组织架构相较传统商业银行有着较大跨越，商业银行向平台模式转型面临重重挑战。其中，数据问题是目前商业银行数字化转型过程中亟须面对的重要挑战之一。

（一）数据泄露的风险

数字经济时代，商业银行推动数字化转型、实现平台化以及生态化的重要举措之一就是实现数据共享与服务开放，而实现数据共享和服务开放的关键技术是 API 技术。在数据共享与服务开放模式下，商业银行演变为按需分配的金融服务基础平台，商业银行将各种不同的商业生态嫁接至开放银行平台上，再通过这些商业生态间接为客户提供各类金融服务，从而实现金融服务供给。此时，金融服务的交付方式、运营模式都发生变化，商业银行不仅仅是一个物理实体，而是通过将其服务陷入和融合到客户的应用场景，蜕变为无处不在的银行服务。通过这种平台模式，商业银行虽然没有触达客户的界面，但已然是社会经济生活中重要的节点。

尽管平台模式所带来的生态效应对于银行扩大金融服务富有吸引力，但是对数据安全的担忧仍阻碍着银行数字化开放平台系统搭建。商业银行数字化开放平台的构建涉及多个机构主体，任何参与主体在数据保护方面的疏漏都会导致整个系统出现数据风险。因此，商业银行数字化转型所带来的银行平台化发展对开放平台技术与支持系统提出了更高的要求。目前，API、SDK、H5 等开放结构技术已经较为成熟，但商业银行作为数据开放通道还尚处于应用的初级阶段，仍面临诸多挑战：以 API 为例，在具体实践中，其版本和权限是保障客户信息传输安全的关键。API 接口的设计漏洞或是错误的权限设置导致未经授权的地址访问客户数据以及后端系统，对于商业银行来讲，这种漏洞还可能导致其货币系统的暴露，从而给系统和整个业务带来若干操作风险。尽管 API 的核心价值主张在于简化数据访问所需的系统集成，但对个人数据隐私和安全保护的需求对开放银行平台基础设施仍构成巨大挑战。

（二）数据在开放标准与范围上不统一

从英国、澳大利亚等国家经验看，数据开放最初动因来自顶层设计推动，监管领先实践。近几年，这些国家出台了关于开放银行数据标准、开放接口标准等行业规范，对数字化的开放平台的设计、部署和运营等方面加强指导和管控，明确了开放银行接口设计、信息保护等方面的技术规范。而我国近年来已经出台了一系列政策来规范新时代的银行体系，不断为银行业信息科技发展优化制度环境。但总体来看，其数字化转型下的银行监管相对滞后于实践，目前尚未在顶层设计上出台标准化规范。在数字经济时代，数字化转型所带来的开放银行平台建设涉及银行与第三方机构之间大量的数据、接口、服务和业务规则，标准规范作为通用准则是规范开放接口服务的不可或缺的前提与基础，是数据和服务如何共享、如何交换、如何传输、如何保护的机制。通用标准机制的缺失会导致多方数据、服务结合使用的难度加大，背离实现银行数字化转型的初衷。此外，不同部门、机构共享和开放的意愿并不相同，在未达成广泛性共识下推动行业规范标准建立还会带来开放的不公平问题。对商业银行来说，其拥有海量、丰富、高质量的数据资源以及可信的客户关系，这些资源背后蕴藏着巨大的行业价值。如何基于规范标准明确开放平台各方利益、实现开放数据和服务的安全可靠，为数字化转型下的银行开放平台实践提供良好的机制保障，是相关决策层亟待解决的重要问题。目前，我国商业银行之间、商业银行与第三方机构之间仍存在数据壁垒，大量数据仍处于分散和割裂状态，无法实现数据共享，数字化的开放银行平台推广尚不具备完整条件。

（三）业务模式具有不确定性

推动银行业向新型生态系统战略转型并非易事，它要求商业银行不仅要拥有强大的技术实力支持、高成本资金投入，还需要探索出更为丰富的、能与客户建立有效连接的模式，最终实现平台能力变现。从目前践行开放平台理念的商业银行实践经验看，商业银行与商业生态系统的多方机构参与者尚未形成一个清晰的、共识性的开放模式。以打造开放银行为例，一方面，开放银行致力通过 API、SDK 等接口与第三方平台合作切入客户生活场景，实现金融服务延伸和拓展，但也在一定程度上弱化了商业银行的实体角色，模糊了客户与银行建立长期连接的意识，客户内在边界感与银行内在的扩大行业影响力的初衷是相悖的。另一方面，借助开放平台，银行与商业生态系统的多方参与者的合作更加紧密，这会对银行的反欺诈、反洗钱等业务风险管理、跨平台协调能力带来新的挑战。监管疏漏也会产生第三方超越授权范围使用 API 接口的情况，给银行传统业务风险管理带来更多困难。未来，随着开放银行理念与银行业务日益深度融合，银行开放平台发展模式的探索方向会更加多元，银行和合作伙伴实现产品、服务、客户三者的共享，长期伙伴关系的商业模式会不断迭代、演变，最终形成一体化的开放银行生态系统。在这一过程中，不确定性、不稳定性因素仍然存在，稳定的开放业务模式仍需要接受时间和市场的考验。

四 金融科技背景下银行业治理对策

（一）政府构建新时代银行业制度规范，为行业发展提供统一标准

1. 制定相关政策规范，完善现有监管体系

商业银行数字化转型的发展需要受到国家层面、行业层面的制度法规约束。为保证这一进程的顺利推进，国家就数据标准、开放 API 标准、安全标准以及统筹全局的治理模式各方面提出建议与措施，确保开放银行的落实与推进。从顶层设计层面，数字经济时代商业银行的生态体系能否有效落地很大程度上取决于参与主体的权益是否受到法律保护。这意味着在制定公开的银行监管法规时，应优先考虑消费者权利，明确共享数据和消费者隐私界限，对机构方数据使用行为进行有效管理和约束，确保消费者对共享数据的范围、数据的价值以

及共享数据的用处的知情权，维护消费者权利。近年来，我国已经制定了《关于银行业保险业数字化转型的指导意见》《关于加强商业银行互联网贷款业务管理提升金融服务质效的通知》等一系列政策文件，将在数字化转型推动下出现的新兴银行业态纳入现有监管体系，对其进行针对性的治理与监管。2016~2022年银行数字化转型相关政策文件及监管措施梳理如表4所示。

表4　2016~2022年银行数字化相关政策文件及监管措施梳理

发布时间	文件名称	监管措施梳理
2016年7月	《中国银行业信息科技"十三五"发展规划监管指导意见(征求意见稿)》	建立信息科技治理机制的评价和持续改进机制;落实《国家网络空间安全战略》,建立全方位的安全态势感知和防范应对机制,建立银行间网络安全协同防护机制;进一步明晰并落实"三道防线"的协同机制,建立信息科技内部控制成熟度评价机制;增加信息科技审计人力资源,提升信息科技审计能力
2017年6月	《中国金融业信息技术"十三五"发展规划》	建立各金融机构执行《规划》进展情况的报告机制,推动建立工作交流平台,共同推动《规划》落地。有效衔接金融供给侧结构性改革,推进我国金融业信息化建设。积极推动金融数据采集交易及数据权属等法律法规建设。加快制定移动金融、互联网金融等领域相关标准规范及指导意见,完善相关管理规定,逐步补充完善支持重点领域建设的配套政策,保障《规划》顺利实施。探索建立衡量金融机构信息技术建设水平的评价体系,建立健全《规划》实施监测评估制度,开展信息技术研究。建立《规划》动态调整机制
2019年9月	《金融科技(FinTech)发展规划(2019—2021年)》	建立金融科技监管基本规则体系,建立健全金融协调性监管框架,建立健全数字化监管规则库,研究制定风险管理模型,完善监管数据采集机制,加强金融科技创新产品规范管理
2020年9月	《关于加快推进国有企业数字化转型工作的通知》	制定数字化转型规划和路线图。建立跨部门联合实施团队,协同推进数字化转型工作。实行数字化转型一把手负责制,建立与企业营业收入、经营成本、员工数量、行业特点、数字化水平等相匹配的数字化转型专项资金投入机制
2021年4月	《关于2021年进一步推动小微企业金融服务高质量发展的通知》	突出各类机构差异化定位,形成有序竞争、各有侧重的信贷供给格局。完善定价机制。落实服务价格管理要求,规范融资收费,加强小微企业贷款用途监控。完善"敢贷愿贷"内部机制。推动深化信用信息共享机制,用好监管评价"指挥棒"

续表

发布时间	文件名称	监管措施梳理
2022年1月	《关于银行业保险业数字化转型的指导意见》	科学制定和实施数字化转型战略,将其纳入机构整体战略规划建立数字化战略委员会或领导小组,建立健全数字化转型管理评估和考核体系,完善利益共享、责任共担考核机制。建立创新孵化机制,完善创新激励机制。强化对领军人才和核心专家的激励措施
2022年7月	《关于加强商业银行互联网贷款业务管理 提升金融服务质效的通知》	稳妥推进数字化转型,提高互联网贷款风险管控能力,严格执行民法典、个人信息保护法等法律法规和监管规定。加强消费者权益保护

资料来源:笔者根据公开信息整理。

2. 积极探索监管科技,打造新时代新业态下的新监管体系

监管科技是指传统金融监管与新型科技的深度融合,其旨在利用新兴技术打造具有智能化、实时性、预测性和共享性等特征的新时代监管体系。数字经济时代银行业创新速度的提升也同样带来业务风险以及不确定性,监管科技通过利用实时更新的数据能力、自动化的算法流程将先进的分析模型人工智能、机器学习等技术联系起来,缩短决策时间、加快审查速度、降低监管成本,从而大大提高监管合规职能的价值。积极探索监管科技能够提高监管系统的时效性、穿透性以及统一性,实现对传统体系难以触达的新兴领域的监管和治理。国家要积极探索适合我国的监管科技,打造适应于新业态下的监管体系:一是要针对全银行业自上而下的制定统一的监管规则,同时可以考虑将证券业、保险业等与银行业关联度较高的行业纳入该统一监管体系,提升监管体系的普适性;二是要针对某些具体的业务服务、技术创新等制定差异化的监管措施,提升监管体系有效性。

（二）商业银行主动拥抱国家监管体系,推动新时代银行业治理体系构建

1. 组织架构整合,充分利用资源优势

数字经济时代的到来,推动着整个金融系统格局发生变化,商业银行作为重要的金融市场主体必须求变以求生存。从供给侧看，传统银行作为客户结算和基础金融服务提供方，需要积极主动与多方机构组织建立合作关系，整合数据信息，打破信息孤岛。商业银行可以有计划、有管理地开放客户信息和交易数据，建立数据共享、互换机制，并与金融科技公司进行交流合作，借助金融科技公司大数据、云计算等技术，预测市场动向，分析客户需求，拉近银行与客户之间的业务关系，构建更为完善的银行数据服务体系；在金融数据开放的数字化转型时代，银行会因金融数据的不断扩散而进入之前没有进入的领域与场景，商业银行竞争战略将更加关注"平台制胜"。在整个生态系统中，借助合作开放平台，银行和银行、银行和金融科技公司乃至银行和其他跨界机构的竞争关系弱化，多方机构主体将利用各自优势开展创新协作，推动系统的良性运作，银行业务更具活力。

2. 洞悉客户行为模式，业务向多场景延伸

数字化进程不仅深刻影响着银行业务开展方式、运营模式，对客户群体的行为和习惯也产生潜移默化的影响。一方面，随着信息科技向社会生活渗透，客户对金融服务获取的及时性要求越来越高，客户转换金融服务提供商的门槛越来越低。要维护客户忠诚度，商业银行需要更加关注客户体验，关注差异化客户需求，打破行业边界和壁垒，提供多元化、个性化的产品和服务。另一方面，基于平台，商业银行与客户建立连接的渠道和触达点从线下转移到了线上，模糊了客户对银行实体的边界意识和交互意识，银行要想深度触达客户，需要不断拓展业务应用场景，加强与平台的多元化融合，其发展方向将是基于生态系统的无边界的银行服务。在新时代的商业银行生态系统中，参与者可以实现合作共赢，既可以专门从事端到端流程的一个或多个子步骤，专注于具有明显竞争优势的领域，也可以利用与第三方机构合作实现规模效应，提高效率。

3. 完善安全制度框架，做好风险评估与管理体系

金融科技的出现和监管机构对竞争的包容，会分解商业银行系统内部封闭的价值链。随着更多竞争者进入市场，商业银行需要一个功能更加完备的安全框架，并确保具有一定的容错空间。这个安全框架需要囊括处理第三方

连接所需要的法律框架、接入流程、风险评估流程和其他控制功能，来保护客户免受虚假交易的影响和满足自身业务需要。数字经济时代下的商业银行数字化转型涉及银行业数据、接口、系列、业务等规则的调整与重构，这要求商业银行主动适应国家对其设计、研发、部署、运维等阶段的全方位监管，引导自身数字化转型的规范发展。

参考文献

［1］《25 家银行财报的秘密：银行与哪些金融科技公司合作最多?》，"零壹财经"百家号，2019 年 9 月 24 日，https://baijiahao.baidu.com/s？id=1645514683280418861&wfr=spider&for=pc。

［2］刘勇、李达：《开放银行：服务无界与未来银行》，中信出版集团，2019。

［3］中国银行业协会、普华永道：《中国银行家调查报告（2022）》，中国金融出版社，2023。

B.6
北京金融科技平台发展现状与趋势

邓慧慧　黄希韦*

摘　要： 中国金融科技的发展正从"立柱架梁"全面迈入"积厚成势"的新阶段，表现为：第三方支付领域监管框架日趋明晰，针对支付价值链上的不同角色提出细化要求；以数字人民币为代表的数字支付正在引领新一波支付方式与媒介的革命；在支持外贸新业态导向下，国家鼓励跨境支付行业发展，政策红利有望不断释放。大科技信贷领域，金融科技与创新商业模式在推动普惠金融长足进步的同时，也在反垄断、金融消费者权益保护、系统性金融风险等领域给监管者带来新的挑战。北京金融科技平台应把握和引领新技术变革；拥抱数字人民币等新趋势带来的新发展机遇；坚持普惠道路，持续专注小微和三农领域，助力实体经济发展；坚持合作共赢，促进传统金融行业乃至全社会的数字化转型。

关键词： 金融科技　普惠金融　监管科技　数字人民币

2022 年是中国人民银行《金融科技发展规划（2022—2025 年）》①实施的第一年，中国金融科技的发展从"立柱架梁"全面迈入"积厚成势"

---

* 邓慧慧，对外经济贸易大学北京对外开放研究院研究员、博士生导师，主要研究方向为数字经济、区域、城市与产业发展；黄希韦，对外经济贸易大学国家（北京）对外开放研究院博士后，主要研究方向为金融法、国际法。

① 《人民银行印发〈金融科技发展规划（2022—2025 年）〉》，中国政府网，2022 年 1 月 5日，https：//www.gov.cn/xinwen/2022-01/05/content_ 5666525. htm。

的新阶段。2022 年，金融机构数字化转型全面推进，金融科技创新应用日益深化。在国家层面上，顶层制度体系日臻完善，金融科技伦理制度建设进一步完善，审慎监管持续推进。[①]

过去十几年，中国的金融科技突飞猛进，移动支付、大科技信贷、网络消费金融等领域的业务规模和技术创新均处于世界领先水平，涌现出像蚂蚁集团、腾讯金融、京东数字科技等全球知名的金融科技平台企业。与此同时，金融科技平台企业由于兼具科技和金融的双重属性也带来市场和金融监管方面的挑战，在反垄断、数据治理、消费者权益保护、系统性金融风险等领域暴露出若干突出问题。

2022 年以来，我国陆续出台了各项金融科技相关政策。2022 年 7 月，国务院办公厅发函，同意建立数字经济发展部际联席会议制度。[②] 金融监管部门督促蚂蚁集团等 14 家大型金融科技平台企业，就金融业务中存在的监管套利、无牌照经营、无序扩张、侵害金融消费者权益等问题进行整改。到 2023 年初，中国人民银行相关负责人披露，上述平台企业的整改已基本完成，合规经营、公平竞争、金融消费者权益保护等方面有明显改进，金融业务持续规范；金融管理部门同时加快监管制度建设，针对第三方支付、个人征信、互联网存款、保险、证券、基金等领域，出台了一系列政策文件。目前，我国已基本构建了针对科技平台企业所从事金融业务的常态化监管制度框架，为后续常态化监管奠定了良好的制度基础。下一步，金融监管部门将坚持发展和规范并重，支持平台经济健康发展。具体举措包括：推动相关平台企业加快并完成剩余问题整改；提升常态化监管水平，继续完善监管制度机制；加强监管科技力量建设；支持平台企业合规经营、金融业务审慎发展，对违法违规金融活动"零容忍"；研究制定促进平台经济健康发展的金

---

① 《中共中央办公厅　国务院办公厅印发〈关于加强科技伦理治理的意见〉》，中国政府网，2022 年 3 月 20 日，https：//www.gov.cn/zhengce/2022-03/20/content_ 5680105. htm。

② 《国务院办公厅关于同意建立数字经济发展部际联席会议制度的函（国办函〔2022〕63 号）》，中国政府网，2022 年 7 月 25 日，https：//www.gov.cn/zhengce/content/2022-07/25/content_ 5702717. htm。

融支持措施，鼓励平台企业提升科技创新能力及服务质效，增强国际竞争力，在引领发展、创造就业、国际竞争中发挥应有作用。①

北京继续在全球金融科技领域保持领先地位。2022 年 11 月发布的《2022 全球金融科技中心城市报告》显示，北京连续 4 年排名全球金融科技中心城市总榜榜首，纽约和旧金山分列第二、第三位。作为国家金融管理中心和科技创新中心，北京发挥"金融+科技+数据"的叠加优势，围绕科技赋能金融，大力推动金融科技高质量发展；积极承接国家金融试点任务，建设了全国首个国家级金融科技示范区，在中国证监会的大力支持下，在北京地区率先启动了资本市场金融科技的创新试点工作，为北京的金融业改革发展提供了重要的契机；大力培育金融科技创新主体，诞生了一批数字金融、移动支付等领域的领军企业，支持了一批专注于区块链、人工智能、大数据等底层技术的新型研发机构，涌现出了许多全国领先的创新成果。2023 年 1月，北京市委理论学习中心组学习（扩大）会议举办构建新发展格局讲座，就全力打造北京全球金融科技发展高地相关话题展开探讨。在"全力打造全球金融科技发展高地"的要求下，会议进一步强调了要用好技术创新、做好广大金融科技企业服务。会议指出，技术创新是金融科技发展的基石，要着力提升创新能力，拓展更多应用场景。用好产学研用资源，整合各方力量开展联合攻关，力争在大数据、区块链、人工智能等关键底层技术领域取得新突破，同时加强对前沿技术的跟踪、研究和应用。国家金融科技基础设施十分重要，要做好服务，用好大数据交易所，夯实底层数据基础。围绕金融科技基础设施建设，会议首次提出了"培育一批有竞争力的金融数字化转型服务商"的新思路。金融数字化转型服务商指第三方机构通过技术输出，推动金融机构转变原有业务模式、组织架构等，利用数字信息帮助金融机构进行智能决策，并探索新的商业模式，从而实现降本增效、提高用户金融服务满意度等效果。

---

① 《国务院新闻办就 2022 年金融统计数据举行发布会》，中国政府网，2023 年 1 月 14 日，https://www.gov.cn/xinwen/2023-01/14/content_ 5737010.htm。

一　第三方支付：监管趋严趋细，为技术进步和跨境支付带来新的发展空间

近十年来，以智能终端和移动网络为基础的第三方支付业务迅猛发展，扫码支付广泛普及，打通了线下和线上支付之间的壁垒，线上保险、信贷、证券等金融服务业务加快发展，移动支付呈爆发式增长态势。第三方支付已渗透到 C 端用户生活的各个方面，并已嵌入 B 端各类产业的全价值链。以第三方支付为切入点，并以云计算、大数据、人工智能、物联网等领域持续的科技进步为基础，金融科技创新显示出强大的生命力。针对第三方支付的监管框架也日趋明晰，针对性的监管要求日趋细化，将支付价值链上的不同角色纳入监管框架。当前，以数字人民币等新兴数字支付创新正在引领新一轮支付方式和媒介革命，有望为支付行业创造更广阔的成长空间。与此同时，随着国内支付市场日趋饱和，支付企业"出海"步伐加快，在支持外贸新业态导向下，国家鼓励跨境支付行业发展，政策红利有望不断释放。

（一）监管趋严趋细，营造行业健康发展的稳定环境

监管层面，支付行业严监管已经常态化，对支付产业链上各主体均提出了更细化的针对性要求，包括断直连、备付金存管、支付受理终端管理等，短期可能会对行业传统的盈利模式构成一定冲击，并带来合规成本的抬升，但从长期来看将有利于行业的健康稳定发展。

1. 监管架构日益清晰

中国人民银行于 2021 年发布《非银行支付机构条例（征求意见稿）》，标志着相关监管措施由此前的部门规章，升级至行政法规，提升了第三方支付机构监管的法律层级。伴随《非银行支付机构客户备付金存管办法》及《关于加强支付受理终端及相关业务管理的通知》的落地，针对收单侧支付机构，支付受理终端和特约商户的管理得到强化；针对账户侧支付机构，监管则更加强调备付金的存管、划转及监督，并重点关注反垄断监管。此外，

《金融产品网络营销管理办法（征求意见稿）》中强调削弱支付业务对借贷业务的导流作用，断开支付工具与其他金融产品的不当连接。监管层面也致力于强化不同监管部门之间的协同，并加大对个人信息保护和数据安全管理的监管力度。

总体而言，针对第三方支付监管的要求持续趋严趋细，为该业态的良性发展营造了稳健的制度环境。2021年支付行业重要监管文件一览见表1。

表1　2021年支付行业重要监管文件一览

发布时间	文件名	发布机构	内容概要
2021年1月	《非银行支付机构条例（征求意见稿）》	中国人民银行	提升第三方支付监管的法律层级：(1)将支付业务重新划分为储值账户运营业务和支付交易处理业务两类；(2)明确应通过具有相应合法资质的清算机构处理支付机构发起的跨机构支付业务；(3)强化备付金管理要求，强调备付金不属于支付机构自有财产；(4)首次提出反垄断监管，明确反论断认定、审查条款以及监管机构的监管措施
2021年3月	《非银行支付机构客户备付金存管办法》	中国人民银行	规范了备付金集中交存后的客户备付金集中存管业务，包括：(1)备付金应全额集中交存至人民银行或符合规定的商业银行；(2)客户备付金的划转应通过符合规定的清算机构进行；(3)备付金出金、入金以及自有资金划转应符合规定的范围和方式
2021年10月	《关于加强支付受理终端及相关业务管理的通知》	中国人民银行	旨在确保终端发起交易可被准确追溯，有效识别"移机""套码"等风险：对银行卡受理终端、条码支付受理终端、创新支付受理终端提出管理要求，新增了对收款条码的管理，1台银行卡终端只能对应1个特约商户，收单机构应当建立银行卡受理终端序列号与收单机构代码、特约商户编码等5要素信息的关联对应关系
2021年12月	《金融产品网络营销管理办法（征求意见稿）》	中国人民银行等7部门	削弱支付业务对借贷业务的导流作用：禁止非银行支付机构为贷款、资产管理产品等金融产品提供营销服务，禁止在支付页面中将贷款、资产管理产品作为支付选项，禁止以默认开通、一键开通等方式销售贷款、资产管理等金融类型产品

资料来源：笔者根据公开资料整理。

2.支付牌照收紧,并购交易活跃

支付牌照的有效期为五年,中国人民银行对已持有牌照的非银行支付机构进行严格的管控,到期前中国人民银行会对牌照公司进行审核并决定是否续展。根据中国人民银行官网,自 2016 年起,中国人民银行停发支付牌照,我国支付牌照数量持续收缩,2022 年以来已有共计 23 张支付牌照被注销,截至 2023 年 5 月中旬,又有 10 张牌照被注销,支付机构数量已从最高时的 269 家(2014 年和 2015 年)减少至 191 家。同时,京东、拼多多、字节跳动、快手、哔哩哔哩等多家互联网公司通过收并购股权的方式入局支付行业,当前行业整合仍在继续。在支付牌照收紧背景下,未来行业头部集中度有望进一步提升。

(二)新兴技术涌现,引领支付媒介迭代

支付终端和技术不断迭代,近场支付(如蓝牙、红外线、NFC)、生物识别支付(如掌纹、指纹、人脸、虹膜、声波、静脉等)、AR/VR 支付等新兴支付方式不断涌现,可能促使居民改变支付习惯,给支付行业带来新的变革。继人脸识别支付和指纹支付后,掌纹支付也步入推广阶段。支付宝目前已有多个掌纹支付技术获得专利授权,如掌纹识别设备、收银设备等。微信于 2023 年 5 月 21 日正式推出刷掌支付,用户可在刷脸支付设备上进行刷掌支付操作。同日,北京轨道交通推出的大兴机场线"刷掌"乘车服务上线运行。此外,刷掌支付未来的应用场景可能涵盖零售、餐饮、门禁等多个领域。

(三)数字人民币或创造支付新格局

数字人民币(DCEP)具备法币性质,同时相较于第三方支付在支付终端和体验上无明显差异,而在安全性、便捷性、费用成本等方面存在一定的比较优势。随着数字人民币用户基数的增加以及应用场景的下沉,当前第三方支付垄断的局面或将被打破,数字人民币有望构建新的支付格局。数字人民币当前处于试点阶段,推广方式为央行发行、主导推动,再通过运营机构

分发，其中商业银行、第三方支付机构、商户平台等主体共同参与并逐层递推，试点地域涵盖 17 个省市的 26 个地区，参与运营机构达 10 家，包括工商银行、农业银行、中国银行、建设银行、交通银行、邮储银行、招商银行、兴业银行、网商银行和微众银行等。根据中国人民银行公布的数字，截至 2022 年底，数字人民币已涵盖超过 1120.4 万家应用试点商户，同比增长 209%，通过共建手机应用程序开立个人数字人民币钱包累计达 8270.2 万个，交易金额达 6358.6 亿元，截至 2022 年底，流通中数字余额达 136.1 亿元。数字人民币与数字钱包的对比见表 2。

表 2　数字人民币与数字钱包的对比

项目	数字人民币	数字钱包（如支付宝）
定位	法定货币	支付渠道
信用水平	国家信用	平台信用
法偿性	无限法偿	非法偿
技术架构	分布式记账	中心性
账户体系	松耦合	紧耦合
清算结算	支付即结算	通过网联、银联进行清结算
费用机制	对消费者不收取费用	收取相应手续费
能否离线	双离线支付	仅能实现收单方离线支付
匿名程度	可控匿名	
功能	扫码支付、转账	

资料来源：笔者根据公开资料整理。

支付产业链上各方参与者都应积极参与数字人民币的推进。商业银行应把握数字人民币推进所创造的新机遇，在争取试点资格的同时，致力于弭平与互联网支付玩家在后端生态构建上的差距，以开放银行等创新方式优化客户体验、提升获客能力。第三方支付机构在零售和商户生态上具有优势，在机遇与挑战并存的背景下，可以承担搭建平台、落地场景、开拓商户、提供数字人民币解决方案等功能，寻求有助于数字人民币推广的生态合作模式。同时，数字人民币因"支付即结算"，在流通过程中减少了数字钱包和清算机构两个环节，可能为收单机构创造更大的盈利空间。数字人民币将牵引参与机构软硬件系统改造需求，如数字货币系统搭建、软硬件系统改造升级、终端机具新建改造，促进支付领域的创新与发展。

（四）跨境支付红利释放，产业环境向好

在支持外贸新业态导向背景下，国家鼓励跨境支付行业发展，政策红利有望不断释放。近年来我国相关政策文件相继出台，涉及跨境电商及外贸发展、跨境金融标准制定、外汇收支便利化、拓宽跨境支付业务等多个领域，为跨境支付行业的发展提供了良好的政策支持，外贸交易变得愈加便利，市场参与者纷至沓来。2022 年 6 月，中国人民银行印发了《关于支持外贸新业态跨境人民币结算的通知》①，允许符合条件的非银行支付机构和清算机构与境内银行合作参与跨境人民币结算业务，加快银行与支付机构的合作；拓展了跨境人民币支付结算服务的交易种类范围，支付机构业务办理范围由货物贸易、服务贸易拓宽至经常项下。跨境支付相关政策一览见表 3。场景方面，由跨境电商扩充至市场采购贸易、海外仓和外贸综合服务等。

表 3　跨境支付相关政策一览

主题	文件名	发布时间	发布机构	内容概要
促进外贸发展	《关于促进跨境电子商务健康快速发展的指导意见》	2015 年 6 月	国务院办公厅	对大力发展跨境电子商务作出全面部署，标志着我国跨境电商将进入管理规范化、服务集约化、产业链协同发展阶段
	《关于跨境电子商务综合试验区零售出口货物税收政策的通知》	2018 年 9 月	财政部、税务总局、商务部、海关总署	综合试验区电子商务出口企业出口部分货物试行增值税、消费税免税政策；加快建立电子商务出口统计监测体系
	《"十四五"服务贸易发展规划》	2021 年 10 月	商务部等 24 部门	支持国内金融机构建立境外服务网络，加大开拓国际市场支持力度

---

① 《中国人民银行关于支持外贸新业态跨境人民币结算的通知》，中国政府网，2022 年 6 月 16 日，https：//www.gov.cn/zhengce/zhengceku/2022-06/20/content_ 5696857. htm。

主题	文件名	发布时间	发布机构	内容概要
推进标准制定	《金融标准化"十四五"发展规划》	2022年2月	中国人民银行、市场监管总局、银保监会、证监会	全面开展人民币跨境支付清算产品服务、清算结算处理、业务运营和技术服务等方面标准建设,制定金融市场交易报告数据要素标准;加强跨境支付标准国际交流与合作;鼓励金融机构、社会团体、科研机构等积极参与金融国际标准制定
优化外汇管理	《关于进一步促进跨境贸易投资便利化的通知》	2019年10月	国家外汇管理局	扩大贸易外汇收支便利化试点;实施服务贸易外汇收支便利化试点;简化小微跨境电商企业货物贸易收支手续
	《关于优化外汇管理支持涉外业务发展的通知》	2020年4月	国家外汇管理局	全面推广资本项目收入支付便利化改革;优化银行跨境电商外汇结算
扩大业务范围	《关于支持外贸新业态跨境人民币结算的通知》	2022年6月	中国人民银行	支付机构跨境业务办理范围拓宽至经常项下;允许符合条件的非银行支付机构和清算机构与境内银行合作参与跨境人民币结算业务

资料来源:笔者根据公开资料整理。

基础设施方面,人民币跨境支付系统(CIPS)是由中国人民银行组织开发的独立支付系统,为境内外金融机构提供资金清算与结算服务,于2012年4月开始建设,2015年10月正式启动。作为我国重要金融市场基础设施,CIPS的迭代优化对跨境支付行业的发展具有重要意义。据中国人民银行公布的数字,2022年CIPS处理业务440.0万笔、金额达96.7万亿元,同比分别增长31.7%、21.5%。截至2023年4月,CIPS的直接参与者共有80家,间接参与者有1357家,覆盖全球110个国家和地区,处于稳步发展阶段。

产业环境方面,此前我国进出口贸易受到宏观经济环境的较大冲击,伴随后续复苏向好,外贸行业有望迎来修复。据商务部数据,2022年货物贸易进出口总值为42.1万亿元,同比增长7.6%;2023年第一季度货物贸易进出口总值达9.9万亿元,同比增长4.8%,呈现逐月向好态势。跨境电商已成为支持"外循环"的重要引擎。根据网经社统计，2022 年中国跨境电商市场规模达 15.7 万亿元，占我国货物贸易进出口总值的 37.3%，2016～2022 年跨境电商市场规模复合年均增长率为 15.3%。

（五）金融科技在跨境支付结算中的应用——北京阿尔山金融科技有限公司提供双边本币跨境结算案例

北京阿尔山金融科技有限公司成立于 2016 年，总部位于北京石景山区现代金融产业基地。公司与金融企业和金融监管机构深度合作，探索以区块链技术为基础，结合云计算、大数据、人工智能等前沿技术在金融领域的应用，致力于成为下一代金融基础设施的建设者和服务者。目前，公司已与清华大学共同设立了"清华大学—阿尔山区块链联合研究中心"，研发具有自主知识产权的区块链底层技术，为公司的区块链底层服务平台提供技术支撑；同时与央行数字货币研究所签署战略合作协议，为国家法定数字货币的推出做出探索和研究。同时，公司成为中国开发性金融促进会发起的"一带一路"供应链金融联盟创始成员。公司将用金融科技推动"一带一路"产业链合作、国际结算与支付、中小企业融资、国际产业园区等建设。

新一代金融信息通信系统（FICS）是由清华大学—阿尔山区块链联合研究中心研发，以区块链为底层技术的新一代金融网络与信息服务系统，具备与 SWIFT 相同的报文通信功能，并具有以下特点。

一是安全可靠。FICS 系统底层采用清华大学—阿尔山区块链联合研究中心自主研发的区块链技术并拥有多项专利、软著等自主知识产权，安全、可靠、便捷。

二是有效保护用户数据隐私。报文内容由发报行与收报行双方在本地存储，FICS 系统仅保存报文成功发送的哈希值，报文发送情况可追溯、不可篡改。

三是兼容性强。该系统支持 MT 报文、ISO20022 报文、CIPS 标准报文等发送及自动转换，并可自定义报文及附带附件；该系统加密设施兼容银行加密机与 FICS 系统提供的加密机制，用户可根据自身需要灵活选择。

四是部署方便。采用"互联网+VPN"方式，银行快速加入，免费升级迭代。

目前，FICS 系统已在多个共建"一带一路"国家部署使用，为双边本币跨境结算提供报文通信服务，其跨境结算服务流程具体如下。

1. 开办条件

（1）中外双方银行互开同业往来账户，即中方银行在外方银行开立境外本地币账户，外方银行在中方银行开立人民币账户。中外企业分别在各自中外双方银行开户。

（2）中外双方银行安装 FICS 系统，有多种安装方式供选择，技术联调、测试、培训、投产最快 5 个工作日完成。

2. 双边本币结算业务流程

（1）境外当地币结算：双方利用在外方银行开立的境外当地币账户结算。

①中方出口收款/外方进口付款，币种为境外当地币（见图1）。

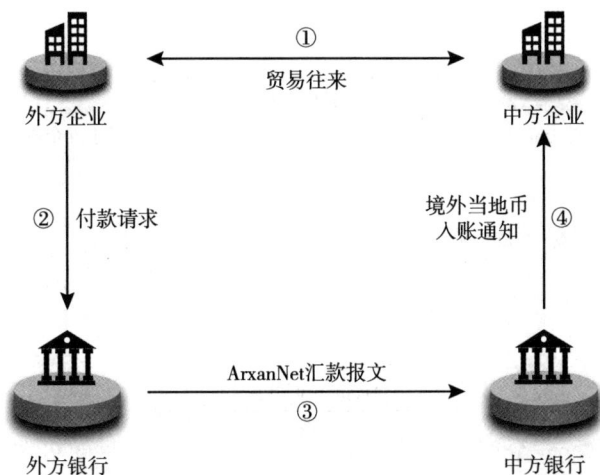

图 1

资料来源：笔者根据公开资料整理。

②中方进口付款/外方出口收款，币种为境外当地币（见图2）。

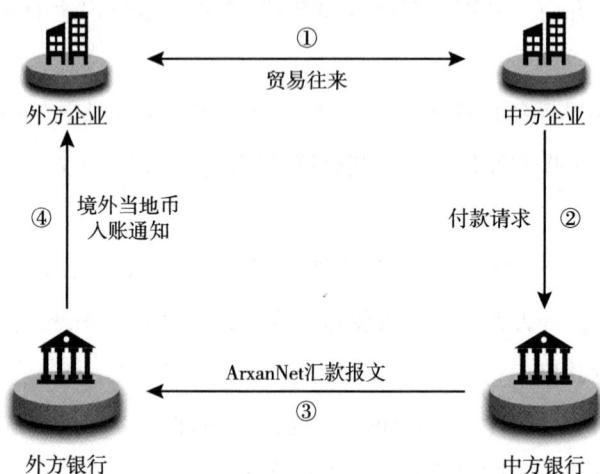

图2

资料来源：笔者根据公开资料整理。

（2）人民币结算：双方利用在中方银行开立的人民币账户结算。

①中方出口收款/外方进口付款，币种为人民币（见图3）。

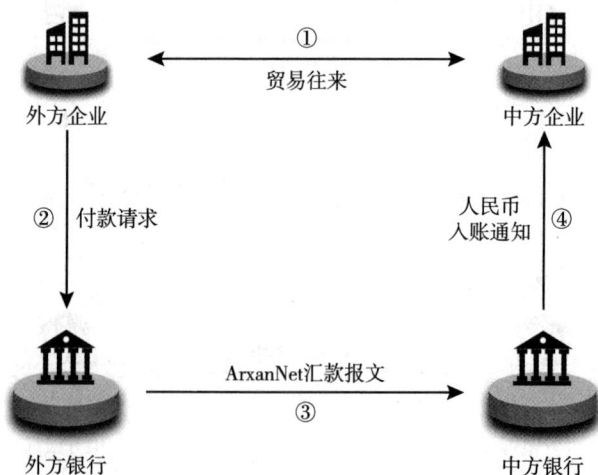

图3

资料来源：笔者根据公开资料整理。

②中方进口付款/外方出口收款,币种为人民币(见图4)。

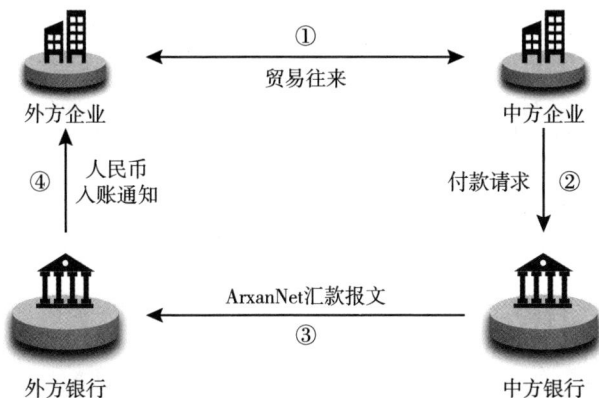

图 4

资料来源:笔者根据公开资料整理。

③中外双方银行通过跨境人民币清算系统 CIPS 直参行间接办理。

情形一,中方出口收款/外方进口付款,币种为人民币(见图5)。

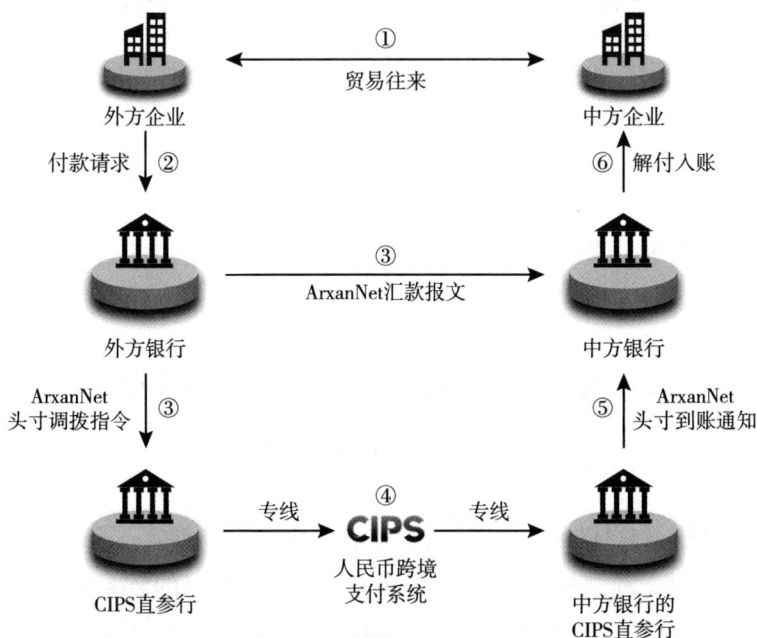

图 5

资料来源:笔者根据公开资料整理。

情形二，中方进口付款/外方出口收款，币种为人民币（见图6）。

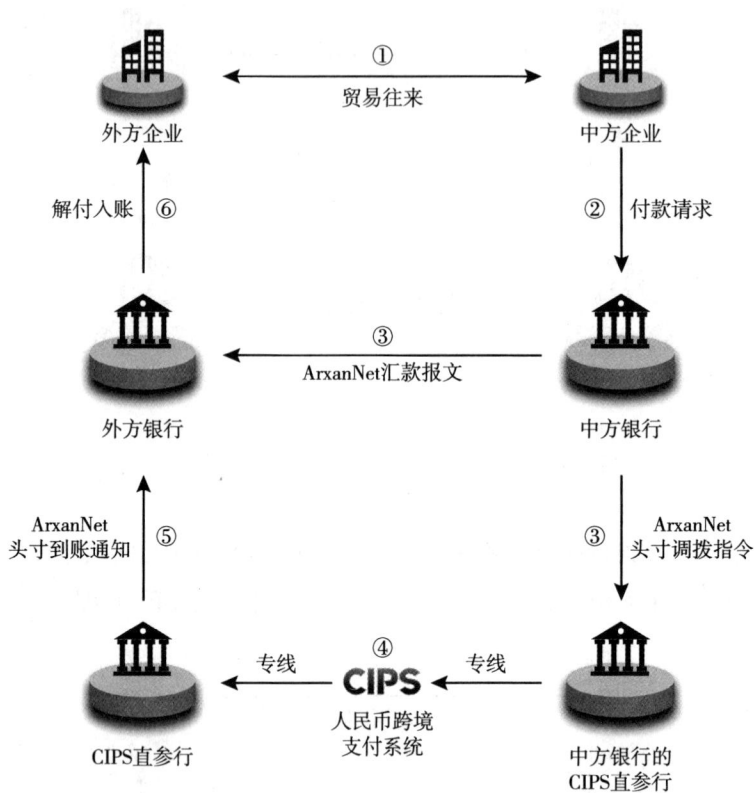

图6

资料来源：笔者根据公开资料整理。

二 大科技信贷：适应新的监管环境，
深耕普惠金融

金融科技在信贷领域的应用可大体分为金融科技信贷（Fintech Credit）和大科技信贷（Big Tech Credit）。前者指商业银行自己的金融科技贷款，这类贷款主要是基于传统银行原有的客户信息，通过引入金融科技手段发展为线上贷款业务；以及商业银行与金融科技公司合作的联合贷款，主要是基于金融科技公司提供的客户多维度信息进行获客及风控。后者指大型科技平台企业利用大科技生态系统和大数据风控模型创新信用风险管理体系，提供信贷服务。本节主要关注后者。

在北京，大科技信贷包括线上触达、大数据风控、联合贷款等方式，在服务小微企业上发挥了越来越广泛的作用。发展大科技信贷，推动大科技信贷对民营经济和小微企业的支持，是北京金融供给侧改革中的重要一环。

国内外学术研究显示，相比于传统风控模型，大数据风控模型具备明显的信息优势和模型优势，对违约概率（Default Probability，DP）的预测更加精确。对缺乏信用记录和金融交易历史的借款人而言，大科技信贷理论上可降低其获得融资的门槛，从而有助于提升金融服务的普惠性；同时，大科技信贷模式下，信贷决策不再单纯依赖客户是否具备可供抵质押的资产，也不再受制于抵质押资产的价格波动，因此，金融加速器机制理论可以得到有效削弱。例如，蚂蚁集团的研究数据显示，相比于传统贷款机构严苛的抵质押要求，依赖大数据的大型科技贷款机构的抵质押要求更低，这给没有住房或其他抵质押资产的借款人打开了贷款渠道，也降低了贷款对资产价格波动的敏感性。

总体而言，目前金融科技信贷和大科技信贷对传统信贷市场主要起到补充作用，而非替代作用；但在一些国家和地区，例如在我国大科技平台企业金融业务的规模和复杂性可能已经达到系统重要性，对其金融业务的监管也应在金融稳定和宏观审慎层面上加以理顺和强化。

（一）大科技信贷推动普惠金融长足进步

小微企业更难获得传统银行信贷业务的覆盖主要是由于其普遍存在的信息不完善、财务报表不规范、抵质押物缺乏等问题。但缺乏信用记录并不意味着特定客户群体缺乏信用或具备更大的信用风险，而主要是因为传统征信体系在方法论、数据可获得性及覆盖范围等方面存在的局限性。大科技信贷的突破之处在于，在没有充分的公共征信数据的情况下对大科技平台的数据足迹进行分析，同样可以得出可靠的信用评估，甚至结果会更好一些。大科技信贷利用大数据、人工智能及云计算等科技手段，交叉验证多维度组合信息，生成对小微企业借款人的全息画像，解决小微企业和中低收入人群等传统上未获得金融服务或金融服务不足（Unbanked and Under-Banked）等潜在借款人所面临的"四难两高"问题（即贷款触达难、风控难、授信难、贷款难，以及与之相伴的成本高、不良高），凭借数字化技术提供普惠金融解决方案。

大科技信贷不依靠实体网点，全面实现交易线上化，运营成本更加低廉；触点场景化，提升客户黏性，打造业务闭环；以大数据、人工智能、云计算等金融科技手段作为金融展业利器。基于这些特征，大科技信贷的商业模式也不同于传统信贷，在客户定位、产品策略与服务模式、组织架构、资源禀赋和盈利模式等方面都体现出不同。

实证研究显示，金融科技或可减弱"金融加速器"效应的影响，加强金融系统稳定性。"金融加速器"（Financial Accelerator）模型由美联储原主席、2022 年度诺贝尔经济学奖得主伯南克（Ben Bernanke）于 1996 年提出，指在信息不对称情况下，企业融资依赖于企业的资产负债表状况（如抵质押品价值），信贷市场与实体经济往往具有很强的同向性。具体而言，传统商业银行为企业提供贷款时往往以抵质押品（如房产）价值作为依据。在经济上升周期，房地产等资产价格高企，银行增加信贷，引发经济过热；在经济衰退周期，房地产等资产价格暴跌，银行紧缩信贷，加剧经济萧条。商业银行抵质押贷款的顺周期特性对实体经济的波动有放大器作用，而金融科技或许可以缓释"金融加速器"效应。

由于小微企业的信息不对称程度较高，贷款对抵质押品的依赖程度也较高，这种"金融加速器"效应在小微企业融资中尤为明显。2020 年 4 月，国务院常务会议提出"要引导银行提高信用贷款的比例，降低抵押担保的过度依赖"，但由于严重的信息不对称，在为小微企业提供信用贷款过程中，传统商业银行常常面临成本过高、风险过大的双重挑战。而大科技信贷通常使用大数据风控为贷款进行风险定价，从借款人整体资质和经营情况分析风险，而非单纯依赖抵质押品，可有效扩大贷款可得性（Access to Credit），将众多无法提供合格抵质押品的长尾客群纳入金融服务体系，提升金融服务的普惠性，同时减少银行信贷对抵质押品的依赖，强化金融系统的整体稳定。

（二）与传统商业银行的信贷联营是大科技信贷的主流模式

联合贷款是指两家合作机构基于共同贷款条件和统一借款合同，按约定比例出资，联合发放的贷款，传统上，银团贷款（Syndicated Loan）就是一种联合贷款的常见形式，但大科技平台企业与传统金融机构的信贷联营则是肇始于我国的一项新事物，与传统意义上的联合贷款相比，具有鲜明的科技特色、门槛低、期限和额度灵活、审批和放款方便快捷。

这类联合贷款的本质特征可以概括为"优势互补、数据共享、独立风控、风险自担"。第一是大科技平台企业与传统银行之间，基于专业分工和比较优势进行深度协同、优势互补；第二是在经过客户授权、保护客户隐私前提下进行必要的数据共享；第三是出资机构利用合作方的数据进行辅助风控，但具有独立决策权和独立的风控体系；第四是出资方按出资比例承担相应风险，不能要求其他机构进行兜底或者担保。联合贷款业务中，机构间的具体分工是基于各自比较优势的一种商业选择。从触达客户到信贷审批再到贷后管理，双方可以在一个或多个细分环节上合理分工。

大科技联合贷款是我国银行与大科技平台企业顺应全球开放银行趋势的代表性实践。银行和大科技平台企业基于专业分工和比较优势进行协同合作，在经过客户授权的前提下进行必要的信息共享，合作双方在均具有独立决策权和独立风控体系的前提下，根据出资比例承担相应风险，银行与合作机构之间不存在相互兜底或担保。凭借着取长补短，银行与大科技平台企业相辅相成，有效突破了传统信贷模式瓶颈，显著提升了小微企业和长尾客群的信贷获得率，进一步推动了普惠金融的发展。

（三）大科技平台企业可能已具备系统重要性，监管部门应积极应对

大科技平台在推动科技进步和普惠金融发展的同时也存在一些弊端，特

别是大型科技公司存在垄断趋势。在包括我国在内的一些经济体中，大型科技公司支付服务提供商和贷款机构已经壮大到了"大而不能倒"（Too Big to Fail）的程度，成为系统重要性金融机构。收购竞争对手也可能会扼杀行业创新。数字行业还存在滥用敏感数据、违反隐私政策等严重风险。此外，大科技信贷的服务对象多为传统金融体系未充分覆盖的细分市场，包括小微企业及低收入人群等，此类客户通常缺乏金融素养（Financial Literacy），对风险的承受能力相对较弱，导致金融消费者权益保护问题格外凸显。如何在化解风险的同时，充分发挥数字技术的潜力，考验着公共政策制定者和市场及金融监管者的智慧。

1. 大科技信贷的基本监管方式

国际上，对于大科技信贷的监管，除机构监管（或称为"牌照管理"）外，还结合了对业务的统一监管（或称为"功能监管"或"行为监管"）。

牌照管理是各国对金融业实施监管的最基本方式。具体到大科技信贷业务，表内放贷监管模式，即直接通过互联网进行贷款发放，通常被认为是"放贷行为"，多数国家要求此类贷款服务供应商必须获得监管部门发放的牌照。总体来看，各国普遍将互联网贷款纳入现有的法律框架下，强化法律规范，强调行业自律。互联网贷款主体必须严格遵守已有的各类法律法规，包括消费者权益保护法、信息保密法、消费信贷法、反洗钱法、网络安全法等，与传统线下贷款业务并无太大区别，重点在于坚持牌照管理，强调持牌机构的主体责任。

由于持续的金融创新，金融机构或金融机构与大科技平台合作提供的金融产品或服务更加多元化，如果仅靠机构监管来指导监管实践，那么对金融创新的监管则不可避免地会出现监管重复、监管真空、监管套利及上述问题并存的情况。从这个角度来看，对特定的金融业务从功能和行为的实质上实施统一的监管是对机构监管的有效补充。只要建立起功能和行为监管的监管框架和监管机制，市场上所有机构进入该项金融业务的时候，都需要在统一的监管框架或监管机制下开展业务，不论其是否持有或持有何种金融业务牌照。

成熟市场经济体监管机构还通过推动监管科技的发展来促进金融科技合

规化发展。"监管科技"（Regtech）的概念最早由英国金融行为监管局（Financial Conduct Authority，FCA）于 2015 年提出，即"以创新金融科技手段实现多样化监管，精简监管和合规流程"。国际金融协会（Institute of International Finance，IIF）将"监管科技"定义为：人工智能、生物识别、区块链、数字加密以及云计算等新技术，可高效解决金融科技时代的监管问题。监管科技包含监管端和合规端两个层面。监管端是指可以应用于监管或被监管所使用的科技（Suptech），通过系统构建数字化监管体系，可以帮助监管机构实现即时、动态监管和全方位的精准式监管，避免出现监管滞后的问题。合规端是指能够高效解决监管和合规性要求的新技术（Comptech）。合规端监管科技的应用能够有效降低合规成本，使金融机构提高效率。2016年开始，监管科技在全球进入快速发展阶段，美国、加拿大、澳大利亚、新加坡等国家相继发布促进监管科技发展的相关政策。

2. 完善北京大科技信贷监管体系

完善对大科技信贷的监管框架，应从以下几个方面加以考虑：第一，应建立完善监管框架，短期内出台行政规章制度，长期内推进大科技信贷立法工作；第二，应统一监管体系，保持信贷业务监管的一致性，避免监管套利，避免再次出现 P2P 网贷、移动第三方支付平台等风险问题；第三，完善宏观审慎管理框架，在大科技信贷业务和其他相关的金融业务之间建立适当的防护墙，以降低风险的传播；第四，进一步完善金融消费者权益保护体系，强化行为监管，加大对违规行为的处罚力度；第五，监管部门应加强自身监管能力，尤其是加快监管科技建设；第六，加强风险预警的能力，及时防范和化解大科技信贷发展过程中可能面临的各类风险；第七，对大科技联合贷款要加强风险穿透，厘清责任与风险的承担主体。

三　金融科技平台下一步健康发展的路径

中国金融科技的发展从"立柱架梁"全面迈入"积厚成势"的关键节点，中国金融科技平台的创新发展应把握和引领新技术变革，力争占领全球金融科技的制高点；拥抱数字人民币带来的新发展机遇；坚持走普惠道路，服务长尾客群，助力实体经济发展乡村振兴及共同富裕；坚持合作共赢，促进传统金融行业乃至全社会的数字化转型。

（一）把握和引领新技术革命，力争占领全球金融科技的制高点

金融科技的发展经历了从信息化到数字化的演变，中国也从跟随和学习成熟市场经济体的金融信息化进程到数字时代，金融科技水平处于全球领先地位，涌现出一批真正在全球意义上引领潮流的大科技平台。未来，中国应把握智能化趋势，力争占领全球金融科技的制高点。

进入 2023 年，ChatGPT 的出现标志着人工智能应用跨越了奇点（Singularity）。国内外科技巨头都在枳极布局人工智能大模型，其背后是基于算力、算法和数据的竞争。在人工智能算法、人才及专利等领域，我们处于国际的领先梯队。在数据量方面，中国已成为数据量最大、数据类型最丰富的国家，国内各大科技企业积极布局大模型。商业银行的科技专利也在向区块链和人工智能技术重点布局。人工智能技术将引领北京金融科技从应用创新驱动阶段步入技术创新驱动阶段，从而提升国际竞争力。

人工智能在金融领域的应用包括智能投顾（Roboadvisory），即金融机构或平台利用智能技术为资产管理和财务管理业务赋能，对长尾投资者进行快速财富画像，确定投资者的风险偏好，借助数据与算法来实现个性化的最优资产配置；在智能客服、智能营销领域，人工智能能够更好地提供人机交互以及用户画像、产品匹配。同时，还可以作为智能办公助手，为客户经理提供赋能。在智能风控领域，可以提高金融机构的风险管理能力。此外，人工智能生成内容可以助力投资者教育。

（二）拥抱数字人民币带来的新发展机遇

中央银行数字货币（CBDC）是一种由中央银行发行和监管的数字货币。因此，与加密资产不同，它们的安全性更高、波动性更小。据国际货币基金组织（International Monetary Fund，IMF）发布的数据，截至 2022 年 7

月，已有近 100 种央行数字货币处于研究或开发阶段。中国数字人民币的进展处在世界前沿。与当前基于商业银行体系的电子货币相比，央行数字货币拥有更高的安全性和运行效率，还会对当前的移动支付市场的竞争格局和行业生态产生深远影响。中国的金融科技平台特别是移动支付平台，应该从技术上和商业模式上积极拥抱央行数字货币的试点工作，共同推动下一代的国家数字支付基础设施的建设。同时，央行数字货币也是国家之间金融科技竞争的制高点。中国的金融科技企业有机会利用数字人民币的技术优势，解决跨境贸易、跨境支付和跨境汇款中的成本高、速度慢、效率低等难题，在与国际金融科技企业的竞争中取得先机。

（三）坚持走普惠道路，服务长尾客群，助力实体经济发展、乡村振兴及共同富裕

大科技信贷产品应继续聚焦户均金额显著低于商业银行普惠贷款门槛、还款周期较短且还款周期要求较为灵活的客群，即传统机构无法低成本、高效率满足，甚至无法触及的长尾客群。当前就业形势较为严峻，大科技平台应发挥其在小微企业普惠贷款领域的技术专长，拓展和服务缺乏职业经历的年轻首次创业人群、未进行工商登记的个体工商业者和自雇人士、包括网络主播等新型自雇人士，以及平台经济所造就的大量灵活就业人群，如网约车司机、外卖及快递人员等，满足其商业活动的项目和流动资金信贷需求、供应链金融需求、现金管理需求、税务规划需求，以及其个人和家庭的储蓄、理财、保险等零售金融需求。

金融科技平台应积极服务于乡村振兴战略。当前，金融科技平台企业已开始关注县域及以下的下沉市场，让金融服务触及农村地区，利用数字技术和互联网平台提升农业生产经营各环节的效率和精准性等。

大力发展普惠型财富管理市场，促进共同富裕。党的二十大报告中关于中国式现代化的一项本质要求是"实现全体人民共同富裕"，这为普惠型财富管理市场营造了无限的成长空间。在此背景下，以商业银行、基金公司为代表的传统金融机构纷纷发行多种普惠型财富管理产品，这些产品普遍没有

过高的资金门槛及严格的投资者适当性、KYC（了解你的客户）和 CDD（客户尽职调查）要求；产品设计较为简洁明了，不涉及冗长、晦涩的合同条款；投资标的和投资策略清晰透明；投资风险相对较低且保护标准相对更高，投资者不需要具备较高的风险承受能力和金融素养。这些产品可以同金融科技平台的优势结合起来，将财富管理拓展至中低收入人群，帮助其获得和扩大财产性收入。

（四）坚持合作共赢，促进传统金融乃至全社会的数字化转型

金融科技平台跨界合作的主要领域包括与持牌金融机构的合作，以及助力数字政府和数字社会建设。金融科技平台的发展对传统的商业银行、保险、基金、券商等传统持牌金融机构产生了重大的影响，在一定程度上代替了金融机构的支付、清算和信用中介的功能，以竞争压力促使金融机构开始大力推进数字化转型和升级。随着行业的深入发展和平台用户对金融服务的要求提升，金融科技平台对传统金融机构的赋能效应更加凸显，平台开始通过合作与科技赋能金融机构来服务平台上的用户。平台的优势在于海量用户、科技能力与创新机制，而金融机构的优势在于资金的成本与运用、风险定价与管理、处理复杂金融业务的经验等，双方具有很强的互补性。另外，金融科技平台主动向多家持牌金融机构开放，有助于促进竞争和行业生态发展，满足用户多样性的需求，提高用户的满意度，这类合作对中小商业银行的数字化转型意义尤为明显。中小商业银行通常在资金、人才、风险承受能力等方面存在较大制约，数字化转型面临较为严峻的挑战。为此，金融科技公司可以凭借供应链金融系统、小微金融信贷工厂等优势，为中小商业银行提供技术层面的可行解决方案，并满足小微企业在研发、采购、生产、库存管理、销售、应收和应付账款管理、薪金支出等覆盖产业链、资金链全流程的财资管理和金融服务需求，并协助中小商业银行对接潜在借款人在税务、发票、银行流水、公用事业缴费、社保缴纳等方面的信息数据，开发适应中小商业银行需求的风险识别和管理控制系统，携手中小商业银行围绕微型企业合作开展联合贷款或助贷业务。

2022 年 6 月，国务院印发《关于加强数字政府建设的指导意见》①，提出要构建与国家治理体系和治理能力现代化相适应的数字政府体系；同年 7 月，国务院办公厅发函，同意建立数字经济发展部际联席会议制度②。具体而言，金融科技平台与各地政府联合，已在政务服务平台、数字政务建设方面开展了多种形式的合作，服务类型覆盖社保、医保、公积金、税务、生活缴费等各方面，政务服务效率得到显著提高。新冠疫情期间，金融科技平台企业在疫情防控等方面也发挥了重大作用。此外，在提升消费者保护、金融素养教育、反欺诈等方面，金融科技平台也将释放巨大潜力，为各级政府及全社会提供助力。

当然，在大力发展的同时，金融科技平台应把握好创新与风险之间的平衡。金融风险不会因为大数据而消失，事实上，很多大科技平台因其金融业务规模较大、复杂度较高，事实上已经成为系统重要性机构，需要纳入金融稳定和宏观审慎监管框架内。此前部分大科技平台的无序扩张和数据治理乱象已经引发监管机构的忧虑和关注。监管部门一方面要大力发展和提升监管科技的应用，另一方面也要创造机制，为金融科技平台的创新提供空间。目前，中国人民银行正在各地试点"监管沙盒"（Sandbox），鼓励金融机构等创新主体将具备较强创新性的业务在限定条件、有限空间、全程监控的测试环境中先行测试，测试有效则进行推广，测试不成功则终止推出，确保风险和损失可控。

参考文献

[1] 毕马威中国、中国互联网金融协会金融科技发展与研究专委会：《2022 中国金

---

① 《国务院关于加强数字政府建设的指导意见》，中国政府网，2022 年 6 月 23 日，https：//www. gov. cn/zhengce/content/2022-06-23/content_ 5697299. htm。

② 《国务院办公厅关于同意建立数字经济发展部际联席会议制度的函》，中国政府网，2022 年 7 月 25 日，https：//www. gov. cn/zhengce/content/2022-07-25/content_ 5702717. htm。

融科技企业首席洞察报告》，2022。

［2］毕马威中国：《2022 毕马威中国金融科技企业双 50 报告》，2023。

［3］黄益平、邱晗：《大科技信贷：一个新的信用风险管理框架》，《管理世界》2021 年第 2 期，第 12~21+50+2+16 页。

［4］梁方、赵璞、黄卓：《金融科技、宏观经济不确定性与商业银行主动风险承担》，《经济学》（季刊）2022 年第 6 期，第 1869~1890 页。

［5］刘乃梁：《大型科技平台涉足金融领域的反垄断规制研究》，《中国特色社会主义研究》2023 年第 2 期，第 44~53+73 页。

［6］《支付行业系列研究（一）总起篇：绿回春渐，变革提速》，"远瞻财经"百家号，2023 年 5 月 26 日，https：//baijiahao. baidu. com/s？id = 176687833545999375 9&wfr = spider&for = pc。

［7］尹振涛、冯心歌：《大科技金融：概念、发展与挑战》，《金融评论》2020 年第 3 期，第 65~75+125 页。

［8］中国信息通信研究院：《中国金融科技生态白皮书（2022 年）》，http：// www. caict. ac. cn/english/research/whitepapers/202303/P020230316629446315102. pdf。

［9］B. Bernanke, M. Gertler and S. Gilchrist, "The Financial Accelerator and the Flight to Quality," *Review of Economics and Statistics* 78（1, 1996）：1-15.

［10］Giulio Cornelli, et al. , "Fintech and Big Tech Credit：Drivers of the Growth of Digital Lending," *Journal of Banking & Finance*, 148（2023）, 106742, ISSN 0378 - 4266, https：//doi. org/10. 1016/j. jbankfin. 2022. 106742（https：//www. sciencedirect. com/science/article/pii/S0378426622003223）.

［11］J. Frost, et al. , "BigTech and the Changing Structure of Financial Intermediation," *Economic Policy*, 34（100, 2020）：761-99.

［12］L. Gambacorta, et al. , "Data vs Collateral," *Review of Finance*, 27（2, 2023）：369-398.

［13］International Monetary Fund, *Asia and Pacific Department：Accelerating Innovation and Digitalization in Asia to Boost Productivity*, DP/2023/01, Jan, 2023.

［14］International Monetary Fund, *Global Financial Stability Report：Safeguarding Financial Stability amid High Inflation and Geopolitical Risks*, Washington, DC, April 2023.

［15］OECD, *G7 Inventory of New Rules for Digital Markets*（2022）, Prepared by OECD Competition Division for the G7 Joint Competition Policy Makers and Enforcers' Summit, G7 Germany 2022.

［16］The World Bank, *Fintech and the Future of Finance*（2022）, World Bank Publications, The World Bank Group, https：//www. worldbank. org/en/publication/

fintech-and-the-future-of-finance.

［17］ Tok Yoke Wang, Heng Dyna, "Fintech: Financial Inclusion or Exclusion?" IMF Working Paper no. WP/2022/080, May 2022, https://www.imf.org/en/Publications/WP/Issues/2022/05/06/Fintech-Financial-Inclusion-or-Exclusion-517619.

B.7
数字化消费时代重要载体

——直播电商平台运营模式与创新发展

赵晓坤　李泽坤*

摘　要： 自 2016 年蘑菇街成立直播电商小程序以来，我国直播电商平台在短短几年内得到迅速发展，直播已经成为诸多电商的重要销售渠道。和传统电商模式相比，直播电商打破了时空局限性，在消费者和商家之间搭建了便捷的沟通路径。一方面，消费者可以通过直播实时了解到商品各方面的信息，拓宽了消费渠道，节约了消费者的搜寻成本；另一方面，商家能通过直播实时得到消费者对商品的反馈，从而及时消除消费者针对商品的各种疑虑，在满足消费者消费需求的前提下获得更高的销量和利润。本报告将视角聚焦于直播电商平台，总结了我国直播电商平台的发展历程、优势以及发展特点，并以抖音直播电商平台为例进一步分析其创新之路、不足之处以及应对措施。最后，本报告对直播电商未来的发展提出相关建议，以期指导直播电商平台走向更健康的发展道路，在未来经济发展中更好地发挥价值。

关键词： 直播电商平台　抖音直播　平台经济

---

* 赵晓坤，经济学博士，山西大同大学商学院讲师，主要研究方向为区域经济、世界经济；李泽坤，对外经济贸易大学国家（北京）对外开放研究院国际经济研究院硕士研究生，主要研究方向为数字经济、世界经济。

一 直播电商平台的发展现状

（一）我国直播电商平台的发展历程

我国直播电商平台的发展可大致分为四个时期，分别是萌芽期（2016～2017年）、成长期（2018年）、爆发期（2019～2020年）以及全民电商期（2021年至今）。

1.萌芽期

我国直播电商平台的起源最早可追溯至2016年，蘑菇街作为直播电商界的"排头兵"，率先利用平台的网红资源以及用户基础试水直播行业，并尝试将电商和直播有效结合起来。但蘑菇街的发展重心并不在电商直播领域，没有投入过多的资金和资源，所以未能引起行业震动。同年5月，阿里巴巴旗下的淘宝上线的"淘宝直播"，才算是真正打开了我国直播电商的大门，因此2016年被普遍认为是中国直播电商元年。2017年，我国电商直播稳步发展，淘宝和京东等传统电商平台开始培养自己的带货主播，并加快供应链的整合，这个时期也是未来很多知名带货主播职业生涯的开端。据统计，2017年我国直播电商市场交易规模达到了196.4亿元[1]。

2.成长期

2018年是直播电商平台的成长期，新的媒体形态，如短视频和社交平台的出现，极大地推动了电商直播的快速成长。这一年的标志性事件是快手和抖音两大短视频平台进入直播电商市场，它们从和第三方平台合作的运营模式转向开发自身直播带货平台，利用平台本身高流量的特点，对电商直播的发展起到了关键的推动作用。另外，京东和淘宝等传统电商平台的直播业务也逐渐成熟，尤其是淘宝在2018年顺势发起的"双十一购物狂欢节"，引爆直播带货概念。各大平台都在这一时期加足马力培养带货主播，加大流

---

[1] 本报告直播电商市场相关数据来源于"电数宝"电商大数据库。

量扶持力度，当年我国直播电商市场交易规模达到1354.1亿元，直播电商市场交易规模增速高达589.46%。

3. 爆发期

2019~2020年直播电商平台进入爆发期，多方平台入局，各平台争相塑造带货网红，直播电商热度直线上升。2019年，作为头部直播带货平台的淘宝，直播电商成交额近5000亿元，同年淘宝直播独立App上线，11月拼多多也开启了属于自己的直播时代。这一年我国直播电商市场交易规模达到4437.5亿元，同比增长227.7%。2020年，实体经济受到巨大冲击，线下商业活动受到限制，电商平台的直播销售模式得到了空前的发展。越来越多的企业和个人开始利用直播推销商品，电商平台也做出不少优化和调整以适应这场变革。商务部数据显示，2020年全国电商直播次数超过了2000万次，同年我国直播电商市场交易规模实现了破亿元。

4. 全民电商期

2021年至今，电商直播平台已全面井喷，我国正式进入全民电商期，无论是明星、网红还是普通素人都积极参与其中，各平台提出电商模式新概念。截至2021年12月，我国直播带货主播账号近1.4亿个，可以说平均每十个人中就有一名带货主播。《2022直播电商白皮书》数据显示，截至2022年6月，我国电商直播用户规模为4.69亿人，占网民整体的44.6%。在这个"万物皆可播"的时代，很多传统电商无法想象的商品和服务也能够在直播间销售。但与此同时，行业内出现了明星直播间售假、产品虚假宣传、产品质量出现问题、售后维权难以保障等诸多乱象，如何在直播带货狂热潮流中维护好消费者的权益成了现阶段一个不可忽视的问题。

（二）我国直播电商平台的优势

1. 交易完成快，知名主播具有明星效应

直播电商可以在直播中全方位展示商品，消费者在主播讲解中点击链接即可购买。与传统电商相比，直播带货的模式使得消费者与卖家可以直接对接，节约了交易时间，提升了交易效率。此外，在电商行业中，知名主播具有"明星效应",家喻户晓的直播明星一开播便会有大量支持者涌入,马太效应使得热门直播间吸引了更多观众,从而提升了销售水平。得益于知名身份背书,这类直播更能赢得观众信任。例如,抖音直播大亨罗永浩经常在直播间表示,若消费者在直播过程中买到假冒伪劣产品,他承诺假一罚十,因此他的直播间受到了粉丝的广泛追捧。

2. 实时互动性强,用户消费体验感强

在传统电商中,消费者和商家只能在平台上通过文字沟通,且不能进行实时交流,存在一定程度的时滞性,用户的购买体验感普遍较差。直播电商的出现打破了时间限制,消费者可以在直播间和商家进行实时沟通,这也使消费者可以全方位了解自己心仪的商品,进一步激发消费者的购买欲望。例如,消费者在直播间里能够实时提出自己关于商品的问题和疑惑,商家可以借此了解消费者思维并即时调整营销战略。此外,商家也可以通过承办各类直播互动活动,例如整点抽奖、抢优惠券、问答抽奖等,进一步提高与增强用户在直播中的参与度和体验感。

3. 场景化销售,激发消费欲望

在传统的电商平台,消费者只能通过商家提供的图片和文字以及其他用户的评论来了解商品,而商家经常会通过修图以及刷好评等行为美化自己的商品,这就导致了在很多情况下消费者购买的商品质量难以保障。电商直播因其场景化销售的特点,带货主播能够在直播间实时为观众展示所卖产品最真实的一面,很大程度上降低了消费者的消费风险。例如,卖食品或农产品的商家通常不会在自己的线下销售店进行直播,而是到原产地或在生产线上搭起直播间,消费者得以直接观察产品的生产流程,从而建立起信任。同时,带货主播可通过实际操作来展示所售商品。例如,在销售各种化妆品时,带货主播会在直播间一边涂抹一边售卖,消费者可以通过直播亲眼看到化妆品的使用效果,从而激发了消费者的购买欲望。

4. 进入门槛低,节省销售成本

传统电商开设的成本以及对运营技术的要求相对较高,商家除了需要有一定的经济基础以外,还需要有基础的计算机知识和电子商务知识,以及必

要的营销能力和 PS 使用技巧，而进入直播电商的门槛则相对较低，商家依靠一部手机再搭配手机支架就可进行直播带货。此外，与传统电商相比，直播电商的直播属性对消费者而言更具吸引力，如果商家能结合商品特点打造具有自身特色的直播间，并且邀请拥有良好营销技巧和口才的主播，更易获取可观的销售额和利润。

（三）我国直播电商平台的发展特点

1. 市场规模继续扩大，但增速放缓

2022 年，我国网络零售市场总体稳步增长，其中电商直播带动居民在线消费的作用十分强。商务部数据监测 2022 年我国电商直播场次超过 1.2 亿场，累计观看达到 1.1 万亿人次。《2022 年度中国直播电商市场数据报告》显示，2022 年直播电商市场交易规模为 35000.0 亿元，同比增长 48.21%，增长率和前几年相比有所下降（见图 1）。另外，2022 年直播电商用户规模达 4.73 亿人，直播电商行业人均年消费额为 7399.58 元，增速分别为 48.8% 和 59.48%，均有所放缓。

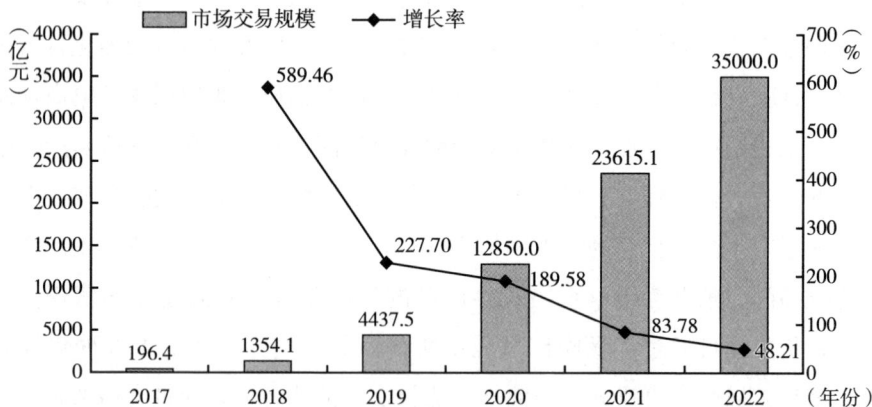

图 1　2017~2022 年直播电商市场交易规模及其增长率

资料来源：2017~2022 年《中国直播电商市场数据报告》。

2. 淘宝、抖音、快手"三家分晋",直播电商平台竞争日益激烈

近年来,诸如淘宝、抖音、快手等知名电商平台纷纷涉足直播市场,并占据了主要份额。其中,淘宝作为老牌电商平台,先进的技术和成熟的体系是其在电商直播领域最大的优势。淘宝直播依靠自身先进的技术优势,大幅度降低了直播延迟,直播中的实时互动为用户带来更好的体验。此外,淘宝交易平台发展较为完善,无论是货物质量监测、订单处理、交易过程还是后勤服务,都处于行业领先地位,从而赢得了用户的广泛认可和肯定。抖音则基于公域流量算法,打造"货找人"的"兴趣电商",并且抖音具有很强的用户黏性,据《2022抖音数据报告》统计,2022年抖音累计用户数量已经突破8亿人。快手主打"以人为本,去中心化",依托独特的"老铁文化"开拓下沉市场,并于2021年提出"信任电商",在最大限度上保证了消费者的消费权益。尽管抖音和快手相比淘宝这类传统直播电商平台而言,电商直播起步较晚,但近年来抖音与快手在电商直播领域投入了大量资金和精力,并且依靠自身平台用户黏度高、流量多的特点推动了直播电商市场交易额的持续增长。可以说在电商直播领域,淘宝、抖音、快手三大平台占据了主要市场,吸引了大部分用户,在可以预见的未来,电商直播领域的竞争将会更加激烈。

3. 政府政策扶持,政策红利仍在

2021年3月,国家发改委等28个部门和单位发布的《加快培育新型消费实施方案》指出,要大力支持我国电商直播行业发展,鼓励各地开展直播基地建设,培养发掘当地直播人才。各地政府对此反应热烈,纷纷推出支持直播电商的相关政策。上海于2022年认定了首批12家直播电商基地主题,接下来,上海将继续全力支持电商平台在新颖的科技手段、新颖的商业模式等多个方向上进行创新与尝试,目的是给消费者提供更加丰富多元和具有广度的内容与体验场所。2023年,深圳市商务局正式出台《深圳市推进直播电商高质量发展行动方案(2023—2025年)》,该行动方案的工作目标是借助深圳跨境电商产业优势,加快全市直播电商高质量发展,推动深圳成为具有国际影响力的直播电商之都。此外,首都北京也计划在未来选择2~3

个区打造高质量直播电商基地，扶持各种市场参与者投身在线电商基地建设。北京市经济部门联手各有关合作单位旨在鼓励支持北京当地知名企业、商家门店以及信息消费体验中心进行品牌展示、厂家现场直播、乡村发展的特色直播活动。

4. 商品质量难以保障，直播行业乱象丛生

2020年11月，快手主播辛巴团队被指出在直播带货的过程中拿糖水充当燕窝欺瞒消费者，两年后，河南省消协正式针对知名主播辛巴卖假燕窝事件提起民事诉讼，要求辛巴和快手平台依法退赔7971万余元，而这场直播事故也不过是众多直播带货丑闻中的一件。2021年12月，浙江省消协发布了一项有关淘宝、抖音等五大主流电商平台"双11"活动的调查报告，报告显示这些平台中近三成主播存在违规直播的情况，并且约四成的直播商品质量不达标。黑猫投诉平台显示，截至2023年3月14日，以"直播"为关键字的投诉量超18.6万条，其中有关质量问题的投诉占比最高，达到了45%。据艾瑞咨询测算，2023年我国直播电商市场交易规模将逼近5万亿元。然而，在众多直播间中充斥着"宇宙最低价""盲盒抽奖百分百中奖"等不切实际的宣传语，夸大宣传成为部分主播增加流量、吸引消费者的手段，甚至某些主播为了快速涨粉，不惜试探法律边界，在直播间"打擦边球"或者搞恶趣味来吸引眼球。这不仅有伤社会风气，还会对价值观尚未形成的青少年产生负面影响。

二 北京直播电商发展优势

（一）政府支持力度大

近年来，随着直播电商对居民消费的提振作用愈加明显，北京市政府开始逐渐加大了对直播电商的支持力度，并出台了一系列相关政策。根据《北京市数字消费能级提升工作方案》，北京市将选取2~3个区打造高质量直播电商基地。同时鼓励平台公司开设在线首发直播专区，利用直播经济宣传"北京品牌IP"，并顺势打造涵盖"人、货、场"的电子商务聚集体系。为了推动在线电商产业的高质量发展，北京市政府同样会支持企业构建由云原生支持的低编码技术企业开发平台，并建立以数据驱动为核心的制造企业数据模型，将消费者信息与商家信息协同无缝衔接。此外，北京市商务局将对2023年度符合条件的直播电商企业给予资金支持，鼓励直播平台、特色直播电商基地、直播电商服务机构在京举办网络促销、直播带货等相关活动，对运用元宇宙等新技术的网络促销活动和文创、非遗等文化内容型直播带货活动，累计支持最多可达150万元。

（二）数字经济发展程度高

直播电商作为互联网经济催生下的产物，其发展自然也和大数据、5G通信、云计算等数字技术密不可分。据北京市经济和信息化局发布的《2023北京软件和信息服务业发展报告》，2022年北京市数字经济的增加值为1.7万亿元，比上年增长4.4%，数字经济对北京市GDP的贡献度为40%以上。

从传统基础产业的发展情况来看，截至2022年7月底，北京电信业务收入累计完成428.6亿元、电信业务总量累计完成309.2亿元，同比分别增长6.9%和23.2%，高于全国平均水平。三家基础电信企业的移动电话用户总数达3945.8万户、普及率达180.2（部/百人），居全国首位。另外，5G移动电话用户比上年末净增246.3万户，以1260.6万户的用户数占移动电话的32%，在全国保持领先。[①]

从新型基础设施建设情况来看，截至2022年7月底，北京市5G基站数量比上年末增加1.1万个，累计建成并开通基站数量为6.3万个，每万人拥有28.9个5G基站，全国排名第一。在此基础上，北京已基本实现五环内5G信号的连续覆盖，五环外重点区域典型应用场景精确覆盖。

从数字人才的角度来看，北京具备良好的数字经济人才储备能力，猎聘《2021年数字经济人才白皮书》显示，北京市数字经济人才总量位居全国第

---

① 数据来源于2022年北京通信业经济运行数据，下段同。

一，占比达 16.0%。同时，北京市作为一线城市对数字经济人才吸引力较大，位居数字经济人才流入城市排行榜第二，流入的数字人才占比达到 15.6%。

（三）直播人才多、电商头部企业聚集

北京作为我国首都，高校众多，为各行各业提供了丰富的高素质人才。同时，"北漂一族"为这座城市带来了更多的可能性。电商随着直播门槛越来越高，对直播人才的要求也愈加严苛。直播人才除了需要具备较好的语言表达能力、掌握网络营销知识外，还需要有一定的创造力和创新能力使直播间更具趣味性和吸引力，而北京得天独厚的人才优势无疑为直播电商平台提供了大量直播人才。此外，北京作为抖音、京东、快手等一批知名直播电商企业的总部所在地，有助于充分发挥这些顶尖直播电商平台在技术和资源聚集方面的优势，进而将行业优势转化为实际的商品交易规模的提升。

三 北京直播电商平台发展分析——以抖音为例

抖音作为北京字节跳动科技有限公司旗下的短视频主流平台，在直播电商行业中的表现依旧强势。《2022 年度中国直播电商市场数据报告》显示，2022 年抖音电商直播交易规模约为 15000 亿元，增速达到 40%。该部分将以抖音电商为北京直播电商平台的代表，分析抖音电商的发展历程以及创新之处，并指出现阶段抖音电商存在的问题，最后为其未来发展提出合理建议。

（一）抖音电商的发展历程

作为抖音的母公司，字节跳动早在 2014 年就开始了对电商行业的探索。凭借自身平台流量大、用户多等优势，抖音电商如今已经成为和淘宝、快手齐名的三大电商平台之一。抖音电商平台的发展历程可以总结为三个阶段："外链商品"时代、"抖音小店"时代及"抖音盒子"时代。

1. "外链商品" 时代

在抖音发展电商业务的起步时期，由于相关技术不成熟，抖音没有能力依靠自己独立发展电商业务，于是和京东、淘宝等传统电商平台进行合作，实现优势互补，例如2018年3月，抖音与淘宝进行了初次合作并内测了购物车功能，用户在抖音刷短视频时点击视频当中的商品链接，便可进入淘宝的相关商品购买页。在此之后，抖音也开始与京东、苏宁易购、拼多多等电商平台建立合作关系，并且商品链接不再局限于标注在短视频中，符合相关条件的商家在抖音直播时可以添加商品链接。这标志着抖音正式进军直播电商行业，也意味着抖音电商进入了"外链商品"时代。

2. "抖音小店" 时代

抖音在发展"外链商品"模式的同时，积极探索自身发展电商的可能性。2018年9月，抖音正式上线"抖音小店"，商家可以在抖音完成注册后发布商品。此时，用户下单商品时就不必跳转到其他App，可以在抖音平台完成购买，这意味着抖音正式开启了属于自己的电商时代，之后抖音电商就把"断外链"并不断扩大自身电商规模当作短期的发展目标。2020年4月，直播达人罗永浩开启了在抖音平台的首场直播带货，整场直播销售额达到惊人的1.1亿元。在此之后，抖音邀请了众多明星进行直播带货，当年5月多位明星均在抖音进行了直播带货。2020年抖音电商商品交易总额突破5000亿元，是2019年的3倍多，高增长和高投入成为这一阶段抖音电商的发展特征。

3. "抖音盒子" 时代

"抖音小店"时代，抖音平台在电商领域发展迅速，但不断增多的电商业务影响到其作为短视频平台的核心竞争力。实际上，抖音实现爆火的原因就在于它为人们提供了日常消遣的途径，即抖音的核心竞争力是其优秀的短视频内容，过于重视电商业务势必会影响抖音的可持续发展，同时削弱忠实用户的体验感。为此，抖音于2021年12月正式上线独立电商平台"抖音盒子"App来解决抖音过度电商化等问题。在"抖音盒子"时代，抖音利用"抖音盒子"App将一部分电商业务剥离出来，这使得抖音App更注重内容创作，业务范围更加明确，用户体验也更好。

（二）抖音电商的创新之路——兴趣电商

1.兴趣电商的定义

"兴趣电商"的概念最早于2021年提出，与淘宝和拼多多这类传统电商平台不同的是，兴趣电商不再依靠"人找货"这种传统的搜索电商模式，而是依靠抖音自身的算法和网红自带的IP价值，凭借平台上高质量的视频内容，将商品精准推荐给对其感兴趣的用户，以"货找人"的方式完成商品的交易。站在消费者的角度，兴趣电商满足了消费者的消费需求，帮助其发现新的商品和服务，有效提升了其生活水平。站在商家的角度，兴趣电商帮助它们更快速、更精准地找到适合自己商品的消费者，减少了搜寻成本、提高了利润水平。

2.抖音发展兴趣电商的优势

（1）良好的用户基础

2022年抖音用户超8亿人，日活跃用户超7亿人，国内人均单日使用时长超两个小时。同时，抖音的受众面非常广，不管是老人还是小孩，都可以在抖音平台上刷到自己感兴趣的视频，可以说抖音平台囊括了几乎各行各业不同年龄段的用户，这就为抖音发展兴趣电商奠定了良好的用户基础。

（2）品牌传播能力强

在抖音平台的短视频内容中，明星、颜值、旅行、舞蹈、宠物和搞怪类视频是其主要卖点，短视频"种草"这一新概念也由此产生。自从抖音开始进军电商行业，各路商业品牌被抖音巨大的流量优势吸引，涌入平台开启了电商直播，并结合视频和图文对自身商品进行宣传，这不仅扩大了商家自身品牌的影响力，也大大加强了抖音的品牌传播能力。

（3）用户黏度高

抖音App凭借用户制作视频的简单省时、容易上手、发布门槛低等诸多优势，吸引了大量短视频创作者留在平台。另外，抖音利用算法优势，运用大数据根据不同用户自身的爱好特点提供相应的视频内容，使得用户刷到的视频几乎都是自己感兴趣的,这大大提升了用户的内容体验以及平台的用户黏度。

3. 兴趣电商模式的新机遇

(1) 兴趣电商改变传统销售模式

在传统销售模式下,商品从生产商到最终消费者的手里需要经过多个环节,但兴趣电商的诞生打破了传统销售模式的限制,消费者在任何环节都可以直接了解商品的相关信息。比如在生产环节,地理位置和信息传播等因素限制了厂商将自己的产品直接传递给消费者,导致消费者对其商品了解较少进而很难产生信任。兴趣电商的出现使得生产商能够借助抖音,通过短视频或者直播向消费者展示商品是如何生产的。如农户只需要一部手机和一个支架即可在直播间展示自己的农场,并向消费者介绍农产品生产和种植等过程;工厂可以通过拍短视频的方式将产品从原材料加工至完成品的全过程呈现出来。消费者可以零距离了解产品的质量,进而大大提升了消费者对于商家的信任感。这种新型的销售模式舍弃中间商环节后,使得产品能够从生产端直接到达消费端,一方面用户能够以较低的价格购得心仪之物,另一方面成本的下降使得商家获得的利润有所提升。此外,抖音推出的兴趣电商模式和淘宝等平台的搜索电商模式有所不同,消费者的商品选择可以依靠主动搜索,同时商家在展示自己商品的过程中呈现的趣味性和吸引力会直接影响产品销量,这就给许多有才华、有实力的商家提供了广阔商机。

(2) 兴趣电商挖掘新兴业务形态

新冠疫情发生以来,我国诸多线下行业受到重创,而抖音兴趣电商的出现能够帮助商家挖掘新兴业务形态并进行商业模式转型。以旅游业为例,国内部分景区在线上开启了"云旅游模式",依托抖音平台以直播互动的模式展示景点的美丽风光,让观众即使在线上也能体验到身临其境的感觉。2022年7月11日至8月7日,在中国旅游协会旅游营销分会的指导下,抖音直播及抖音生活服务推出"看山河"文旅行业直播系列活动,面向全国50多个景区邀请导游、达人开播,助力旅游行业复苏。活动累计邀请200位导游开播,直播时长超1.3万个小时,在线观看直播的用户数量超2.9亿人次。

在此影响下，众多饭店和商场等商户也开始与当地网红合作，在抖音兴趣电商平台宣传自己的产品，以此吸引用户到店体验，以求打破因疫情造成的经营困局。

（三）抖音电商存在的问题

1. 商品质量难以保障

2019 年以来，抖音直播电商平台规模每年都飞速增长，抖音平台自带的巨大流量吸引了众多商家进入。但抖音直播的门槛较低、平台对商户的审核不严格，导致大多商户因谋求利益最大化而更注重直播间的人气和商品的销量，对于商品的质量缺乏关注。因此，在抖音直播电商平台规模不断扩大的同时，商品的质量以及售后服务等一系列问题变得严重起来，商家售卖假冒伪劣产品这种行为严重伤害了平台的声誉，削弱了用户黏性。另外，抖音同淘宝、京东这类传统电商平台相比起步较晚，仍处于成长期，所以其直播带货的售后服务并不完善。

2. 流量分配机制不成熟

"高投放高增长"是近年来抖音电商的一大突出特征，众多商家在抖音平台高流量的诱惑下入局电商，但真实难度高于大多数商家的预想，其中一个原因是抖音流量分配机制不成熟。具体而言，抖音电商流量由自然流量和付费流量组成，自然流量是免费流量，是抖音算法系统主动向平台用户推送的流量。付费流量则是商家需要额外付费才能获得的流量，付费流量则可以帮助商家引流。但很多商家表示，尽管购买付费流量后直播间人数有所增加，却很难将人气转化成销售额，长期购买大量付费流量包导致店铺透支了过多资金。对于知名品牌商家来说，其由于实力较为雄厚、业务广泛，承受能力相对较强。但对于大部分中小商家来说则是一个很大的挑战，许多商家因支付不起昂贵的付费流量包而只能依靠免费流量支撑。

3. 市场份额受到挑战

随着整个电商行业的快速发展，各大电商平台之间的竞争也进入白热化阶段。虽然《2022 年度中国直播电商市场数据报告》显示，2022 年抖音电商直播交易规模约为 1.5 万亿元，独领群雄。但与此同时，淘宝、京东和拼多多这类传统电商平台的实力仍然不容小觑，尤其是淘宝相较于抖音，有较强的算法优势以及成熟稳定的供应链。快手凭借"下沉市场"的优势，拥有更高的粉丝黏度以及商品成交率。小红书作为社交类平台的头部 App，聚集了拥有较高购买欲望以及购买力强的青年女性，也在一定程度上对抖音的市场份额进行了分割。

（四）抖音平台的应对措施

面对平台存在的各种问题，抖音要想实现平台的可持续发展，离不开用户和商家的共同支持，但在获利的同时赢得大众口碑并非一件易事。从商家的角度来看，如果平台侧重关注用户体验感而忽视商家利益，则会导致商家离开抖音；从用户的角度来看，如果平台侧重商家获利而轻视用户体验，必然造成用户黏性减弱；从平台的角度来看，若倾向于用户和商家而忽略平台自身，不利于抖音的持续成长。因此，抖音电商平台采取了一系列措施来保证商家、用户和平台自身三者的和谐共生、共同发展。

1. 完善电商基础保障，赋能商家日常经营

抖音平台进入电商行业以来，就在为各类商家提供基础保障，帮助商家在抖音实现自己的"电商梦"。首先，抖音官方近年来出台了一系列惠商政策和活动来协助商家在抖音更好地发展，比如抖音举办了"电商 618""双11""双12"等促销活动，帮助商家更好地推销自己的商品。其次，抖音电商邀请中通、韵达等多家快递公司为商家提供物流保障服务，尤其是在国内疫情还未好转的时期，订单极易出现发货慢、退货流程烦琐等问题，抖音官方物流体系在很大程度上解决了这些物流问题。最后，抖音电商在线服务热线方面通过设立专门的人工团队，提供全天、全方位的咨询服务，即时解决商家遇到的各种"疑难杂症"。

2. 加大治理力度，保障用户消费权益

抖音电商总裁康泽宇强调过"对于现阶段的抖音电商来说，GMV 不是第一指标"，"要做有质量的 GMV"。由此可见，平台治理成为抖音面对的

首要问题，其目的是给予用户优质的体验、提高用户黏度，进而实现抖音的可持续发展。因此，抖音电商逐渐开始注重商家入驻的审核过程，并对平台销售的商品进行评估、管控和质量抽检。在商家入驻方面，抖音会对商家进行资格审核，要求商家提供相应的业务许可证或资格证明，并要求商家完成实名认证，确保个人身份或企业信息真实有效。同时，抖音会检查商家所售商品的信息，包括是否侵权、是否符合商品安全标准等。在质检抽查方面，根据抖音电商发布的《2022抖音电商消费者权益保护年度报告》，仅在2022年抖音电商就投入超过1亿元抽检专项资金，累计抽检6万多件商品，处罚违规商家超2.8万个，保障了用户的消费权益。在商家治理方面，平台将重点考察电商的差评率、退货率以及投诉率，并对表现较差的商家实施相应的处罚措施。

3. 夯实电商基础，推动平台稳步发展

"抖音盒子"时代以来，抖音电商就开始在电商基础这方面持续发力，不断增强自身的物流能力、提高支付便利性和供应链稳定度，并在短短几年里就取得显著成效。在支付方面，抖音电商的交易大多依靠微信和支付宝支付来完成，这不仅使抖音失去了支付独立性，也使用户的交易安全无法得到保障。支付是电商的核心，如果电商平台没有自己的支付系统则很难长久发展。在此背景下，抖音母公司字节跳动于2020年收购了武汉合众易宝科技有限公司，正式拥有了自己的支付系统。在物流方面，抖音将多家物流科技公司收入麾下，大大加强了平台的运输能力，并在智慧物流领域取得重大突破。在供应链方面，抖音电商的供应链云仓将布局32个城市，依靠先进的信息技术实现供应链智能化，进而为商家提供实时且完整的商业数据支持。

四　结论与展望

直播电商作为网络时代下的购物方式，打破了传统电商的时空局限，不仅拉近了消费者和厂商之间的距离，改善了用户的消费体验，还挖掘并释放了大量的消费潜力。直播电商对商家要求较低且所需成本较少，这一特点为许多线下经营困难的商家提供了一个新的商机。《中国互联网络发展状况统计报告》数据显示，截至 2022 年 6 月，我国直播电商用户达到 4.69 亿人，占网络直播用户整体的 65.5%。艾媒咨询数据预计到 2025 年，我国直播电商市场交易规模将突破 2 万亿元。可以说，随着信息技术的迅速发展，直播电商展现出促进销售、拉动消费的强劲势头。

但直播电商在自身发展的过程中难免出现一系列乱象和问题。第一，电商主播素质参差不齐。直播带货的门槛较低，以及平台对直播间的监管和审核存在纰漏，部分主播难以抵抗经济利益的诱惑，导致其在直播过程中通过虚假宣传诱导消费者进行购买，这不仅损害了消费者的权益，也影响了商家和平台的声誉。第二，直播带货的商品质量难以保障。由于主播所销售的产品大部分直接来自生产厂家，主播对商品本身的质量缺乏足够了解，同时部分主播为了追求流量不惜给一些假冒产品和"三无"产品代言，严重损害了消费者的利益。第三，直播同质化问题日益严重。当前直播电商行业存在同质化现象，无论是主播风格还是商品样式都不断趋同，少数网红和明星主播吸引了大部分流量，直播间聚集了大量粉丝，而其余大量"草根主播"生存空间狭小，为了博眼球、获取流量不得不在直播风格上盲目模仿头部主播，这种"东施效颦"难以获得想要的结果，也使得直播间失去了自身特点。

上述问题错综复杂，需要电商平台、政府部门和消费者携手共同解决。首先，电商平台应适当提高直播带货的门槛，并加强对商家、主播以及产品的监督审核，尤其对于实物商品，平台应当要求商家依法在商品页面公示商品生产信息和生产证书等重要信息，并对一些违规的商户做出相应处罚，提出整改要求。电商平台还应提高售后服务的效率和专业性，针对消费者提出的售后问题，平台官方售后团队要以公正的姿态来解决，并积极采取相应的手段维护消费者的消费权益。其次，相关政府部门应继续完善直播法规制度，维护良好的直播环境。当前，我国直播电商发展日新月异，而相关的法律法规建设较为迟滞，这严重影响了直播电商行业的健康发展。因此，相关政府部门应该及时出台相应的法律法规，对直播中售卖假冒伪劣产品和直播间中各种虚假宣传行为进行严厉打击，维护电商直播行业的健康发展，监管部门应督促各直播电商平台提高商家准入门槛，并要求平台对商家和带货主播进行严格审核。最后，消费者在观看直播带货时应保持冷静，增加对商品的了解，选择信誉等级高、好评率高的商家，避免因某些商家的话术"洗脑"和虚假宣传而冲动下单，减少盲目跟风造成的不必要损失，在消费后妥善保留相关订单记录，若在收货时发现商品质量不达标或图文不符等问题，应及时与商家或平台协商解决。

参考文献

［1］《2022 直播电商白皮书》，原创力文档，2022 年 12 月，https：//max.book118.com/html/2023/0110/8026131024005027.shtm。

［2］《2022 年度中国直播电商市场数据报告》，网经社，2023 年 3 月，https：//www.100ec.cn/zt/2022zbdsscbg/。

［3］葛红玲、方盈赢、李韫珅：《北京数字经济发展特点及提升方向》，《科技智囊》2023 年第 2 期，第 11~19 页。

［4］王家宝、武友成：《抖音电商：如何做有质量的 GMV》，《清华管理评论》2022 年第 Z2 期，第 129~135 页。

［5］李泽强：《兴趣电商赋能企业复苏发展路径探析——以抖音账号"东方甄选"爆火为例》，《产业创新研究》2022 年第 20 期，第 40~42 页。

［6］李思达：《网络直播营销策略研究——以抖音直播带货为例》，《江苏经贸职业技术学院学报》2022 年第 6 期，第 21~24 页。

［7］李忠美、黄敏：《短视频平台的兴趣电商运营对策研究——以抖音为例》，《商场现代化》2022 年第 17 期，第 25~27 页。

新零售模式下线上生鲜平台的
"破"与"立"

曾庆阁　郭　琳*

摘　要： 新零售模式下，线上生鲜零售市场凭借"高频刚需"的产品优势和直达末端的物流配送在疫情期间取得长足发展。本报告首先回顾了线上生鲜平台的发展历程，结合平台发展特征、商业模式以及产业链分布对行业现状进行分析；其次基于利润薄、物流贵、客群窄的行业困境，梳理了线上生鲜平台在经营发展过程中的现实痛点；最后提出了北京线上生鲜平台的升维路径，强调线上生鲜平台应力破现实痛点，提升服务水平，完善配送供给管理，以创新发展模式突破行业"内卷"困境，立足行业本心，把握行业本质，切实保证产品质量，托稳首都"菜篮子"。

关键词： 新零售　线上生鲜平台　平台服务

一　线上生鲜零售行业现状分析

新鲜果蔬、禽肉蛋品、海鲜水产、乳品冷饮、面点烘焙……这些品类丰富的生鲜产品共同组成了我国老百姓的"菜篮子"，成为人们物质生活的基本保障。生鲜是未经烹调、制作等深加工过程，只做必要保鲜和简单整理上

---

* 曾庆阁，对外经济贸易大学国家对外开放研究院国际经济研究院博士研究生，主要研究方向为区域经济、世界经济；郭琳，对外经济贸易大学国家（北京）对外开放研究院国际经济研究院博士研究生，主要研究方向为区域经济、世界经济。

架而出售的初级产品，以及面包、熟食等现场加工商品的统称。生鲜产品鲜活易腐，普遍需要在运输和销售过程中进行保鲜、冷藏或冷冻处理，具有购买频次高、货架期短、市场活跃度高的消费特征。因此，相较于其他消费品市场，生鲜零售市场以绝对的"高频刚需"优势成为新零售和资本市场竞相角逐的主战场以及生活类平台企业创新发展的重要阵地。当前，我国生鲜零售线上化趋势明显增强，针对"最后一公里"问题的解决方式也更加多样化、人性化，线上选购生鲜食品已逐渐成为居民生活的一部分。

（一）线上生鲜平台发展历程

从销售渠道来看，我国生鲜零售市场主要分为三类：农贸市场、商超卖场以及生鲜电商。目前，前两者占据我国生鲜零售市场的主要份额，但由于线上生鲜零售在一定程度上解决了人们没有时间在线下选购的痛点，并在消费券优惠以及即时配送的加持下明显具有灵活性、优惠性和便捷性的优势，近年来我国生鲜电商行业也持续保持着稳健增长态势，成为推动未来生鲜零售市场进一步发展的重要力量。

从发展历程来看，我国线上生鲜平台主要经历了三个发展阶段。

1. 萌芽探索期（2005~2012年）

生鲜零售"上线"是随着互联网经济的兴起而实现的。2005年，我国初代生鲜电商平台"易果网"成立，生鲜电商模式正式载入我国互联网商业史。传统互联网巨头、初创公司开始试水生鲜电商，不断尝试将其他产品领域的成功电商模式代入生鲜零售市场，大量垂直生鲜电商诞生。但遗憾的是，由于这一阶段行业规范尚不成熟，电子支付配套基础设施尚不完善，生鲜产品严苛的储存条件给物流运输提出高要求，较高的经营成本使得线上生鲜平台的商品价格和售后保障无法满足消费者的现实需求，无法看得见、摸得着且质量无法保证的生鲜产品难以给消费者带来足够的吸引力，线上生鲜平台发展举步维艰，只有极少数平台挺过了"倒闭潮"和"并购潮"。部分具有产品特色的平台脱颖而出，如主打绿色安全食品的和乐康和沱沱工社，凭借较高的产品品质和良好的服务吸引并稳定了客户，以"3日内有质量问题无条件退货"的承诺获得了消费者的信任。但不可否认的是,客观存在的高昂商品价格还是阻碍生鲜消费线上化的重要因素。总体来看,在这一阶段,线上生鲜平台虽然打开了市场,但并未取得较大发展。

2. 创新发展期(2013~2018年)

2013年,我国互联网普及率到达新的高度,我国开启了大数据应用元年,越来越多的网络应用改变了人们的生活方式,电商消费习惯开始逐渐养成。随着2014年互联网进入规范高速发展新阶段,线上生鲜平台也进入创新探索期。由于多家进入、多家竞争,生鲜电商行业迎来前所未有的"大洗牌",大资本及互联网巨头重金投入线上生鲜零售赛道,以盒马鲜生、天猫生鲜、大润发优鲜为代表的阿里系和以京东到家、每日优鲜、7Fresh为代表的腾讯系两大阵营在这一阶段发展势头强劲,本来生活、多点、中粮我买网等两系之外的头部平台也相继成立。巨大的同质化竞争压力使得行业退潮期席卷而来,裁员、倒闭、资金链断裂等现象屡见不鲜。但与此同时,这一阶段线上生鲜零售的创新运营模式也在平台竞争的推动下层出不穷,出现了前置仓、社区团购、店仓一体、O2O等模式,为解决生鲜商品到家"最后一公里"问题提供了有效方案,也为后续发展提供了供应链基础和本地消费者大数据资源积累。

3. 规范建设期(2019年至今)

经历了十多年的发展,线上生鲜平台在市场竞争和创新探索中做到了订单可查询、产品可追溯、售后有保障、投诉有渠道,加上即时物流的不断深入,线上生鲜零售发展走向成熟,以美团买菜、饿了么买菜等为代表的外卖平台生鲜零售板块凭借平台流量和即时配送优势开始显现竞争力。这一阶段,Z世代消费人群的崛起给线上生鲜零售市场发展带来了需求客群增量,新冠疫情的发生更影响了居民的消费习惯和消费观念,疫情防控期间的"全民线上抢菜"给予了线上生鲜平台难得的发展机遇,生鲜电商在消费者中的认知度、认可度以及潜在用户黏性得到大幅增强,渗透率加速提升。但与此同时,随着资本市场趁着供不应求的发展东风倾斜大量资源,线上生鲜零售市场快速扩张,部分平台经营问题逐渐暴露,如供应链过长且体系不健全、没有完善的产品质量体系标准以及冷链物流体系等，靠"烧钱"入局的平台经营者纷纷倒下，紧扣品牌特色发展起来的企业开始布局新业务以增强生存能力。各地市场监督管理部门纷纷出台针对线上经营行为的相应规定，明确监管规则，加大规范力度，倒逼企业提高产品质量，制定产品、品牌和公司认证体系，完善行业标准，促进生鲜食品行业的安全规范。随着疫情防控政策调整，生鲜电商新增用户规模和订单量不可避免地出现波动，裁员、收缩战线、艰难维持与行业规模增长并行。线上生鲜零售在经历热潮过后逐渐进入沉淀期，通过规范化的经营实现供需双向共赢的良性发展，将成为接下来的发展主题。

（二）线上生鲜平台发展特征

1. 线上生鲜零售市场规模稳步增长，行业渗透率和服务效率不断提升

随着经营模式和技术加速成熟，以及配套设施逐渐完善，线上生鲜零售市场规模持续增长。根据艾媒数据中心数据，2022 年我国线上生鲜零售市场规模为 3637.5 亿元，较 2021 年增长 16.7%（见图 1）。疫情防控期间，数字平台的民生保障作用尽显。在新冠疫情的冲击下，消费者线上购买生鲜的需求明显增强，平台用户对线上生鲜平台的信任度提升，快速发展的社区团购模式推动了生鲜电商从一线、新一线城市转向下沉市场，加速布局二、三、四线城市，因此我国线上生鲜零售市场规模在 2020 年出现大幅上涨，同比增速达到 62.8%。虽然线上生鲜零售市场的热度在疫情防控政策调整后出现回落，但整体来说，线上生鲜零售市场的规模仍将稳步增长，增幅将在冲击过后走向平稳，预计 2027 年我国线上生鲜零售市场规模有望达到 6302.0 亿元。

此外，新零售商业模式提升了配送时效，带动生鲜电商平台在内的各种线上渠道深入居民生活，电商巨头通过新零售、社区团购带来的新风口加速布局生鲜电商赛道，居民线上生鲜消费行为不断得到强化，省时省力的购买方式受到消费者青睐。由线上生鲜平台"搭桥"，直连生鲜食品货源与消费者，大大提升了行业的整体效率，因此线上生鲜零售市

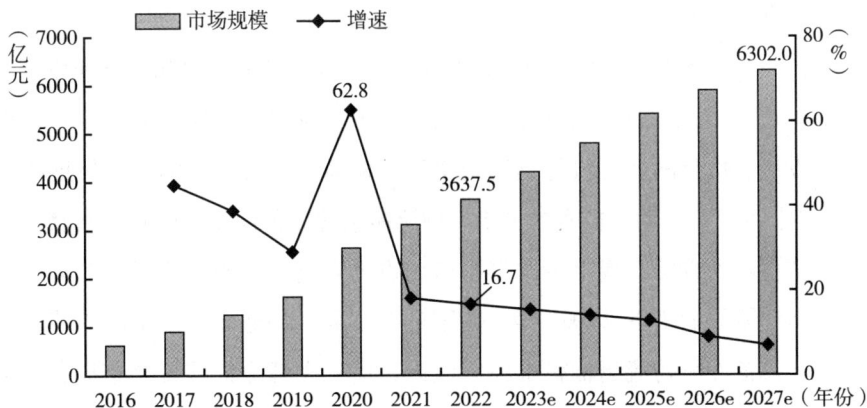

图1　2016~2027年中国线上生鲜零售市场规模及发展预测

资料来源：艾媒数据中心，https://data.iimedia.cn/data-classification/theme/13121635. html? nodeid=13121637。

场渗透率近年来持续提升。根据网经社《2022年度中国生鲜电商市场数据报告》，我国线上生鲜零售市场渗透率从2016年的2.0%上升至2022年的10.3%（见图2），预计未来生鲜食品的线上销售渠道占比仍将稳步上涨。

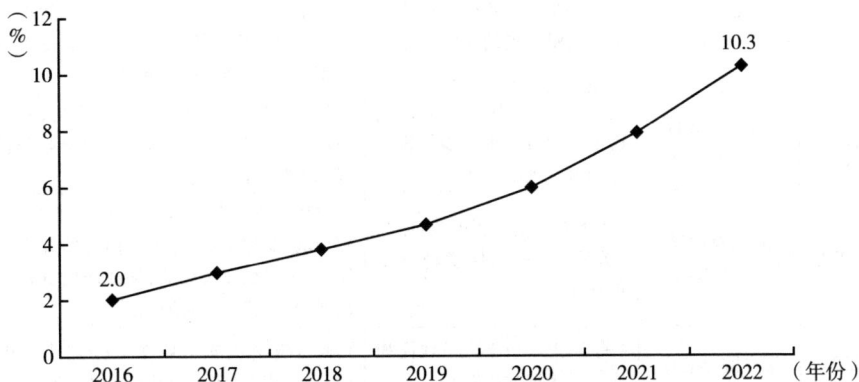

图2　2016~2022年中国线上生鲜零售市场渗透率变化

资料来源：网经社《2022年度中国生鲜电商市场数据报告》。

2. 政策支持与监管引领并行，行业标准化规范化建设在发展中完善

"十一五"至"十三五"时期，我国线上生鲜零售行业经历了从萌发、高速发展到市场"大洗牌"的转变，一直在探索中前进，国家主要基于推动电子商务发展、优化网上支付与物流配送等支撑体系为线上生鲜零售发展提供支持。"十四五"时期，技术的进步、物流体系的完善让线上生鲜平台获得越来越多消费者的青睐，线上生鲜零售市场也进入进一步规范化建设时期。从国家总体政策规划来看，2022年，国家进一步通过畅通高品质生鲜消费品流通渠道、规范冷链物流运输标准体系建设、优化生鲜冷链前置仓布局、加强线上生鲜零售市场监管等措施助推线上生鲜零售行业发展。从地方政策规划来看，各地纷纷出台了推动线上生鲜零售市场发展的支持性措施。对于北京来说，生鲜电商并未被直接提及，主要依靠"两区"和数字经济标杆城市建设背景下的跨境电商平台、数字贸易品牌建设实现对线上生鲜零售市场创新发展的鼓励和规范。2022年以来与线上生鲜零售行业相关的政策文件见表1。

表1 2022年以来与线上生鲜零售行业相关的政策文件

年份	发文部门	文件名称	相关内容
2022	交通运输部等5部门	《关于加快推进冷链物流运输高质量发展的实施意见》	鼓励生鲜电商、寄递物流企业加大城市冷链前置仓等"最后一公里"设施建设力度，在社区、商业楼宇等设置智能冷链自提柜等，提升便民服务水平
2022	财政部办公厅、商务部办公厅	《关于支持加快农产品供应链体系建设 进一步促进冷链物流发展的通知》	在城市供应链末端支持连锁商超、农贸市场、菜市场、生鲜电商等流通企业完善终端冷链物流设施
2022	农业农村部等11部门	《统筹新冠肺炎疫情防控和"菜篮子"产品保供稳价工作指南》	各城市要充分发挥农产品批发市场、农贸市场、商超企业、生鲜电商等的渠道作用，有序组织市场投放，保证居民日常生活所需"大路菜"供应稳定
2022	国务院办公厅	《关于印发"十四五"现代物流发展规划的通知》	提高冷链物流质量效率，发展"生鲜电商+产地直发"等冷链物流新业态新模式
2023	工业和信息化部等11部门	《关于培育传统优势食品产区和地方特色食品产业的指导意见》	支持企业巩固与商超、便利店、社区生鲜等传统渠道的合作，加强与大型电商平台的产销对接

资料来源：中国政府网。

3.行业竞争持续加剧,高品质消费需求倒逼平台企业提质升级

经历了近20年的行业积累,我国线上生鲜零售市场正在不断扩容升级。在行业持续"大洗牌"的背景下,一方面基本形成了以阿里、腾讯等互联网巨头为引领的行业发展格局,另一方面仍有众多初创以及跨行业企业入局线上生鲜零售市场,布局生鲜电商平台。随着线上生鲜平台业务量的大幅增长,行业整体竞争态势愈加激烈。根据企查查数据,2020年中国生鲜电商相关企业新增注册量为5341家,达到线上生鲜零售行业诞生以来的最高值(见图3)。此后,受疫情形势影响,加上行业进入"大浪淘沙"的白热化竞争和规范化发展阶段,中国生鲜电商相关企业新增注册量增速降至负值,行业内企业规模在马太效应中走向稳定。

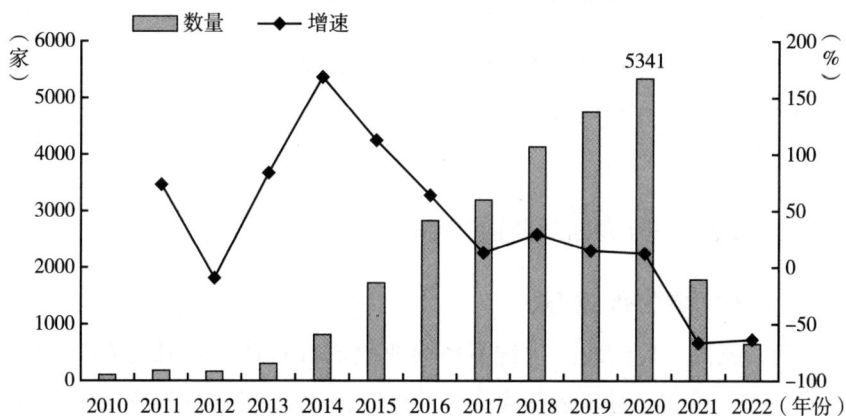

图3 2010~2022年中国生鲜电商相关企业新增注册量

资料来源:企查查,搜索关键词为"生鲜电商",搜索时间为2023年6月1日。

随着居民消费能力的增强,其对产品的品质需求和种类丰富度需求也有所提高。根据北京市消费者协会关于居民生鲜电商体验的调查报告,品质、安全性和价格是大多数受访者在线上购买生鲜产品时最看重的三大因素,持肯定态度的人数分别占到了受访者总数的74.2%、66.4%和56.0%(见图4)。此外,受访者对生鲜产品的口味、物流时间和口碑也有较高的

关注度。可以看出，消费者期待着新鲜安全的生鲜产品和更加丰富的产品
选择。消费者对品质需求的提升也促使企业为在激烈竞争中占据优势地位
而不断提高服务水平和产品质量，最终不断推动我国线上生鲜零售行业的
高质量发展。

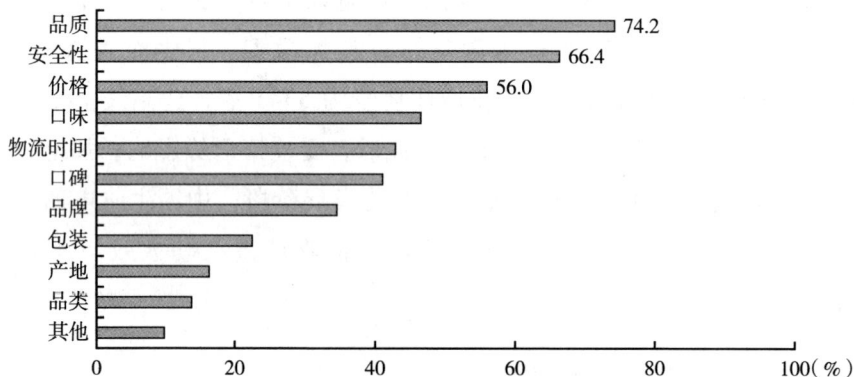

图4　北京消费者网购生鲜产品主要关注因素

资料来源：北京市消费者协会。

（三）线上生鲜零售商业模式与产业链分布

1. 线上生鲜零售商业模式

当前，我国主要的线上生鲜零售商业模式有6种，分别是传统B2C电
商模式、O2O模式、社区团购模式、前置仓模式、"到店+到家"模式（店
仓一体化）以及B端生鲜电商模式，其中前5种是直接面向个体消费者的C
端平台，最后一种是主要面向餐饮行业经营者的B端平台。这6种商业模
式基本上涵盖了我国绝大多数有代表性的线上生鲜平台企业（见表2），且
各有优劣。疫情发生以来，C端平台与新零售模式加速融合，得益于配送到
家的方式，击中了消费者"外出不便"的痛点，取得了长足发展。同时，
由于疫情对线下餐饮业的负面冲击，B端平台作为上游供应商的业务表现不
尽如人意，有待后续逐步恢复。

表 2　中国线上生鲜零售主要商业模式

商业模式	代表性企业	优势	劣势
传统 B2C 电商模式	天猫生鲜、京东生鲜、本来生活、中粮我买网、苏宁易购等	品类齐全,用户活跃度高,交易系统完善	配送速度慢,物流配送时长和品质难以把握
O2O 模式	京东到家、淘鲜达、大润发优鲜、多点 Dmall 等	消费场景丰富,体验性与便利性相结合,多维度吸引客流	售后服务管理难度高,重资产建设成本压力较大
社区团购模式	兴盛优选、多多买菜、美团优选、食行生鲜等	获客精准,消费者信任度高,裂变速度快,运营成本低,损耗低	同质化竞争严重,依赖社区团长能动性,需要消费者自提货
前置仓模式	叮咚买菜、朴朴超市、美团买菜等	时效性高,节省物流成本	盈利模式单一,履约费用较高
"到店+到家"模式（店仓一体化）	盒马鲜生、7Fresh、钱大妈等	线上线下互相引流,配送效率高	商品损耗率高,用户定位存在局限
B 端生鲜电商模式	美菜网、宋小菜、链菜、飞熊领鲜、海上鲜、一亩田等	供应链比较成熟	受线下餐饮行业发展制约

资料来源:笔者根据公开资料整理。

2. 我国生鲜电商相关企业区域分布情况

我国线上生鲜零售行业产业链较长,涉及上游供货方、底层系统服务商、物流服务商、电商平台及第三方支付者。从企业布局来看,我国生鲜电商相关企业最多的省份是广东,其次是江苏和山东,这些地区主要有货源、系统服务及物流服务发展优势。其余地区如湖南、陕西、安徽也有较多生鲜电商相关企业分布（见图 5）。

从代表性线上生鲜零售平台分布情况来看,东部地区代表性线上生鲜零售平台较为集中,北京和上海拥有较多的代表性线上生鲜零售平台（见表 3）。在北京的代表性线上生鲜零售平台包括京东生鲜、每日优鲜、本来生活等。从北京市消费者协会关于居民生鲜电商体验的调查报告来看,永辉生活和盒马鲜生等线上线下一体化平台更加受欢迎,其次是京东生鲜、多点、天猫生鲜等品类齐全的线上平台。总体来看,北京市消费者对于各线上生鲜平台的选择较为均衡,行业竞争也在持续升级。

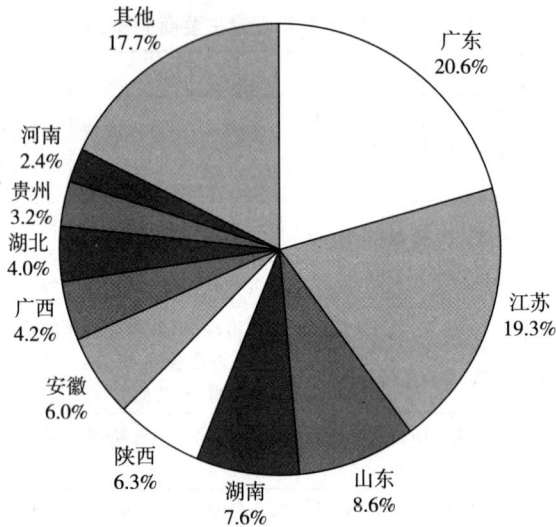

图5 生鲜电商相关企业地区分布

资料来源：企查查，搜索关键词为"生鲜电商"，搜索时间为2023年6月1日。

表3 部分地区代表性线上生鲜零售平台

地区	代表性线上生鲜零售平台
北京	美团优选、美团买菜、多点、京东生鲜、美菜网、每日优鲜、本来生活、中粮我买网
上海	叮咚买菜、京东到家、大润发优鲜、多多买菜、天天果园、盒马、链菜
浙江	天猫生鲜、淘鲜达、菜划算、奇麟鲜品、宋小菜、海上鲜
广东	百果园、华润万家
江苏	苏宁易购、食行生鲜
福建	永辉生活、朴朴
山东	飞熊领鲜
湖南	兴盛优选

资料来源：笔者根据公开资料整理。

二 线上生鲜平台发展现实痛点

线上生鲜零售市场背靠万亿元生鲜电商行业，"高频刚需"流量来源稳定，契合消费升级趋势，长期以来受到资本市场关注。但综观行业全局，目前仍未形成一个相对稳定、可盈利的商业模式，各环节的高成本让线上生鲜平台长期处于亏损状态，利润薄、物流贵、客群窄始终是线上生鲜零售行业讨论的话题。在行业经历前期的野蛮发展阶段后，近年来出局者不断。2022年，每日优鲜在扩张失衡与成本失控中"爆冷"出局，"兴盛优选""盒马邻里"接连收紧战线，"美团优选"大幅裁员，线上生鲜零售行业依旧面临种种亟待破除的困境。

（一）客户把控环节服务质量需提升

随着首都"菜篮子"品质不断提升，本地农产品越来越受到北京市民的欢迎。但在线上消费过程中往往出现一些状况，让消费者消费体验不足。根据网经社发布的《2022 年（上）中国电子商务用户体验与投诉数据报告》，关于生鲜电商的部分投诉案例涉及服务质量问题（见表4），北京的3个案例也都与客户把控环节相关。线上生鲜平台的客户把控环节涉及网站经营、订单处理、货物收发、客户咨询、售后服务、投诉处理等多个服务过程，这些过程都是在信息系统的支持下完成的。一方面，作为以线上平台为窗口的服务行业，高效安全的信息系统确实重要，无论是内部管理优化，还是业务流程控制，都需要高效安全的信息平台将各环节信息资源进行整合分配，协调各方进程和动向，客户也需要通过清晰明了的平台页面和便捷合理的操作体验获取和反馈信息，因此需要信息系统标准化服务流程和详尽的情况处理方案来维护。另一方面，信息系统不能取代所有的人工服务，客户会提出一些非标准化的服务诉求和问题，尤其是对于生鲜这种易腐易损的非标准化产品来说，"高频刚需"也意味着可能会出现种种状况，如果不能在消费品获取以及售后问题反馈环节及时提供协调服务，将破坏消费者对平台的信任，也将影响平台的获客能力。此外，从 2022 年我国线上生鲜平台投诉问题类型来看，除了占比最高的涉及货源筛选和物流配送的商品质量问题外，其余各类问题都涉及客户把控环节（见图6）。因此，这一环节高昂的系统维护成本、较大的专业人员缺口给线上生鲜平台的可持续发展带来制约。

表4 2022年上半年线上生鲜平台典型投诉案例

投诉时间	投诉平台	投诉案例
1月14日	多点	浙江"多点"被指商品存在质量问题而退货退款难
3月27日	本来生活	山东"本来生活"被指误导消费且拒绝退换货服务
4月16日	叮咚买菜	上海"叮咚买菜"被指特殊时期无法正常加购菜品
4月22日	美团优选	北京"美团优选"被指商品质量不过关且拒绝消费者赔付要求
5月10日	美团优选	广东"美团优选"被指商品存在食品安全侵害
5月21日	盒马鲜生	浙江"盒马鲜生"被指不看订单备注,用户沟通困难
5月22日	美菜网	上海"美菜网"被指商城强制退款、虚假交易
5月31日	美团优选	湖北"美团优选"被指虚假宣传
6月12日	叮咚买菜	北京"叮咚买菜"被指自动扣费且退款被拒
6月13日	多点	北京"多点"被指合作期结束后推三阻四不肯退保证金

资料来源:网经社《2022年(上)中国电子商务用户体验与投诉数据报告》。

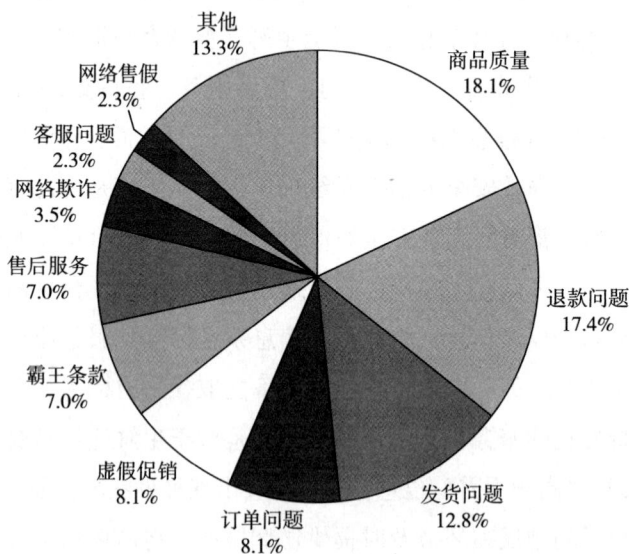

图6 2022年中国线上生鲜平台投诉问题类型占比

资料来源:网经社《2022年度中国生鲜电商市场数据报告》。

（二）供应链能力不足引致盈利困难

供应链难题是线上生鲜零售行业老生常谈的痛点，也是平台企业能否真正突围的关键。供应链的建设深刻影响了生鲜产品的质量。

对于需求端来说，消费者对生鲜产品的消费习惯具有随机性和即时性，对产品的新鲜度和营养性要求较高。生鲜产品本身具有季节性、易腐易变质、库存损耗率高等特征，由于只能在线上平台上看图选购，消费者在购买此类产品时缺乏安全感，加上生鲜产品定价普遍较高，因此当消费者发现收到的实物与网络图片信息不符时，会降低对平台的信任度，用户黏性也会随之减弱。因此，需求端的担忧给供给端带来压力。从产业链上游来看，生鲜产品生产端缺乏标准，执行力度也较小，如何从源头保障商品品质是影响线上生鲜平台与上游合作的关键问题。到了产业链中游，由于不同生鲜产品对物流运输的要求存在较大的差异（见表5），这就需要在生产加工、包装运输、储存销售等物流环节对不同类别的生鲜产品采用专门的冷冻设施和设备，以确保生鲜食品保值。生鲜产品物流运输的主要痛点在于城市间干线冷链物流以及"最后一公里"配送。当前，我国冷链仓储与物流配送基础设施整体较为落后，且冷链物流系统在设计与建设上复杂程度高，导致建设投入大、回报周期长。加之生鲜产品配送难度高、损耗率高，导致其单笔配送成本远远高于普通物流。此外，要触及生鲜产品的"最后一公里"，也就是进社区保质送货上门，若是使用冷藏车则成本十分高昂，而较为节省运输成本、配送时效高的前置仓模式和O2O模式会让低毛利的线上生鲜平台背负较高的履约费用，且在发展初期还需要高额的引流营销费用，这样的成本压力也是导致线上生鲜平台难以持续发展的一大因素。因此，供应链物流技术的短板会增加线上生鲜平台的运营成本，甚至造成沉没成本，使得不少平台不得不在不断的亏损中寻找出路，缩短供应链、提高物流效率成为降低成本的关键。

表 5 不同生鲜产品对物流运输的要求

物流流程	冷鲜肉类、海鲜	水果、乳制品	日常生鲜品	粮油干果、副食豆制品
冷藏仓储	高	中	中	低
冷链运输	高	中	低	低
末端保鲜	高	中	低	低

资料来源：笔者根据公开资料整理。

（三）低渗透率下的同质化竞争激烈

线上生鲜平台布局主要集中在一、二线较发达城市，北京地区更是各大头部平台博弈的重要"战场"。如果横向比较当前各细分行业的电商渗透率，线上生鲜零售行业的电商渗透率仍较低（见图7）。有限的市场让众平台在想方设法培育消费者线上消费习惯的同时面临较为激烈的行业竞争，这种竞争有时甚至陷入浪费资源的低效无序状态。一方面，平台盲目补贴造成了"过度营销"。部分平台难以满足消费者对生鲜产品品质、时效性等的要求，面临较大传统线下市场的替代效应威胁。一些对价格敏感的消费者也不愿长期使用生鲜电商来购买生鲜，线下渠道陆续畅通后，消费群体扩展存在"天花板"。同时，线上生鲜零售产业链下游服务差异化程度较低，平台目标客户群体严重重合，消费者议价能力较强，也导致了产品同质化严重。基于以上压力，许多平台采用低价策略来抢占市场，导致运营成本陡增。盲目补贴下的"价格战"并不能培养用户的忠诚度，品质保障影响着用户留存，而菜农菜贩利益保障问题也决定了平台的可持续性。另一方面，急于收割市场造成了"过度扩张"。将传统互联网玩法中大规模扩张摊薄成本的战略代入线上生鲜零售市场，并非解决同质化竞争和用户流失问题的良方。以"每日优鲜"为例，过去几年，每日优鲜在资本助力下从北京向外迅速扩张至华北、华东、华南、华中地区的20个城市，但从每日优鲜的市场表现来看，这种做法显然无法提升竞争力、扩大市场份额，反而带来巨额亏损，加剧了经营风险。

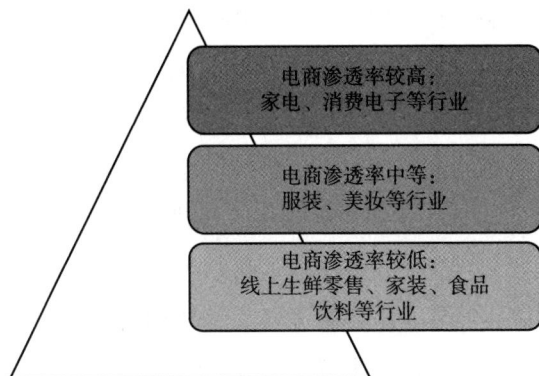

图 7　不同行业电商渗透率比较

资料来源：笔者根据公开资料整理。

三　线上生鲜平台升维路径

线上生鲜平台就像是农产品生产者和消费者之间的纽带，打通了两端间闭塞的信息通道。尽管线上生鲜零售行业一直在持续"洗牌"，痛点依然棘手，但终归要走上高质量发展道路。回归平台商业本质，畅通沟通渠道，打通消费者市场，让生产者获益，让消费者放心，平台需要在"破"与"立"中探索出一套成熟的落地模式，在规范化发展中找到新的盈利点。

（一）线上生鲜平台"破局"之路

1. 破平台服务之痛：增强服务意识与数字监督管理意识

在消费升级的背景下，消费者对产品和服务的质量要求变得更加严格。消费者体验的好坏决定线上生鲜平台运营的成败，提升平台服务质量是增强平台用户黏性的第一步。一方面，企业应增强平台服务意识。非标准化的生鲜产品很难带来一致的购物体验，因此，需做好售后服务和消费者教育，获得消费者的理解。完善平台售后反馈服务机制，提高售后服务及退换货服务水平，在智能客服的基础上保证能够随时提供人工服务，及时对消费者的投诉进行反馈，快速响应相关理赔程序，提高客户满意度与忠诚度。规范员工作业流程，加强不同岗位员工的技能培训，大力培养懂农业技术、电商运营、商务谈判的复合型人才。另一方面，政府应强化平台数字监管体系建设。加强生鲜电商相关企业信用信息数据库建设，深入开展网络交易主体身份验证、产品信息与交易凭证鉴权服务，推进网店工商电子标识与数字证书、电子营业执照结合应用，建立电子商务网上仲裁机制。构建线上生鲜产品溯源系统，保障生产者、平台企业以及消费者的权益，通过监管平台构建生鲜产品企业诚信体系，净化生鲜产品流通环境。此外，各部门应整合执法力量，畅通消费纠纷解决渠道。

2. 破供给配送之痛：优化源头管理与配送设施建设

要解决线上生鲜零售供应链难题、提升供应链能力，应把握生鲜产业链的关键节点。一方面，优化产业链源头管理。鼓励平台加强对生鲜产品货源质量的把关，制定先进合理的选品标准，加强产地合作和品控，以优质产品推动品牌建设，扩大产品溢价空间。通过把握部分精品的标准化流程扩大供应链话语权，再将产品标准化的成功经验延伸至其他产品，推动企业与行业协会联合制定统一的生鲜产品质量标准体系，以产品标准化倒推整体生产链条标准化。同时，应通过信息系统及时的销售端反馈让基地种植和产品采购方向更加精准，以规模效应下品质稳定、价格优势突出的特色单品提升平台和品牌信誉度。另一方面，严格把关冷链物流运输环节。可以由政府补贴支持冷链基础设施建设，鼓励企业大力发展冷链技术，降低技术研发投入成本。同时，企业应增强冷链物流管理能力，有目的地培养专业技术人员，推进冷链物流能力建设，进一步探索创新运营模式，减少生鲜物流损耗。促进第三方冷链物流专业化建设，采取灵活的运输方式。通过搭建冷链监管平台实现冷链生鲜农产品的可追和可查，以数字化赋能工厂冷库、冷藏车、前置仓等冷链储运场景建设，降低冷链断链风险，保障冷链生鲜农产品的安全和品质。

3. 破"内卷"竞争之痛：促进业务创新与跨界合作升级

形式决定内容，核心是定位，平台企业只有对自己有清晰的定位，培养核心竞争力，商品策略、价格策略、促销策略、供应链策略等与定位相匹配，形成稳定的顾客群和可靠的品牌形象，才能在红海"厮杀"中拥有容身之地。在业务研发上，平台应结合目标客户有序拓展商品品类，保障平台商品的丰富性，助力平台将增量用户转换为存量客户。同时，应赋予产品更多的情绪价值，挖掘优质产品背后的故事，打造高品质、多卖点的特色产品，如本来生活依靠励志的"褚橙"故事成功打响"成名之战"。通过线上线下相融合的创新业务模式，拓宽与消费者的互动渠道，迎合消费升级背景下品质化、个性化、差异化的消费需求，用贴心的服务实现消费者沉淀。此外，可以预见的是，在线消费的主导者将回归年轻群体，平台可以从"造物、造势、造圈、造节"等角度来拓展业务研发思路，满足年轻人的需求，推动品牌年轻化、平台年轻化。在平台合作上，跨界合作常常是发挥优质资源协同效应，实现品牌资源最大化、"粉丝"资源最大化、营销效益最大化的"妙计"，有利于吸引不同圈层的用户群体、增强用户黏性、创造共赢局面。例如，盒马鲜生牵手奈雪推出端午节"宝藏粽"，联合喜茶推出"网红"青团；易果生鲜此前也通过与海尔智厨冰箱的合作获得了品牌认知和价值理念的升级。平台企业可以通过建立产品间的关联实现消费内容的互联互通和价值互动，提升消费者的感知体验，进而提升双向认可度。

（二）线上生鲜平台"立足"之点

生鲜零售的本质是向消费者提供新鲜优质、有安全保障的生鲜产品，满足消费者对品质生活的追求。因此，线上生鲜平台未来发展的"立足"之点是做好产品服务。一方面，平台需在产品营销上下功夫，挖掘优质、有卖点的产品，通过独特的产品内涵吸引用户。另一方面，应从产品本身入手，保证产品质量。北京市应进一步加大数字化赋能农业产业链发展的力度，提升农产品综合生产和供给能力，优化农业科技装备。依托智慧农业园区培育本土化品牌，提供越来越多健康营养的农产品，保障首都"菜篮子"高效安全供给。

参考文献

《2023—2024 年中国生鲜电商运行大数据及发展前景研究报告》，艾媒报告中心网站，2023 年 4 月 7 日，https：//report. iimedia. cn/repo7-0/43348. html。

监 管 篇
Supervision Reports

B.9

北京市平台企业监管现状与发展方向

蓝庆新　马　鹏[*]

摘　要： 平台企业是数字经济时代全球产业链创新高效发展的重要引领者。目前，北京聚集了一批在各自不同行业领先发展的平台企业，如何系统有效地解决发展与监管的平衡问题、做强做优平台企业、为平台企业及其国际化服务生态体系发展营造良好环境，对北京平台企业的监管能力和新的监管机制提出了新的要求。随着常态化监管的推进，北京着力创建网络市场监管与服务示范区、构建一体化综合监管体系、持续创新监管方式方法、加强系统专项治理，对于提升我国数字经济的全球竞争力，并推动对外开放的高水平实现，具有显著的现实重要性。但目前北京平台企业监管仍存在网络消费者权益保护机制不健全、反不正当竞争监管难度大等问题，因此本报告提出以下政策建议：推动多元主体

---

* 蓝庆新，经济学博士，对外经济贸易大学国家（北京）对外开放研究院研究员，国际经济贸易学院副院长、教授、博士生导师，主要研究方向为"一带一路"、开放经济理论与政策；马鹏，对外经济贸易大学国际经济贸易学院博士生研究生，主要研究方向为国际贸易。

参与平台经济常态化监管；加快数字政府建设，实现对平台企业的有效监管；加快推进数字化监管相关立法；培养平台企业监管人才。

关键词： 平台企业　常态化监管　数字化监管　北京

随着新一轮科技革命和产业变革的加速推进，全社会各领域各行业的数字化转型不断加快，作为数字经济、网络强国、数字中国的核心组成部分，平台经济健康有序发展已进入关键期，被列为现代化产业体系构建与国家安全领域的重要议题，在经济社会全局的地位和作用日益凸显。北京已成为平台经济发展的"策源地"和"竞技场"，截至2022年底，以北京为中心的京津冀地区是互联网企业主要的聚集地，前百家企业中有32家注册地在北京，占比接近1/3，而在连续十年对中国互联网企业综合实力排名中，北京互联网企业以超过50%的占比独占鳌头，数据安全领域的服务企业占比超过60%。[①] 与此同时，北京共拥有人工智能企业3467家，核心企业1048家，占全国人工智能核心企业总量的29%，位列全国第一。[②] 伴随全国数字经济的蓬勃发展，截至2022年底，北京数字经济增加值规模达到1.7万亿元，占GDP的比重为41.6%，年均增速达10.3%。[③]

在新时代背景下，平台经济逐渐成为推动首都发展的关键动力。如何推动平台经济由强监管模式转向常态化监管模式、统筹平衡平台企业在发展过程中的创新与监管、建立健全平台企业监管各项制度体系、完善和优化数字安全保障体系，对北京平台企业的监管能力和体制机制改革提出了新的要求。在北京建设全球数字经济标杆城市的背景下，探索符合北京市产业数字化转型和平台企业发展壮大的监管路径具有重要的现实意义。

---

① 数据来源于《中国互联网企业综合实力指数（2022）》。
② 数据来源于《2022年北京人工智能产业发展白皮书》。
③ 数据来源于《2023北京软件和信息服务业发展报告》。

一 我国平台经济监管态势

2003 年 5 月建立的淘宝被广泛认为是中国最初的数字化平台。2003～2008 年，区块链、互联网、人工智能、大数据和云计算等一系列先进技术的应用，开始全面影响和推动平台经济的发展。2009～2015 年，平台经济兴起并呈现快速增长的趋势。2016～2019 年，由于竞争环境愈加激烈，一些企业开始采取并购策略，平台经济步入了并购重组的阶段，各种系统性风险逐渐积累。2020～2021 年，中国的平台经济进入了强监管时期，这一阶段大量监管政策的制定与实施成为全面整治平台经济的显著特征和标志。2022 年至今，平台经济专项整治取得了显著成效，尤其体现在反垄断、消费者保护方面，平台经济开始进入以常态化监管为重要标志的健康、规范发展阶段。虽然我国的平台经济发展时间相对较短，只有二十年左右，但电子商务、社交媒体、短视频等多个领域已走在全球前列。然而，对于这种新经济形式的监督管理，国际上尚无可供借鉴的成熟经验，因此中国在平台经济发展过程中仍不断进行尝试和探索，监管模式也在实践中逐渐成熟。

（一）平台企业监管政策部署阶段

2019 年 1 月，中国正式实行了《中华人民共和国电子商务法》，该法的第 22 条和第 35 条，对滥用市场主导地位、排除和限制竞争、提出无理限制或附加无理条件等行为进行了明确规定。2019 年 8 月，为有效规范平台企业发展，指导企业更好地服务实体经济，纲领性文件《国务院办公厅关于促进平台经济规范健康发展的指导意见》（以下简称《指导意见》）出台，强调了监管的五个关键领域和方向，包括创新适应新业态的公正监管方式、科学确定平台责任、维护公平竞争的市场秩序、构建完善的协同监管体系，以及积极推动"互联网+监管"。《指导意见》在守住市场健康发展秩序等各方面安全底线的同时，为新兴业态的发展预留了充足的空间。在监管层面，要想展现向上活力的业态，需要构建适当的监管模式，避免陈旧模式带来的限制；对于趋势尚不明确的业态，需要设定"观察期"，以避免过早的严格管制；对于可能产生大规模潜在风险、可能导致严重负面影响的业态，需要进行严格的监督，至于非法经营的行为，应坚决依法进行取缔。倡导政府监管平台和企业经营平台互联，通过分析对比交易、支付、物流、出行等第三方数据，提升对行业风险和违法违规线索的识别能力。基于平台的信誉和风险类型的判定实施差异化监管，适当减少对信誉好、风险低平台的检查频次；加大与提高对信誉差、风险高平台的检查力度和频率。

（二）平台企业专项整改阶段

在平台经济的飞速发展过程中，互联网平台企业迅速壮大并在满足消费者需求等方面发挥积极作用。然而，市场垄断、无序扩张以及过度竞争等问题也开始凸显，并产生了一系列问题，如竞争受限、价格歧视、个人隐私泄露、消费者权益受损以及其他风险隐患等，这些问题反映了监管的滞后和不完善，平台企业专项整改阶段由此拉开序幕，表1汇总了平台企业在专项整改阶段的重要监管政策。

表1　2020年12月及2021年平台企业重要监管政策汇总

时间	政策来源	主要内容
2020年12月	2020年中央经济工作会议	明确2021年经济工作八大重点任务，包含强化反垄断和防止资本无序扩张
2021年2月	国务院反垄断委员会	颁布《关于平台经济领域的反垄断指南》，加强和优化对于平台经济环境的反垄断管理，是针对平台企业反垄断的第一部指南
2021年3月	国家市场监管管理总局	发布《网络交易监督管理办法》，详细规定了一系列规范交易行为，有效压实平台主体责任，保障消费者权益
2021年9月	中央网信办等九部委	发布《关于加强互联网信息服务算法综合治理的指导意见》，要求平台企业对算法应用产生的结果承担主体责任，严厉打击涉算法违法违规行为，维护互联网安全

时间	政策来源	主要内容
2021年11月	国家市场监督管理总局	发布了两项重要的指南,即《互联网平台分类分级指南》和《互联网平台落实主体责任指南》,将互联网平台按照规模划分为超级平台、大型平台和中小平台三个等级,并进一步阐明了每个等级的平台应当承担的主体责任
2021年12月	2021年中央经济工作会议	进入新发展阶段要正确认识和把握资本的特性和行为规律,并为资本设置"红绿灯"

资料来源:笔者根据各政府网站公开资料整理。

(三)平台经济常态化监管阶段

通过前期密集的政策部署以及大力地专项整改,目前我国针对平台企业的监管框架、相关法律法规等均已进入完善阶段,接下来,我国将从多个方面推动平台经济规范健康发展,建立更加完善的监管体系,使常态化监管真正落地实施。伴随顶层设计统筹规划接续完善,反垄断工作也取得积极成效,2022年全年查处各类垄断案件187件,罚没金额7.84亿元,与2021年175起案件的235.92亿元罚没金额相比,2022年查处垄断案件增加12件,罚没金额减少228.08亿元,为2021年的3.3%,这也标志着反垄断工作进入新常态。[①]

二 北京市平台企业监管成效

(一)创建网络市场监管与服务示范区

2022年4月,为了以点带面地有效引领网络市场规范健康发展,国家市场监督管理总局出台《网络市场监管与服务示范区创建管理办法(试行)》及其配套评估指标体系。考虑到海淀区的平台经济发展有序,千亿

[①] 《中国反垄断执法年度报告(2022)》。

级平台企业为数字经济新业态注入新动能，区块链技术赋能政府管理服务全国领先，北京市决定以海淀区为试点先行先试进一步深入开展示范区创建工作。2022 年 8 月，海淀区政府创建工作领导小组，出台《北京市海淀区创建全国"网络市场监管与服务示范区"实施方案》，与企业着力共同打造新型"创新合伙人"模式，最大限度地优化营商环境，构建符合平台经济发展特点的监管机制，形成全球数字经济发展高地和头部平台企业孵化高地。与此同时，海淀区为了提升互联网行业发展水平并确保其法律合规，筹建了互联网行业委员会，并在中关村科学城设立了独角兽企业党建联盟，以加强党建为契机引领业务发展。海淀区统筹政府部门、高等教育机构、引领型企业以及行业协会等主体的优势资源，构建了专门针对网络市场发展的专家智库，旨在更系统、深入地研究新兴业态和新模式的发展规律。此外，通过寓管理于服务的理念，海淀区组织举办大量宣传教育活动，积极打造网络宣传法治的标杆品牌。在监管手段上，海淀区试行部门联动的"云抽查"，并且以信用评级为基础，进行双随机线上检查，推行远程监管、移动监管、预警防控等非现场监管方式。此外，为了实施更有效的信用管理，海淀区建立了跨区域、跨部门的"黑名单"和"红名单"制度，实施联合守信激励与失信惩戒，加强企业的法规合规性，为互联网企业制定了"法律法规服务包"，侧重于事前指导，鼓励并主动引导平台企业共同发布行业自律公约，以促进行业共治。在优化营商环境的尝试上，海淀区成为全国首批营商环境创新试点，率先探索创业平台的"集群注册"，推行"证照联办"，并将"一照多址"制度转变为"一照一码"，颁发了全国首张带有"市场主体身份码"的营业执照，针对直播电商平台主播注册困难的问题，首次推出了企业档案"容 e 查—掌上查"。在推动消费升级上，海淀区组织开展"线上消费节"，发布了《知识产权白皮书》，已成为全市首个国家级高新技术产业标准化区域试点，为辖区内的重点企业建立了与标准同步的企业科研工作机制，并进行国家级服务业标准化试点建设。

海淀区全力推进公平竞争，加大反不正当竞争的执法力度，进一步强化竞争政策的实施。2023 年 5 月，海淀区政府印发《北京市海淀区关于进一步推进公平竞争审查工作的实施意见》，建立健全海淀区公平竞争审查制度，并将公平竞争审查意识落实到每一项涉及市场主体经济活动的政策措施制定过程中，做到"全面覆盖、应审必审"，从源头打破行政性垄断。防范排除、限制竞争的规范性文件、政策、措施的颁布实施，切实优化了海淀区营商环境，助力全国统一大市场建设，2023年7月，网络市场监管与服务示范区座谈会在福建省福州市召开，会上为海淀区进行授牌。

（二）构建一体化综合监管体系

北京市正在推动构建平台经济的整体发展规划与顶层监管体系，这涉及相关法律法规文件的不断完善，其中重要的一环是构建一体化综合监管体系，指导平台企业沿着合规、有序且健康的道路发展，鼓励平台企业在成长各阶段都进行自我合规检查。2021年4月，北京市市场监督管理局印发了《2021年北京市加强和完善事中事后监管重点工作任务》《关于加强对"证照分离"改革事项事中事后监管的意见》等文件，通过强化监管制度建设进一步明确和细化平台企业的监管责任与边界，推动行业主管部门依法履行事中事后监管职责。同时，北京市是首个构建平台经济综合监管服务系统的城市，设立了常态化的监测分析机制，制定了平台企业合规手册，并采取"一企一策"的方法指导重点平台企业的合规发展。这些措施显著地提升了业务收入，使得2021年1~11月的信息服务业收入增长了20.1%。

2021年12月北京市发布《北京市平台经济领域反垄断合规指引》(2021年版)，对互联网领域的"二选一"、大数据"杀熟"等业态和竞争行为做出了直接回应，并对可能存在的潜在排除或限制竞争的纵向非价格垄断协议进行了详细剖析，主要目标是增强经营者的垄断风险防范意识。为有效引导平台企业从小从早落实主体责任、重视合规经营，2021年北京市区两级市场监管部门坚持合规与帮扶发展并重，积极贯彻落实《网络交易监督管理办法》，助力平台企业规范健康且可持续发展。通过官方媒体、现场宣讲、上门送法、约谈指导、提示告诫、舆情预警等多种方式共同发力，内部各业务条线之间的协调作用得以充分发挥，《网络交易监督管理办法》的知晓度不断提高，成功引导企业对标市场监管领域法律法规要求，依法依规开展经营活动。

北京市与天津市、河北省市场监管部门围绕执法职能共同探索创新区域协同发展新机制，并加强执法协作。2021年6月，北京市市场监督管理局综合执法总队牵头与天津市、河北省市场监管部门共同签署了《京津冀市场监管执法协作框架协议》，以及《京津冀反垄断执法和公平竞争审查协作协议》、《京津冀知识产权执法协作协议》、《京津冀食品安全执法协作协议》和《京津冀价格执法协作协议》4个子协议，形成执法办案协同联动合力。同时为进一步提升政府监管效能，实现监管"无事不扰、无处不在"，北京市市场监督管理局探索监管改革与信息化支撑紧密衔接，以"企业码"为切口，探索实现"码上监管"，加快一体化综合监管数字化进程。具体而言，"企业码"作为信息入口，归集整合了企业经营执照、电子许可证等常用涉企信息，是社会公众了解企业、企业之间开展合作的便捷信息获取渠道，为今后的服务、监管、互动等场景提供了接口。同时北京市市场监督管理局积极推动"企业码"和"城市码"技术规则的统一，推进电子营业执照企业身份码跨地区、跨领域、跨层次应用，促进地方码标准和行业码标准融合，依托"企业码"实施现场监管，推动应用集成，拓展政府端、企业端使用场景，不断提升监管规范化水平，依托"京办"平台实现监管入口统一，通过培养"现场检查前扫码"工作习惯实现监管过程实时记录。目前，北京已在市场监督管理局系统内推广应用扫码检查，计划依托"京通"平台集成相关企业服务，实现政企良性互动。

2021年8月，北京市电子商务领域实施了一项新的跨平台联防联控系统，为建立自我规范、政府监管和社会监督互相配合的网络市场监管体系开辟了新的路径。该系统构建了政府与政府、政府与企业以及企业与企业之间的协同治理和多元共治框架，实现了网络市场监管体系的创新，同时推动了电子商务治理体系及其治理能力的现代化。这项新系统不仅有利于推动互联网经济的发展、有效发挥企业的主动性，还通过信用约束激励行业组织和领先企业加强自我规范。政府的信息资源也为企业和行业自治提供了必要的支持，通过建立一个平台、一套规则、两个闭环、三个能力的运行机制，该系统将风险信息共享维护社会秩序、开放数据赋能企业增效等方面的措施有机结合，再次推动了网络市场监管体系的建立和发展。在技术应用方面，该系统积极探索和推动了电子营业执照在平台企业入驻审核和展示中的应用，解决了相关技术难题，并实现了通过 PC 端的简易操作来满足平台内经营者在PC 端、移动端、小程序同步展示电子营业执照的需求。此外，电子营业执照也被用于协助平台企业在商户入驻审核过程中对商家主体身份信息进行真实性验证，进而规范企业交易行为，保障商家和消费者的合法权益。

2022 年 9 月，北京市区两级市场监管部门联合对北京市各领域平台企业递交的自查报告进行评估，并对其执行情况进行评价。一方面，监管部门抽查比对了上半年企业报送的平台内经营者身份信息数据；另一方面，监管部门组织第三方监测机构进行了更广泛的抽查，这些行动充分发挥了科学评估的作用。抽查结果显示，在京的头部平台企业已经在"亮照、亮证、亮规则"的行动中取得了实质性的成果，如京东、美团等平台企业已在其首页实现了平台证照资质的展示，消费者可以随时查阅各种证照、规则，保障了消费者的知情权和选择权；抖音电商提供了历史版本的服务协议和交易规则展示区，在修改前征询公众意见并进行公示；京东支持电子营业执照的推广，平台内已有 2.2 万个商家完成了执照申领和展示。

北京把推动数据开放，促进数据资源的高效利用，作为北京市智慧城市建设的重要组成部分。2022 年 11 月，北京市政府发布了《北京市数字经济促进条例》，此条例以数据开放流动、应用场景示范、核心技术保障、模式创新以及安全监管等核心领域为主导，旨在充分释放数据潜力，完善数据市场体系，从而为构建全球领先的数字经济城市奠定基础。该条例致力于建立满足需求的高效数据交易市场，充分发掘数据资产价值，以实现数据资源的优化配置。此外，该条例鼓励数字经济全产业链的开放发展和国际合作，推动数据应用场景创新并培养一批数据导向型的领军企业。针对数字经济发展的基础设施、数据资源和信息技术等三大要素，该条例明确提出了数据汇聚、应用、开放和交易等规则，规定了数字产业化和产业数字化两条路径的相应技术、产业方向和企业目标，列出了数字化转型升级的行业和推动措施，特别是推动了具有北京特色的智慧城市建设。此外，该条例为强化数字安全和缩小"信息鸿沟"等问题提出了具体的制度设计。

（三）持续创新监管方式方法

北京市加快数字政府建设，利用数字化手段实时监管平台企业，力图做到"无事不扰、无处不在"的全流程监管。2022年，北京市市场监督管理局创新研发出"综合监管数字平台"，借助在线技术收集企业风险和信用数据，并据此对企业进行评估和等级划分，实现了对诚信企业的无干扰监管、对违法和失信企业的全方位监管，所有执法过程都将实时在平台上进行监控。具体而言，该平台内含六个中心，包括风险评估中心、信息评估中心、分级分类监管中心、双随机抽查中心、场景应用中心以及绩效评估中心，通过实时在线收集企业的风险和信用数据，该平台能够进行风险评估，并根据评估结果将企业划分为不同等级，那些经营良好、风险低、信用高的企业将受到最低程度的监管，而风险高、信用低的违法失信企业将受到较高程度的监管。该平台通过提高监管的针对性、靶向性和有效性，促进了数字技术创新链与产业链的对接融合，为技术创新型、数字赋能型、平台服务型和场景应用型等多种类型的标杆企业提供支持。

北京市持续创新监管方式方法，协同推进"网络市场监管与服务示范区"创建工作，延续并扩大了网络交易监管联席会议机制，探索建立与平台经济相适应的监管模式和制度环境。在2021年的网络交易执法过程中，北京市处理了超过2600件涉网案件，对一些未公示配送费计价规则、价格欺诈等典型案件依法进行处理，平台经济规范化发展取得了一定成效。此外，为了提高科技监管水平，北京市依靠平台经济综合监管服务系统进行智能监管，计划在系统建设完成后，实现来自各个不同领域数据资源的整合，进而对平台企业进行多维度精准监管。

北京市采取了以数据要素市场化配置改革为突破口的策略，旨在推动数据生成、汇聚、共享、开放、交易和应用的全链条开放发展，协同推进技术、模式、业态和制度创新，构建规范健康且可持续发展的数字经济生态系统。为加快重要数据目录的研究制定、创新平台企业的差异化监管机制，北京市经济和信息化局于2022年11月完成了《北京市数字经济全产业链开放发展行动方案》的编制。该方案确立了数据采集主体、获取来源及采集方式的管理模式，推动数据的标准化采集与兼容互通，增强数据生产供给能力。该方案为平台企业设立了多层次合规体系，执行基于"风险+信用"的分级监管，建立差异化监管机制，并为此编制了特定行业合规手册，鼓励平台科技转型、赋能传统产业升级。目前，平台经济数据专区已经形成，企业自查合规的政务数据完成开放，推动了政企数据融合共享，通过完善交易规则等手段支持数据合作利用、构建开放的平台生态。

2023年3月，北京市市场监督管理局发布《北京市市场监督管理局关于试行开展支持平台经济发展优化个体网店经营者登记管理工作的通知》，创新提出支持个体网店通过地址变更方式拓展线下经营渠道、支持个体网店采用"一照多址"方式记载多经营场所信息、支持个体网店通过"个转企"方式实现向现代企业制度的转换等三项全国首创性政策举措。同时，鼓励电商平台协助经营者申请办理市场主体登记，倡导电商平台与市场监管部门建立系统级联系，对于那些在电商平台开展经营活动并需要办理市场主体登记的个体网店经营者，只需授权并同意，电商平台就可以通过线下窗口或者"e窗通"服务平台，集中批量地代为申请办理市场主体登记。

（四）加强系统专项治理

北京市组织召开重点网络平台工作指导例会，督促企业开展自查自纠，切实落实好平台企业主体责任、共同维护好网络市场秩序。2022年12月，北京市市场监督管理局要求平台企业认真落实各专项行动部署，进一步明晰管理责任、建全合规制度、提升合规能力，加强内部管理，包括进一步规范明星广告代言活动的指导意见、开展医疗美容行业突出问题专项治理、打击整治网络非法野生动植物交易等，做好对网店经营者的指导和约束，净化网络消费环境，巩固网络市场监管专项行动成果。

北京市查办了一批平台企业违法实施"二选一"、大数据"杀熟"、价格欺诈、虚假宣传、违法广告等典型案件,有效促进了平台经济持续规范健康发展。2022年,北京市市场监管部门共处理了241件反不正当竞争案件,罚没款总额达到2942.58万元,并向国家市场监督管理总局报告了7件反不正当竞争的典型案件。在此期间,北京市市场监督管理局发布了《关于开展2022年反不正当竞争专项执法行动的通知》,重点针对商业贿赂、商业混淆、商业诋毁、违法促销、侵犯商业秘密、刷单炒信、大数据"杀熟"等13种违法行为进行打击。具体而言,市场监管部门充分利用反不正当竞争协调机制,派出专案组并加强部门之间的协作,深化横向纵向联动,形成强大的执法合力,在尤为关注的民生和新消费热点领域查处18件涉及医美和养老等的案件并罚款226.1万元,处理了4件涉及"刷单炒信"和"口碑营销"的不正当竞争案件并处以总计100万元的罚没款,针对财商培训、技能培训等涉众类案件罚没款总额高达464万元,指导大兴区和丰台区市场监督管理局对两家中药饮片生产企业的商业贿赂案件进行总计600万元的顶格处罚,并对上述相关行业的问题和风险进行系统性分析。另外,北京市将安装卫星定位系统的2.5万多辆快递车纳入末端配送综合信息管理平台,以实现对其行驶轨迹的动态追踪和对逆行等违法行为的动态监测。此外,北京市还对未按期改正违法行为的顺丰、申通、闪送、丹鸟等19家物流企业进行了高额罚款,全市快递电动三轮车的交通违法数量呈持续下降的趋势。

2022年5月,北京市市场监督管理局开展了关于反垄断合规的线上培训,吸引了遍布商品销售、信息资讯、旅游出行、金融生活和软件服务等领域的150多家北京平台企业参加,参与培训的人员主要包括头部平台企业(如腾讯、阿里、抖音、百度、京东、滴滴、美团等)的法务和业务负责人,总计超过400人。同时,为进一步推动平台企业合规发展,北京市市场监督管理局制定《网络交易经营者落实主体责任合规指引(市场监管领域)》,指导互联网企业落实主体责任、提升合规能力;开展"百家电商平台点亮"行动、网络市场监管专项行动,持续推进平台经济综合监管服务系统建设;在主要节假日、"双11"等集中促销期间,通过集中指导、一对一指导、行政约谈等形式，督促和帮助企业落实保护消费者合法权益的主体责任；从搜索引擎和生活服务平台入手治理家电维修行业，重点整治家电维修广告营销、明码标价等方面存在的问题。

三　北京市平台企业监管面临的潜在挑战

（一）平台企业发展、改革、安全三重挑战

国家鼓励平台企业健康可持续发展，但由于平台企业在诞生初期被赋予了极大的自由发展空间，其主要以算法为驱动的新兴的商业模式在现在看来隐含着较大的威胁和挑战，尤其是算法的隐藏性和权力的集中性导致风险无法合理监管。一方面，平台企业掌握了丰富的数据资源、先进的算法技术和庞大的资本优势，往往容易通过滥用市场支配力量、展开不正当竞争以及限制市场竞争等行为，达到垄断自身所在行业的目的。例如，一些超级平台企业会对其他企业进行不公正并购，以"赢者通吃"的方式压制其他企业的创新行为，进而压缩小微企业和个体经营者的利润空间。另一方面，平台企业往往忽视了自身所应承担的社会责任，导致一系列社会问题的产生，包括但不限于滥用数据和算法、违反安全运行基本规则、侵犯用户合理权益等行为，这些行为不仅触碰了法律底线，也破坏了社会秩序。平台企业在数据的采集、流通、应用、安全防护等方面的问题也日益凸显，部分平台过度采集个人信息、数据成为个别平台大数据"杀熟"精准"算计"的工具等，更严重的是，有的信息泄露有可能危及经济和社会安全，成为影响国家安全的重要因素，数据治理亟须加强。

2022年北京市政府工作报告中提出，要指导支持平台企业在合规中转型发展，培育具有国际一流竞争力的龙头企业，鼓励企业向硬科技转型，加快区块链和大数据技术突破。从中可以看出，平台企业需要改进其商业模式并在合规中转型发展，同时针对算法的创新需要有边界约束，然而过度监管和指导会导致平台企业丧失创新源动力，不利于平台企业更好、更快、更健

康的发展。在发展和规范的平衡上，发展的过程需要规范，规范又是为了更好地发展，两者并不存在真正的冲突。但是，针对平台企业这样一种新业态，在实际操作中要恰如其分地掌握发展与规范的尺度并不简单。以平台经济和其监管的历程为例，早期的监管策略以鼓励创新和发展为主导，这无疑推动了平台经济的爆炸式增长，但却在一定程度上忽视了资本的野蛮生长和无序扩张，让风险和危害逐渐累积至必须采取严厉手段的地步。2021年的"监管风暴"就是在这样的背景下出现的，各部门联合行动集中整治平台经济的问题领域，最终取得了显著的成果，但未来如何把握好平台企业发展、改革、安全三重挑战，常态化监管平台企业，将成为监管的重难点。

（二）平台企业涉及面广、技术更新速度快、商业模式复杂

北京的平台企业涉及面广，覆盖了以第三方平台为主的在线旅游行业、网络直播行业、网络招聘行业、跨境电商行业和互联网医疗行业等，这些新业态新模式在过去这些年快速发展，随之而来的是平台企业持续研发出先进技术及其较快的更新速度，层出不穷的新课题使得监管常常滞后。同时，为了处理外部超大规模数据，平台企业在发展和应用中侧重发挥大量先进科技手段的辅助作用。近年来，人工智能、机器人、区块链、物联网、视频识别、人脸识别与身份认证、语音文本识别、自然语言处理、大数据分析、网络基础设施等领域的新成果呈现井喷式发展，并被迅速应用于平台经济中。这不仅开辟了新的交易模式和商业模式，也刷新甚至颠覆了人们对平台经济和平台企业的原有认知，同时为平台经济的监管带来新的挑战。例如，以ChatGPT为代表的强人工智能时代的到来，可能会对电商、社交、短视频等平台企业产生颠覆性影响，也可能会带来基于强人工智能的营销、保险、法律服务、教育培训等领域的新商业模式，催生新的平台企业。如何在监管层面使用强人工智能发掘新的工具和手段，是今后平台企业监管的重要方向。

平台企业的网络外部性是产生竞争壁垒的根本原因，但随着数字化手段的不断丰富，平台对上下游产业、经营者及消费者信息的大量摄取形成的不正当优势，将会导致平台企业隐性垄断监管存在困难。一方面，当监管力度

加大时，平台企业发现无法一家独大形成行业垄断后，会借助算法及其他手段进行互相监测形成新的垄断合作，这种合作超越了一般意义上的商业伙伴，在更底层的商业模式上进行默许和共赢，通过利用算法或是平台传递的信息，在威胁性加强的同时逐渐超越了以往的共谋情景，衍生出更为复杂的商业合作模式，这种模式因隐蔽性和不易监管性容易逃脱反垄断机构的监管和处罚。另一方面，平台企业会利用对本企业业务的特殊照顾或对竞争对手业务的隐形打压来形成垄断优势，比较典型的是，在检索平台领域具有支配地位的经营者，在检索排序过程中对自身商品或服务使用"优待性"的算法或规则。

平台企业的跨界经营监管也是一大难点。数据由于作为一种虚拟资源，具有比实物资源更强的通用性，平台企业在积累大量数据后，通常会出现规模扩大、跨界经营的状况，这意味着其所处市场范围的扩大，也就是常被观察到的互联网平台各个产品功能边界模糊化的现象。在技术创新的推动下，许多表面上属于不同领域的产品开始出现互换功能的趋势，客观上提高了竞争商品的认定难度，导致传统的价格分析方法难以有效鉴别，并且平台企业普遍采取交叉补贴的定价结构会造成某些时刻消费者付出的价格为零，此时传统的价格分析方法在复杂商业模式下的垄断行为中常常失效。

（三）网络消费者权益保护机制不健全

当前，我国的平台经济已从广泛的万众创新阶段发展为平台中心化阶段。尽管如此，部分平台在承担主体责任和内部运营管理上仍有待加强。随着我国电子商务不断发展以及线上消费习惯的养成，网络购物投诉已占据消费者投诉的重要一角。从平台管理方面看，部分平台直播营销时存在虚假宣传，并且在二手交易、盲盒销售、社区团购、跨境电商等细分消费业态中，消费者权益受损后的维权较为困难。2022 年，网购投诉总量比上年增长56.38%，直播带货商品问题频发，投诉总计 22.09 万件，同比增长 1.15倍，较 2020 年增长 5.01 倍，"三无"产品、以次充好、虚假宣传等问题不断出现，跨境电商售后服务消极、不履行保修承诺、海外产品仿冒问题突出，投诉总计 33.45 万件，同比增长 42.63%，较 2020 年增长 1.47 倍。[①]
2022 年北京市消费者协会发布的《网络直播业态消费调研报告》显示，七成多（74.59%）受访者认为销售商家是网络直播消费问题的责任主体，其次是主播（60.09%）和电商平台（59.80%）。如果遇到直播消费问题，七成多（71.45%）受访者选择找销售商家或主播解决，六成多（65.64%）受访者选择找平台解决，同时有两成多（25.02%）受访者表示不再追究。结果表明，多数受访者认为销售商家作为实际经营和发货方，应该为直播消费问题承担主要责任，遇到直播消费问题后，大多数受访者选择找销售商家、主播以及直播平台等相关主体维权。直播带货不同于传统网络销售模式，其涉及的主体及法律关系复杂，存在主体身份交叉、法律关系重叠的情况，这反映出网络消费者权益保护机制尚不健全，对商家及平台的责任划分不够明确和细致。此外，大部分直播平台没有明确规范主播销售商品的售后服务，消费者退款退货难度大，针对部分金额较小的商品，消费者往往会选择忍气吞声，而当消费金额较大需要进行维权时，又常遇平台推诿拖延，导致商品超过期限或者不符合商家退换要求，一部分消费者会拨打 12345 进行维权，但更多的消费者希望在平台内解决与商家的矛盾纠纷，平台企业网络消费者权益保护机制仍需完善。

北京市消费者协会通过问卷调查得出的结果显示，部分平台主播带货的宣传内容涉及虚假宣传，以网络"种草"方式宣传某种商品或服务优点的引诱购买行为，隐蔽性较强，消费者辨识度较低。具体而言，"种草"内容发布者通常在视频或文章中加入主观感受和相关推荐，这部分内容往往难辨真假；观看"种草"内容时，消费者存在追寻别人足迹或者借鉴别人经验的心态，如果在客观内容中掺入夸大商品或服务效果的内容，且不明示具体利益关系，消费者很难辨别商品或服务的真实情况。

---

① 国家市场监督管理总局发布 2022 年全国消费者投诉举报数据。

（四）反不正当竞争监管难度大

2022 年，根据我国市场监督管理总局消费者维权数据显示，我国消费者网购投诉件数同比增长 99.03%①，投诉问题集中在大数据"杀熟"、实时变化交易条件、"标低高结"、隐瞒优惠门槛条件、非会员优惠大于会员等，尤其是对线上平台的价格监管提出更高要求。北京市消费者协会的调查报告显示，超过 70% 的受访者认为大数据"价格歧视"现象依然存在，60% 以上的受访者表示曾遭遇过大数据"价格歧视"，而这种价格歧视变得越来越隐蔽，61.21% 的受访者认为"价格歧视"主要表现在用户享受不同折扣或优惠，45.76% 的受访者认为多次浏览后价格升高，36.92% 的受访者提及不同用户看到的价格不同，26.69% 的受访者认为他们只看到符合其特点的商品或服务。同时，83.95% 的受访者认为优惠券发放不公平，76.07% 的受访者认为优惠券发放规则不透明。

2021 年，国家市场监督管理总局在全国范围内展开了针对重点领域的反不正当竞争执法专项整治行动，加大了对网络不正当竞争行为的监管力度。该行动严厉打击了包括"刷单炒信"、虚假宣传等不正当竞争行为，实施这些行为的方式一般是组织专业团队，发布网络软文，利用网络红人、知名博主，直播带货，等等。《中华人民共和国反不正当竞争法》颁布以来，全国各级市场监管部门共查处各类不正当竞争案件 75.36 万件，罚没金额 119.29 亿元。但不同于过去利用传统传播方式"自卖自夸"的夸大或虚假宣传，现今不正当竞争演变为公司化、规模化、专业化地组织团队，通过"主播带货""微博营销""抖音短视频"等方式助力虚假宣传，诱骗消费者，"刷单炒信"日益呈现隐蔽化、职业化、规模化等特点，其中主播虚假宣传成为舆情反映最多的问题。2022 年发布的《直播带货消费维权舆情分析报告》指出，头部主播引发的维权舆情体现在虚假宣传、产品质量、价格误导、商家发货、退货换货和不文明带货等方面，其中虚假宣传问题最

---

① 国家市场监督管理总局发布 2022 年全国消费者投诉举报数据。

多，占比由 2021 年的 30.54% 上升至 44.76%。因此，针对隐性大数据"杀熟"、新型"刷单炒信"、虚假宣传等问题，如何建立系统有效的监管机制将成为下一级阶段反不正当竞争数字化监管的重难点。

（五）平台企业监管国际合作挑战较大

近年来，我国互联网用户规模见顶，平台经济领域国内市场由增量竞争转向存量竞争，头部平台企业积极"出海"拓展全球市场。首先，线上平台充分融合社交、视频、电商等多种元素，在注重产品细节的同时通过 AI 算法实现精准推送，鼓励用户间互动，有效增强用户黏性，以商业模式创新的显著优势迅速打开海外市场。其次，基于国内完善的产业链基础和高效的供应链效率，我国跨境电商企业在传统服装等行业实现小批量、多批次、快速交货，即先小批量生产多种款式投入市场测试，再根据终端数据对其中的"爆款"进行快速跟单，凭借产业链优势实现快速崛起。再次，平台企业根据不同市场需求对产品进行深度本土化开发，综合当地经济、政治、文化、消费者习惯等因素，组建本地运营团队，对关键市场形成针对性强的本地化"打法"，在海外市场竞争中站稳脚跟，以深度本地化驱动国际化发展。最后，平台企业扎根海外与互联网基础设施配套同行，在国际物流仓储、支付信用、数据处理存储等一系列配套基础设施辅助下，我国头部平台企业发挥技术和资本优势，在东南亚、拉美、中东、非洲等互联网发展相对滞后地区广泛布局数字基础设施。

互联网和平台经济的天然跨地域、跨文化、跨国界属性意味着发展的全球性特质。随着中国日渐崛起为全球第二大经济体，其在全球经济和政治事务中的影响力也日益加强，在这一背景下平台企业的海外市场用户增长十分迅速，例如在 2022 年 11 月，阿里巴巴的天猫国际已经吸引了来自 90 多个国家和地区的近 4 万个品牌入驻。[①] 如何在各国政治、法律、经济、文化、科技等领域存在巨大差异的环境中进行有效监管，如何保护包括海外消费者

---

① 天猫国际与德勤中国联合发布《迎开放，向未来——中国进口消费市场研究报告 2022》。

和经营者在内的各方利益，如何保护我国平台企业在海外的合法权益，以及如何与世界各国进行有效的监管合作，都是当前面临的重大挑战。

四　北京市平台企业监管建议

（一）推动多元主体参与平台经济常态化监管

1. 构建消费者保护共治体系

有效保护网络消费者的合法权益是我国全社会的共同责任，为此，要着力构建消费者保护共治体系，改善网络消费以及其他新业态整体监管及维权环境。网络消费涉及各领域的行政主管部门，如中国人民银行、国家金融监督管理总局、中国证监会、中国电信、中国邮政等，当前各部门已建成一套完备的消费者权益保护体系。在网络市场和平台企业的监管和治理中，除了要求调整监管措施和策略以适应网络消费新业态之外，还需要整合监管资源、建立协同机制，顺应新时期网购纠纷跨领域、跨部门特性。具体而言，应充分发挥政府和社会的各方力量开展消费者保护，增强部门之间的联动，推动监管部门间检验结果互认，避免重复认证和检测；探索建立案件会商、联合执法和联合惩戒机制，以实现全链条、全领域的监管；建立线上发现、流转和处理违法线索的非接触式监管机制，提升平台的检测、分析预警、线上执法和信息公示能力；对于条件成熟的城区，支持开展数字化试点创新。此外，严肃处理《中华人民共和国电子商务法》实施之后仍存在违规误导消费者购买搭售商品或服务行为的少数企业，引导平台商户、企业改变商业运营模式，诚实守信经营。

2. 强化平台责任，保障信息安全

统筹数据开放与数据安全，以包容审慎的态度鼓励创新，明确数据要素全体系的管理规范和数据开放的渠道规则，促进数据资源高效流通的同时加强数据安全保护，进一步强化和细化平台数据处理者、监管者等不同角色需承担的主体责任。建议北京地区行业监管部门根据国家相关规定组

织开展本辖区工业和信息化领域数据分类分级管理及重要数据和核心数据的识别工作，建立各部门联动机制，确定本地区重要数据和核心数据具体目录并实施有效监管，进一步与平台企业保持有效沟通，加强事前监督。建立专项系统维护关键信息基础设施网络安全，定期开展并加强网络安全体系的压力测试，形成跨领域、跨部门的政企合作安全风险防控机制。同时，应采取行动来监测、防御、处理网络安全风险，保护关键信息基础设施免受攻击和破坏，并依法处罚破坏其安全的违法活动。此外，需要加快建立健全平台经济治理细则，进一步细化和明确对不同违法方式的处罚，依法查处垄断和不正当竞争行为，以保障平台从业人员、中小企业和消费者的信息安全。

3. 制定行业协会自律公约，引导行业自律

研究制定行业协会自律公约，积极规范会员企业生产和经营行为，创建行业诚信服务品牌，引导互联网行业的参与者依法经营，自觉维护市场竞争秩序，充分发挥市场监管中的自律作用，对违约者视情况做出警告、行业谴责、列入黑名单、媒体曝光甚至行业禁入处理。建立健全行业内信用承诺制度，引导会员企业做出综合信用、产品和服务质量等专项承诺，并向社会公开，接受社会监督，全面增强会员企业及行业企业诚信经营理念、诚信自律意识。推动行业协会商会按照社会主义核心价值观要求，研究制定行业职业道德准则，推行从业人员诚信宣誓，规范从业人员职业行为，全面增强从业人员诚信意识。

为了应对新业态的持续发展趋势，建议统筹全局，完善诚信评价体系的内容。北京市互联网行业协会应充分发挥其作为社会监督者和联系者的作用，主导制定以守法诚信为核心要求的道德规范和自律公约；探索建立奖惩机制，如重点领域的行业信用评价、对话提醒、通报公告、自律性的协同惩戒等；鼓励社会舆论监督，促进行业自律机制的形成；制定和完善诚信评价体系，推动行业协会和商会按照国家和北京市的相关政策标准，建立和完善行业内部的信用信息标准和归集机制。

4. 进一步完善社会参与机制

建立健全社会参与机制是自下而上完善北京市平台企业监管的重要一环，因此，应考虑将专业化和社会化的第三方社会智库纳入监督机制和评估体系，确保评估信息的公开性、程序的公平性和结果的公正性，有效增强与提高平台合规经营的公开性和透明度，从而对行业自律起到重要约束作用。北京市互联网行业协会应加强社会监督，进一步团结一批优秀会员企业和专业从业人员，凝聚一批智库专家学者，建设一批网络社会治理社工义工队伍。国家发改委、工信部等机构应落实民政部等相关部门联合印发的《关于社会智库健康发展的若干意见》，打造北京市数字经济领域社会智库品牌，将平台经济及网络社会组织人才队伍建设纳入整体人才工作体系，构建能够发现、培养、应用和交流人才的机制，更好地促进网络社会组织的发展。与此同时，行业协会应当主动调研了解会员企业遇到的难题，并及时向政府和相关部门反馈，以维护行业内企业的合法权益；结合实际情况提出行业发展和立法建议，积极参与相关法律法规、宏观调控政策和产业规划政策的研究和制定；主导制定和发布本行业的产品和服务标准，参与制定国家、地方标准，以不断提高产品和服务质量。

（二）加快数字政府建设，实现对平台企业的有效监管

1. 提高平台经济数字化监管质量与效率

互联网平台的复杂性对监管策略和方法的有效性与针对性提出了要求。在监管评估体系构建中，应在考虑对企业正常运营影响的基础上进行成本效益分析，积极利用新的监管科技手段提升监管效果，运用新一代人工智能技术推进监管创新，打造互联网平台市场监管智能化大数据平台，有效降低监管成本，推进线上与线下监管的无缝衔接，加大重点领域的执法力度，依法严惩违法违规行为，增强监管机构的威慑力和公信力。此外，还需要健全互联网平台监管问责机制，强化政府不同部门的监督执法职责与相关任务分工，提高监管执法的可问责性。

积极运用大数据监管技术对违法违规经营者进一步加大监管和处罚力

度。虽然《中华人民共和国电子商务法》、《中华人民共和国个人信息保护法》以及《互联网信息服务算法推荐管理规定》等有关法律法规对用户信息的读取和使用、大数据技术算法应用，以及消费者关注的大数据"杀熟"行为进行了相关规定，但由于大数据"杀熟"具有即时性、隐蔽性、模糊性和复杂性，消费者往往难发现、难举证、难维权，监管部门也难以查证和处罚。因此，建议在有效落实现有相关法律法规的基础上，进一步根据专家及公众的合理建议，不断完善有关大数据"杀熟"的法律法规和规章制度，严格控制平台企业违规收集用户信息，加大对消费者信息的保护力度，实时监控经营网站的产品价格、优惠券等数据信息，及时预判潜在的大数据"杀熟"行为，对于查实的大数据"杀熟"问题，要依法进行严厉查处并向社会公示。同时，要提高平台企业广告营销质量，针对广告代言人的公众形象、代言发布行为的真实性等做出相应规定，对于问题产品要追究广告代言人的责任，指导企业自律合规经营。

2. 多措并举加强直播带货监管

《直播带货消费维权舆情分析报告》指出，2022 年我国的直播带货消费维权舆情主要集中在产品质量、虚假宣传、不文明带货、价格误导等 8 个方面，其中产品质量和虚假宣传是当前直播和短视频带货等新型商业模式维权的"重灾区"。为此，监管部门应采取强监管措施，审慎包容的同时坚持法律底线，对直播带货平台企业进行分级分类、精准监管，确保行业规范发展，进一步净化网络信息环境，例如根据违法直播账号的影响和危害程度采取相应管理制度，利用大数据进行商品审核、分级管理直播间，对有大量粉丝、影响力大的主播加强监管，对不稳定供货、品质风险大、投诉多的直播间实施阶梯式监管。

建议加大对平台"躺平式"监督的惩罚力度，并强化实时监控。平台应动态管理直播和主播，利用网络技术进行风险管理，解决网络购物中的虚假宣传、价格误导等问题，对风险营销行为采取限流、警示、暂停直播等措施。同时，应对链接、二维码进行实时安全管理，对违规直播和主播进行警告、封停等处理，增强平台自律意识，改善监督惩罚机制，实施信用评价机制和后续处罚制度，定期自我检查和纠正。此外，平台必须设立畅通的投诉途径，迅速反应处理消费者投诉并降低纠纷的负面影响，监管部门应建立常态化监管机制，通过定期抽查直播内容、抽检带货产品，有效推动平台商户合法合规经营。

（三）加快推进数字化监管相关立法

完善监管立法需要科学且合理地定义互联网平台的责任，明确其在核验经营者信息、保障产品和服务质量、行使平台权力、保护消费者和劳动者权益等多方面的治理职责。第一，核验经营者信息是建立公正交易环境的基础，平台应对经营者的身份、资质、商业信誉进行严格审核，排除不良经营者。第二，平台对产品和服务质量的保障，不仅涉及消费者权益，还关乎整个平台的公信力和口碑。第三，平台权力应在合法、公正、公开的原则下行使，避免其滥用优势地位做出损害消费者和经营者利益的行为。第四，消费者权益保护需要平台建立完善的投诉和纠纷解决机制，提供便捷、高效、公正的服务。第五，劳动者权益保护是平台社会责任的一部分，对于平台内的劳动者，尤其是弱势群体，平台应提供合理的待遇和保障。消费者的选择权是市场经济的核心，平台应尊重消费者的权利，并提供条件以确保跨平台的互联互通，使得消费者能在不同平台间自由选择和切换。平台在追求自身发展的同时，应承担其社会责任，保护各主体权益，维护公平竞争的市场环境。

平台在合规前提下可以探索不同的经营模式，包括尝试拓展新业务、改变传统运营方式、创新服务和产品内容，从而推动整个行业的发展，但在此过程中，平台与内部经营者的权责关系应界定明确，以免产生不必要的纠纷。为此，需加强研究互联网平台尽职免责的具体办法，引导平台合规守法、防止市场地位滥用、维护公平竞争环境。立法保护是维护市场秩序、保护消费者权益、引导行业健康发展的关键，立法机构应推动构建与新消费模式相适应的法律、标准、政策体系，并在立法过程中充分重视消费者的"声音"、满足消费者的诉求。完善的法律制度可以有效解决网络消费领域的突出问题，以大数据"杀熟"为例，大数据"杀熟"行为是以消费者的购物历史、浏览行为等个人信息为基础，针对消费者实施的不公平定价行为，对消费者权益构成严重威胁，加强个人信息保护立法可以规范并治理大数据"杀熟"行为。考虑到互联网平台的特性和监管需求，法规体系有待进一步优化，包括具体化操作指南和实施规则、协调互联网平台监管的法律规定、提升相关道德伦理规范，只有构建全面、完善的监管框架，才能有效保护消费者权益，引导互联网平台向着健康、有序的方向发展。

（四）培养平台企业监管人才

在这个数字化快速发展的时代，需要统一思维方式，深入理解数字化监管人才的培养对于推动科技创新的决定性作用。当讨论数字化和智能化监管建设时，不难发现人才不仅是核心要素，还是其生命线，人才培养的重要性不应被低估，人才培养要明确贯穿在整个数字监管发展过程中。为了更好地实现数字化监管，首先，要强化领导干部对数字经济的知识储备，包括深化对数据元素的理解、加强对数据合规使用的教育，通过举办一些专业研讨会，邀请行业内的高级专家和资深人士参与，积极培养其发展数字经济的能力技巧、专业素养和宏观视角，并通过具体方案和思路帮助其解决平台经济监管中遇到的新问题。其次，构建个性化和专业化的培养机制，建立一支结构合理、分层明确的数字化监管人才队伍，并形成一个能够持续补充新鲜血液的机制。再次，需要提升监管人才的专业能力，这涉及对平台经济发展过程中出现的新问题和新措施，以及各种国内外法律经验和特点的动态追踪与研究，可以加强对平台企业监管的全面规划和协同推进，并在可控范围内进行提前部署，以便更为精确地把握工作的难点。最后，要有序地推进数字监管人才的数字素养和技能提升计划，打通国内外数字经济人才的引进通道，在实际操作中为人才提供各种生活和工作的便利，包括住房、子女教育、医疗服务和职称评定等方面。此外，还要鼓励高等教育机构开设各种级别、各种方向和各种形式的数字经济课程与培训，开拓以实践为导向的、多元化的产教一体培养模式，以掌握各类专业化和复合型的数字技术、技能和管理人才为目标，培育推动我国数字经济发展的重要力量。

参考文献

［1］《罚没 2942.58 万元！北京晒出反不正当竞争执法成绩单》，北京市市场监督管理局网站，2023 年 1 月 6 日，http：//scjgj. beijing. gov. cn/zwxx/scjgdt/202301/t20230106_ 2893410. html。

［2］《北京市消协发布大数据"杀熟"问题调查报告》，北京市消费者协会网站，2022 年 9 月 9 日，http：//www. bj315. org/xfdc/202209/t20220909_ 35058. shtml。

［3］《市场监管总局：今年前五个月查办各类不正当竞争案件罚没金额 1.22 亿元》，中国政府网，2021 年 6 月 10 日，https：//www. gov. cn/xinwen/2021-06-10/content_ 5616803. htm。

B.10
北京市平台企业合规经营问题

蓝庆新　籍雨桐*

摘　要： 2022 年，在一系列平台经济监管相关指导意见的出台和针对重
点企业监管执法行动的开展下，互联网平台常态化监管态势基本
形成。在国家常态化监管框架下，本报告从企业内部治理角度出
发，对当前北京市互联网平台企业合规体系建设，数据与个人信
息保护、知识产权、金融业务等重点领域合规进程进行梳理，并
分析了当前平台企业在数据隐私，反垄断、不正当竞争及税务等
领域中，仍存在涉嫌侵犯用户隐私权益、大数据"杀熟"、"价
格歧视"、内部税务体系不完善等潜在风险。因此，为进一步提
升北京市平台企业高效管理，增强市场竞争活力，本报告提出企
业应努力提升企业合规管理效能、合理规范运用信息化手段来丰
富平台合规管理模式，坚持技术创新驱动理念以及充分履行社会
责任的对策建议。

关键词： 平台企业　内部治理　北京

近年来，随着全球新一轮科技创新和产业变革的到来，互联网平台企业
已成为数字经济价值链的核心组成要素，其高新技术属性和数字化运营模式

---
* 蓝庆新，经济学博士，对外经济贸易大学国家（北京）对外开放研究院研究员，国际经济贸
易学院副院长、教授、博士生导师，主要研究方向为"一带一路"、开放经济理论与政策；
籍雨桐，对外经济贸易大学国际经济贸易学院硕士研究生，主要研究方向为世界经济、产业
经济。

能够高效链接供需双方、嵌入相关数据、服务支撑全产业链。此外，平台企业还可以通过提供数字经济相关就业岗位、构建复杂节能减排场景等形式，赋予人才就业领域可持续发展的新思路，并以数字化平台为载体协调组织海量数据资源，稳定持续地支持国内经济高质量发展。截至 2022 年 12 月，我国境内工商注册地位于北京的互联网上市企业数量仍为全国首位，约占全国总体的 33.3%。[①] 2022 年，在全国互联网业务受疫情影响收入小幅收缩的宏观趋势下，北京市互联网业务增长动力依旧保持强劲，累计收入较上年增长 6.6%，位居全国第二。[②] 2019 年《国务院办公厅关于促进平台经济规范健康发展的指导意见》发布以来，面对平台企业前期出现的业务扩张过快导致的垄断、"算法合谋"、"数据滥用"等侵害消费者合法权益的问题，执法部门强监管态势逐渐显现。随着后续一系列指导意见出台、重点企业监管执法行动开展，2022 年"互联网平台反垄断常态化监管执法态势基本形成"[③]。为了契合国家常态化监管框架，北京平台企业坚持推陈出新并优化企业内部治理规范，自主开展合规体系建设以达成互动式治理，提升了企业自身管理效率，增强了市场竞争活力，具有重要的现实意义。本报告从企业内部治理角度出发，梳理了当前北京市互联网平台企业部分重点领域合规经营建设现状，分析了其存在的问题和潜在风险，并对未来平台企业合规体系的完善提出相关对策建议。

一　北京市平台企业合规建设发展现状

互联网平台企业是我国企业"引领发展、创造就业、在国际竞争中大显身手"的先锋角色。自 2021 年起，中央部门接连发布了《互联网平台分类分级指南（征求意见稿）》和《互联网平台落实主体责任指南（征求意见稿）》，要求 34 家互联网平台企业自查潜在合规风险，并对部分超级平

---

① 数据来源于中国互联网络信息中心发布的第 51 次《中国互联网络发展状况统计报告》。
② 数据来源于工信部 2021 年和 2022 年《互联网和相关服务业运行情况》。
③ 来源于国家市场监督管理总局《中国反垄断执法年度报告（2022）》。

台进行约谈整改，执法重点由反垄断领域逐步扩大至日常经营行为中涉及不正当竞争、消费者保护等领域。这也标志着执法机构对互联网平台企业的监管模式逐步由强监管转变为常态化监管，促使国内互联网平台企业加快成长进程以满足合规要求。近两年，北京市多家互联网超大型平台企业在市场监管机构指导下，不断推进平台合规体系建设并取得了初步实践成果，有效提升了平台健康度，对其他中小型平台企业有着重要的参考价值。

（一）北京市头部平台企业合规体系建设进一步完善

1. 平台企业组织架构、制度与管理机制

从组织架构和制度上看，为响应国内外合规监管要求，保证平台业务健康运营，北京市头部平台普遍结合自身业务特质（生活服务类、社交娱乐类、信息咨询类等）积极设立相关合规管理部门及岗位、建全平台合规体系，已初步树立合规管理意识。快手、百度、抖音等平台先后整合企业内部信息安全合规资源，成立数据管理或信息安全委员会，从顶层决策设计出发梳理不同业务条线以便对传统运营制度进行迭代更新；落实"一把手"合规责任制，接连发布数据安全与隐私保护、产品安全、供应商合规审核等相关业务合规标准，并任命个人信息安全负责人；推动制度管理的标准化、体系化建设。就快手平台而言，在建立安全组织保障架构的基础上，快手制定了多等级信息安全制度文件 70 余份，其业务 100% 全覆盖 ISO 27001 等信息安全管理认证。[①] 就百度平台而言，其平台外部监督制度不断完善，通过成立"度察察自律委员会"，百度积极收集网民建议，及时改进产品。

从管理机制上看，超级平台具有基础架构庞大、业务场景复杂等特质。为此，以京东为代表的超级平台以传统零信任的"永不信任，持续验证"为核心指导思想，围绕"身份、安全卡点、持续访问控制"三要素将平台资产数字化、身份化，构建平台资产数据库，通过多样性的零信任卡点与持

---

① 数据来源于快手科技 2023 年发布的《2022 年度环境、社会及管治报告》。

续风险评估方法，打造闭环零信任安全管控体系。2022 年，京东集团依托该体系成功落地电商、金融、供应链等业务，有效避免信息安全类违规事件发生。

2. 平台企业合规文化培养

在常态化监管背景下，平台企业合规文化培养有助于在规范业务流程的基础上，减少信息安全风险、节约监管成本，当前企业安全文化和合规意识培养正在由仅"个别部门参与、关注"逐步向"业务相关方全员参与"方向转变（见表 1）。

员工层面，部分平台企业每年开展全体员工（含正式员工、实习生及其他劳务人员）信息安全与隐私保护相关的业务培训考核，包括平台业务流程中用户个人信息种类相关的分级管理制度和保护措施、安全事件发生时应急处理措施等内容，提升员工数据敏感度及应对能力。在此过程中，不同平台企业合规文化培养形式呈多样化特点，抖音、快手等平台利用自身内容传播优势，设定不同的信息安全主题并以漫画、短视频形式形成定制化培训；百度、阿里巴巴等综合平台设立"合规日""个人信息保护宣传月""安全宣传月"等。

供应商、合作伙伴及平台内经营者层面同样受到平台企业合规文化的影响。在免费提供数据安全以及隐私保护相关资源和课程培训服务的基础上，平台对相关方严格进行数据安全合规尽职调查，并要求其提交安全资质、ISO 证书等合规文件证明；部分含有电商业务的平台如阿里巴巴则为平台内商家设立网络经营合规培训基地，内化商家合规文化培养流程，持续性普及商品合规、数据安全等知识；平台利用合规风险预警系统及时提醒商家在经营过程中涉及的轻微违规问题，系统上线以来已累计服务近 700 万户商家，覆盖 1.2 亿件商品[①]；部分平台通过峰会论坛、专题研讨等多种途径积极对外宣传信息安全知识，分享交流公司在信息安全领域取得的研究成果，共同推动行业发展。

---

① 数据来源于阿里巴巴 2022 年发布的《2022 阿里巴巴环境、社会和治理（ESG）报告》。

表1 2022年北京市部分头部平台企业合规培训数据

平台名称	基本披露数据
京东	2022年京东集团组织信息安全与隐私保护培训24场;共完成培训考试56万人次;培训考核通过率100%;员工参与培训及考试的总时长约28万小时
百度	2022年为所有员工提供隐私保护与数据安全培训,覆盖100%新员工,累计1073名基层管理者完成数据管理和安全合规学分课程
抖音	2022年公司开展培训和分享交流共计102场,累计覆盖19.6万人次,培训满意度达到94.9%
快手科技	2022年参与人数达1万+人次,当前已累计覆盖6万+人次,合作伙伴覆盖500+人次

资料来源:笔者根据公开资料整理。

(二)北京市头部平台企业部分重点领域合规进程

1.数据与个人信息保护合规

与一般企业不同,数据资源是平台企业的核心生产要素,在业务增长过程中平台企业尤其需要关注用户个人数据及隐私信息的保护,并承担一定的法定责任和声誉相关的社会责任。随着《中华人民共和国个人信息保护法》等相关法律出台,平台企业以合规管理体系为依托,在坚持"权责一致原则、最小必要原则、确保安全规则、知情同意原则"下制定独立隐私政策。2022年以来,平台数据与个人信息保护行动进一步深化。于实体而言,行动主要体现在平台信息报送机制透明度得到显著提升,用户经过身份验证后可以自行对平台已收集的部分个人信息进行查阅、复制或删除。于流程而言,以百度为代表的部分平台也利用AI技术将合规功能产品化,并贯穿业务全生命周期,用户告知能力得到提升,未成年人信息保护、安全漏洞等领域责任进一步落实。

此外,平台在制定隐私政策的基础上,积极开展有关存量分发App以及新上架App的相关隐私审核。截至2023年7月,抖音、快手、百度手机助手等新型应用分发平台已成功接入中国信通院"全国App认证签名服务系统",基本完成App签名和验签工作,通过防篡改标识帮助用户识别仿冒不良软件，减少个人隐私泄露风险。

2. 知识产权合规

在平台经营过程中，知识产权管理不仅能使业务健康发展，也能有效保护商业秘密免受窃取，减少合规经营风险。2022 年，部分社交娱乐类、网络销售类等平台接连上线知识产权保护平台，围绕平台内容生态涉及的商标权、著作权、专利权等常见问题提供维权投诉渠道。具体而言，用户可以在平台注册账户，登录保护平台并根据指引提交相应权利人的身份信息和知识产权权属信息，并发起维权投诉（见图 1）。例如京东"护宝锤"计划坚持AI 与人工管理有机结合，为品牌方和商家提供线上深度交互环境，针对恶意商标抢注等侵权现象为品牌方提供下架及线下调研反馈的技术支持；抖音则建立业内首个电商场景全覆盖的一站式投诉平台 IPPRO；快手则新增《快手出口合规管制制度》，逐步完善平台跨境交易合规体系，减少出口管制风险，进一步提升平台品牌保护效率。

第一步 注册成为维权系统用户	第二步 上传身份证明材料	第三步 上传权属证明材料	第四步 提交投诉通知	第五步 平台处理及反馈
（1）注册知识产权维权系统独立账号 （2）可支持绑定用户平台账号登录	（1）投诉方提供有效身份证明即可 （2）若为代理人，需提供双方身份证明及授权书	（1）包括但不限于商标注册证、专利证、著作权登记证等有效权利文件	（1）选择投诉类型/商品/店铺/服务 （2）提交链接及主张侵权材料	（1）严格依照相关法律规定进行处理，并将处理节点实时告知投诉双方

图 1　知识产权保护平台维权指引流程

资料来源：笔者根据公开资料整理。

在内容创作领域，"鼓励内容创新、尊重原创权益"成为当下版权保护的核心原则。抖音、快手等短视频平台一方面加强创作者版权安全教育，使其了解侵权行为、明确举报渠道，另一方面与业内平台联动设立侵权作品全平台下架、侵权作者粉丝转移等处罚机制。截至 2022 年底，抖音集团所属平台累计下架侵权作品约 2605 万条，下线侵权视频超 400 万余条，涉及影视、综艺、动漫、游戏、纪录片等，为超过 7 万名原创作者提供 7×24 小时的维权服务。[①]

3. 金融业务合规

2023 年 7 月，平台企业金融业务存在的大部分突出问题已完成整改，国家相关金融管理部门针对蚂蚁集团及其旗下财付通等部分平台的过往不规范行为进行处罚，这标志着大型平台企业将进入常态化监管阶段。近年来，为进一步规范平台金融业务创新、促进我国金融体系健康发展，进而维护投资者权益，2021 年央行等金融监管机构对京东金融、度小满金融等 13 家开展金融业务的平台企业进行约谈，提出业务持牌经营、支付回归本源、合规审慎开展金融业务、叫停第三方平台存款业务等整改方向和要求。随后，京东金融等部分平台将原本的"金融"或"金服"字样，改成了"科技"或"数科"，呈现"去金融化"趋势，侧重用数字服务或新消费服务进行数字化赋能。

此外，在整改期间，度小满、携程、平安普惠等拥有跨地域多个互联网小贷牌照的公司则进一步规范个人征信业务，开展相关牌照整合清退行动。蚂蚁集团的"花呗""借呗"等小额借贷业务将整体并入其下属的消费金融公司，并通过改进关联交易管理以满足全面监管要求。而对于整改前发行的信贷票据，如京东白条等均按照合规要求暂停了 2021 年以来支持票据的发行。在这一背景下，由金融机构出资的消费信贷模式占比逐渐提升，这意味着信用风险审核和授信事宜将由银行负责，互联网贷款业务得到规范，并且部分支付机构积极开放交易应用场景，实现线下支付条码与商业银行等互联互通。

二 北京市平台企业合规经营面临的问题及潜在风险

（一）数据隐私合规问题

平台企业具有庞大的用户群体，其业务场景复杂多变，且涉及多方主

---

① 数据来源于抖音集团 2023 年发布的《2022 年抖音集团企业社会责任报告》。

体，往往面临极高的数据隐私合规风险。尽管当前多数平台企业已建立基本数据合规制度，但目前部分超级平台子业务以及中小平台企业将面临更多的合规及诉讼挑战。通过对 2022 年度有关个人信息权益侵害的公开裁判文书整理发现，从地域上看，北京市统计案件量占全国的比重为 18.5%（89件），位于全国首位（见图 2）。值得注意的是，北京百度网讯科技有限公司（6 件）和北京数字认证股份有限公司（5 件）涉及案件数量排前两名。因此，个人信息保护等数据隐私合规问题仍为当下北京市互联网平台企业合规经营重点。

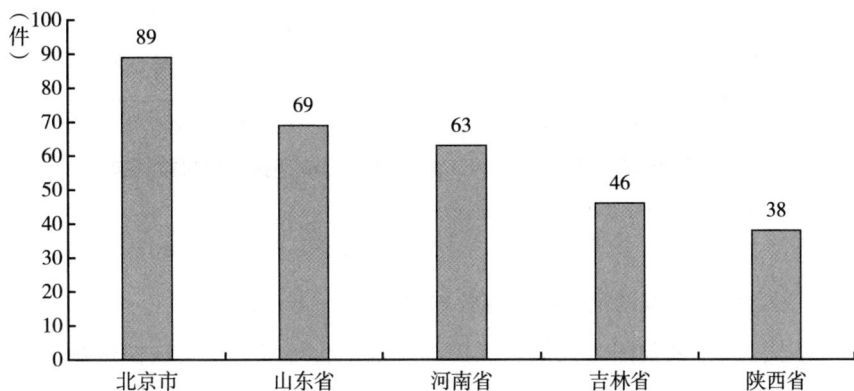

图 2　2022 年度有关个人信息权益侵害排名前五的民事案件数量及地域分布统计

资料来源：中国裁判文书网。

1. App 用户隐私权益侵犯类型由显性向非显性转变

当前，平台与用户相互间主体权益考量尚未平衡。平台试图结合多元化业务场景尽可能多地发掘用户潜在价值，深度探索潜在的增长业务模块，具备过度收集用户信息的内在动因。从用户端上看，2022 年全国网民网络安全感满意度调查数据显示，北京市互联网用户面对个人信息收集，较常遭遇收集与功能无关的个人信息（64.69%）、频繁索要无关权限（60.2%）等问题，同时有部分用户仍受到不合理免责条款（47.33%）、无法注销账户（32.94%）的困扰。从监管层面上看，2022 年至 2023 年 7 月工信部共通报

10批次约500个以上涉嫌侵害用户权益的应用。其中，"强制、频繁、过度索取权限"及"违规收集用户个人信息"频次较高（见图3），是当前平台主要隐私违规风险问题，与用户端调研结果相匹配。

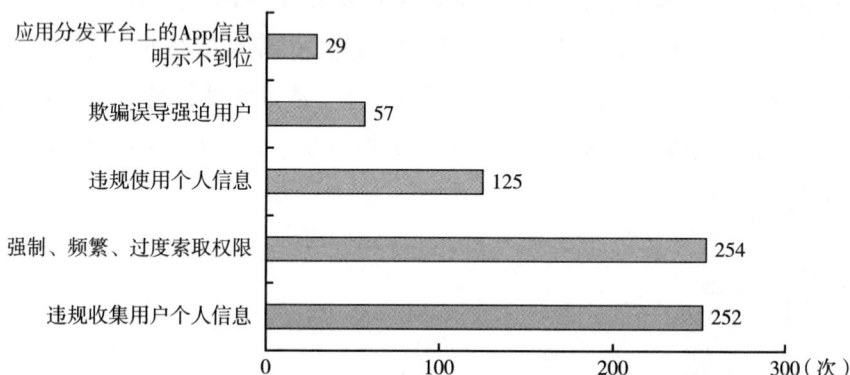

图3　2022年至2023年7月工信部通报App侵害用户权益频次

资料来源：工信部信息通信管理局网站。

2.平台隐私政策设定仍存在部分缺陷

此外，近年来我国个人信息保护、规范平台经济等相关法律规制的出台有效推动了平台运营合规，但其隐私政策中仍隐性存在增加用户认知负担、敏感信息保护不足等问题。随着监管制度常态化和内涵层次不断加深，平台可能会面临一定合规经营风险。

（1）增加用户认知负担

当前，平台隐私政策文本的设计相较于用户体验更侧重于满足法律监管规定，即"对涉及用户信息相关行为进行通知、强调提醒、解释和说明"。业务场景复杂的平台存在文本量过载、层次排版复杂、专业技术用词晦涩难懂等问题，且目前仅有部分平台提供摘要等简明版本供用户选择。这就意味着在隐私协议设定中用户看似具有知情同意权，但部分平台企业在隐私协议中类似"根据用户在当时访问和使用的具体操作""包括但不限于""可能"等措辞频繁出现，结合"Cookie""像素标签"等专业名词，不仅使用户难以高效浏览，而且增加的认知负担促使用户放弃浏览或习惯性忽略文本内容，甚至难以判断这些信息是否为平台开展业务的必需条件，最终造成用户对个人信息的控制权受到限制。例如，前期使用过程中用户必须接受协议和所有条款才能完整使用平台功能服务，多数电商平台均在隐私政策中表明，可能开启收集地理位置、读取通讯录、使用摄像头和启用录音以及其他功能来方便了解用户消费需求，以及用于平台业务改进。部分视频平台在使用内容分发网络高新技术过程中，将相关告知条款"隐藏"于服务协议中，并未对 App 可能涉及的潜在流量消耗、内存占用以及用户的观看记录、偏好、位置相关信息数据隐私过度收集等问题采取足够有效且透明的告知行为。相反的是，协议设定中默认开启的 HCDN 等功能则需要用户通过复杂的流程自行关闭，用户的知情权、控制权受到潜在损害。

（2）敏感与一般信息保护区分不明确

《中华人民共和国个人信息保护法》针对敏感信息领域强调企业要履行特殊告知义务。区别于一般信息保护，涉及敏感信息相关的收集、使用甚至共享需要更高标准的知情同意原则，用户必须清楚了解敏感信息使用目的和用途才能做出有法律效力的二次同意。这就要求平台在区别一般信息授权的基础上，通过隐私政策记录、二次弹窗授权提醒等方式予以用户单独分类提醒。因该流程会增加平台利益相关方的告知成本和接收成本，仅有少数平台软件对敏感信息收集授权进行特别规定，且采取特别保护措施。例如，在信息收集部分对敏感信息类型进行特殊标记；"在特定功能场景下，涉及敏感个人信息处理及系统权限授予的，我们会征求您的单独同意"；"安全团队对个人信息将进行再次安全加固，包括敏感信息报备、敏感信息加密存储、访问权限控制"等。如果平台尚未设立敏感信息与一般信息的差异化适用规则，而是一律视为"统一概括同意"时，则需针对超出授权范围同意部分的处理行为征得用户的再次同意，否则应当被认定为无效并承担违约或侵权相应的责任。

3. 与第三方合作缺乏风险责任识别

平台企业与第三方合作旨在扩大业务范围、获得更多资源和技术支持、共享用户基础和数据、降低成本和风险，并加速创新和市场推出。但合作可能涉及敏感数据的共享和访问，进而增加数据隐私泄露的风险。不适当的数据使用和风险责任识别可能导致用户数据的滥用，显著提升未经授权的访问频次。以金融业务为例，2023 年 7 月，国家金融监督管理总局下发的《关于加强第三方合作中网络和数据安全管理的通知》强调，国内金融机构安全风险事件频发，应加强对第三方合作如企业微信端口、外包服务商的风险责任识别，保障用户敏感信息数据安全。对于金融服务类平台而言，仍然存在为用户办理小额信贷业务时，未合规核查用户个人银行信用信息记录，未及时上报、删除或更正实时用户征信记录，从而导致用户信誉度降低，影响日常交易操作，侵犯用户名誉权。此外，仍有部分互联网平台在第三方 SDK 尚未植入的情况下，提出对共享关联方进行审查或对共享的用户数据进行去标识化处理，以减少信息泄露风险。

（二）反垄断、不正当竞争合规问题

2022 年，反垄断执法机构共查办互联网行业滥用市场支配地位案件 1 件，滥用行政权力排除、限制竞争案件 6 件；审结互联网平台领域经营者集中案件 24 件，对 27 件互联网平台领域未依法申报违法实施经营者集中案件公开做出行政处罚。[①] 2022 年新修订的《中华人民共和国反垄断法》、《中华人民共和国反不正当竞争法》以及《北京市平台经济领域反垄断合规指引》（2021 年版）等一系列相关领域合规指导相继颁布，标志着平台常态化治理和事前监督模式逐渐形成。在平台企业落实主体责任范围不断扩大、合规经营内涵不断加深的同时，平台业务流程中隐蔽化、复杂化风险也值得关注。

1. 部分平台间存在生态垄断，互联互通政策落地困难

在早期互联网行业的快速发展以及相关引导监管缺位的背景下，各头部平台间生态封闭现象较为普遍。随着近年来我国互联网行业专项行动治理的开展，平台间竞争策略有所缓和，且大多数企业积极响应互联互通政策。但

[①] 数据来源于国家市场监督管理总局《中国反垄断执法年度报告（2022）》。

目前该政策落地仍仅限于以开放链接为主，平台间的功能引入、互操作机制以及数据可交互层面涉及较少。

部分平台在政府互联互通政策监管下仍保持消极甚至逃避的开放态度。例如，2021年国家市场监督管理总局对阿里巴巴合规整改的行政指导中提到，"促进跨平台互联互通和互操作，依法加大平台内数据和支付、应用等资源端口的开放力度"，但目前淘宝、闲鱼等子业务平台仍未引入微信支付功能。针对开放平台外链等措施，部分平台针对竞争方以及利益相关方采取差异化、歧视性设置，通过"限缩解除屏蔽的范围""用户访问外链步骤需二次确认后打开"等新措施增加用户跨平台使用难度，存在引导用户使用自身服务的潜在意图。尽管监管政策从结果上消除了部分平台间互联互通的阻碍，但实际上同行业内市场割裂问题仍未解决，公平竞争环境将进一步恶化，最终损害合规监管成果。2021年，《北京市平台经济领域反垄断合规指引》（2021年版）通过示例明确指出，以上通过技术封杀、运营封杀拒绝竞争对手或其他具有业务关联性的市场经营者以求巩固竞争优势的做法，可能会涉嫌违反《中华人民共和国反垄断法》。

2. 滥用行政权力排除、限制竞争问题亟待解决

以共享类平台企业为例，《中国反垄断执法年度报告（2022）》中指出，"从违法领域看，涉及互联网行业的滥用行政权力排除、限制竞争案件主要集中在共享单车领域"。在当地政府为减轻共享单车运营管理负担以及行业内平台业务模式同质化竞争日趋激烈的背景下，平台通过与目标地方行业主管部门签订政企合作协议"提前锁定"进入市场经营的权利，以求获得充足的市场份额和经营利益这一动机得到进一步推动。该类协议中通常以特许经营项目、战略合作协议等名义限定或者变相限定其他具有资质的企业进入市场，比如限制单一或者少数共享单车运营企业进入当地市场进行运营，排除、限制市场竞争。

从限制竞争效果来看，平台经营者集中类型更加多元化。与传统经济模式不同，平台更倾向采用混合兼并或对角兼并方式，通过影响竞争对手的上下游供应链或整合自身市场价值链体系，从而限制竞争对手发展。

3. 大数据"杀熟"、"价格歧视"问题尚未根治

北京市消费者协会调查显示，尽管与2021年相比大数据"杀熟"的比重有所下降，但2022年仍有六成多受访者表示有过被大数据"杀熟"的经历。经过近两年相关部门的监管，平台企业大数据"杀熟"问题得到明显改善，但与此同时部分"杀熟"形式呈多样化、隐蔽化发展。部分情况下，由于消费者与平台双方针对"杀熟"概念的理解错配，平台常以因新、老用户享受打折优惠券额度和种类差异，或购买产品实时供需变化调整而最终实际成交价格不同等为理由，否认大数据"杀熟"。在司法实践中，大数据"杀熟"往往因其主观性和模糊性而难以进行查证、认定及处罚。其中，部分平台优惠政策透明度较低，且用户关闭个性化推荐后新、老用户账号推荐内容仍然存在较大差异，平台内部算法机制、优惠政策不易被消费者了解，潜在损害了消费知情同意权和公平交易权。

（三）税务合规问题

当前，平台企业和有关监管机构参与合规体系建设仍然聚焦于数据隐私、反垄断等问题。与此同时，平台经济的主体多元化、便捷化、信息化特征与当前相关税收法规和政策滞后的不匹配，制约了相关执法机构税收管理，导致了平台企业税务合规风险显著提升。

1. 不同纳税主体税费负担不均，企业代扣代缴义务重

平台企业在业务运营过程中吸纳一定数量的灵活就业者或具有资质的线下商家成为平台服务的提供者，出于快速扩张和节约成本的目的，企业与灵活就业者大多不签署雇佣协议，属于非雇佣关系。以网约车平台为例，网约车司机通过平台接受来自需求端（乘客）的订单以收取佣金和平台激励金，这类未订立正式劳动关系的情形难以被我国税法认同为个体工商户，从而取得一定个人所得税收优惠，反而会被视为劳务报酬，需要按照20%~40%的税率缴纳个人所得税[①]，而平台的代扣代缴义务则加重了企业自身现金流负

---

① 数据来源于国家税务总局网站。

担，这种纳税要求减少了灵活就业者收益并且减弱了平台发展动力。由于"生产经营所得"与"劳务报酬所得"的界定不够清晰，灵活用工平台对于"经济实质"的把握往往并不准确，导致错误适用税目、税率等情况屡见不鲜，部分取得委托代征、代开资格的平台常常出现错误适用税目、税率，未按期解缴税款，等等问题。

2.平台企业内部税收控制体系相对缺失

从平台业务运营模式和资金流动去向来看，企业自身的业务复杂程度和服务特性意味着交易隐蔽性和真实性的差异。部分平台企业由于业务种类或部门地域不同，数字化转型程度参差不齐，部分交易难以实时准确记录在涉税信息平台上。此外，类似网约车司机、外卖员等灵活就业人员可能在服务过程中涉及大量公转私结算，然而平台企业无法从司机处获取统一且合规的成本发票，从而导致利润虚高，进一步提升企业所得税缴纳金额从而增加平台经营压力。与此同时，部分企业为获取更高的财政补贴，倾向于在有财政返还政策的地域设立业务总部，并统一开具发票或人为制造虚假交易进而虚开增值税发票。上述部分业务操作存在主观故意偷逃税款的意图，基于主客观相一致、罪责自负的刑法基本原则，平台应规范日常业务交易行为以避免受到有关执法部门的处罚。

三 北京市平台企业合规经营的对策研究

（一）丰富平台合规管理模式

1.努力提升企业合规管理效能

为了寻求监管合规和企业市场竞争力的平衡，企业应当在健全规章制度的基础上，进一步强调精准化设计原则，减少不必要的资源投入。第一，应理解与区分内控、合规、法务等岗位的内涵，结合平台自身运营需要，在管理机制上合理配置部门职能，避免因职能交叉或对立造成合规资源浪费和效率降低。第二，为高效执行顶层设计寻求内部保障和激励。为此，可以提供充足的预算支持，保障合规培训持续性、多样化开展；在部门与员工个体绩效评估中纳入合规因素考量，根据其考核结果进行针对性培训，避免过度重复培训降低员工认知积极性，实现精准化和灵活化管理。第三，针对不同板块设立不同合规运营机制。例如针对财税板块，平台应建立发票审核等特殊机制，通过规范业务票据及时掌握业务材料和支出凭证，减少虚开发票、私户汇款、补开发票等风险。第四，常态化参考北京市监管部门指导意见，确立相关有效性评价。根据监管领域的最新动态扩充以及平台自身业务特质，及时识别新合规风险并在改进相关流程的基础上，根据过往历史数据实现有效预测。

2. 合理规范运用信息化手段

数据是平台企业的核心生产要素，平台可利用数据和网络技术的高禀赋致力于独立合规信息管理系统建设，满足常态化合规及部门整合的中介需求。第一，针对具有多个业务条线且数据相对分散的平台企业，通过建立集团层面的管理中台，将合规要求数字化并引入业务全流程，通过"智能引擎""报表引擎"等功能进行业务信息采集，并针对事先判定的关键节点进行动态审查，将风险清单、内部违规通报、合规培训考核动态等内容上传系统。第二，依托大数据、人工智能、机器学习算法等前沿技术，打通"信息孤岛"，识别各部门异常趋势和潜在风险指标。例如，通过对历史采购、结算等异常费用报销记录进行标记，一旦发现用户操作请求与平均情境存在差异性较大问题，系统会主动截停并对所在业务条线予以通报等待人工复核。

（二）坚持技术创新驱动理念

平台企业的实质是科技企业，其发展路径离不开技术的持续创新。对于头部平台而言，只有通过倾斜精力和资源投入产品技术研发创新，将"价值获取"思维转变为"价值创造"，才能从根本上避免低端不正当竞争、侵害用户权益等不合规现象发生。而对于中小平台而言，创新导向的互联网生态使流量成本大幅度降低，将会有更多精力、人力、财力投入于创新。第一，平台应加大核心技术研发投入。例如，加强数据隐私保护技术、通过AI模型训练强化反欺诈和审核能力、通过隐私计算等底层环境创新设计提升算法透明度和公正性等一系列应用场景延伸方面的研发。通过技术手段有效防范违规行为，维护用户权益，提高合规管理水平。第二，加强平台企业跨领域协同合作。头部平台利用一线合规实践经验，与相关行业协会、学术机构跨界合作，有针对性地探讨平台合规领域现存问题及挑战，将复杂监管法律条文解构为易于理解的业务风险识别，向业务部门提出解决方案和最佳实践构想。

（三）充分履行企业社会责任

由于当前平台用户增量动力不足以及外部监管制度逐渐完善，平台间竞争态势逐渐趋于理性、建设性，平台应以提高服务水平和用户质量为导向。第一，常态化维护平台生态环境。例如严格把控商家资质审核关，着重治理虚假宣传、"刷单炒信"等违规问题，进一步规范经营行为。第二，强化平台经营自律意识。积极参与北京市市场监督管理部门设立的联防联控机制，签订自律公约，用好政策查阅解读、信用信息共享、风险预警等支持服务，促进政府、平台、社会三方互动式治理水平提升。此外，随着常态化监管态势基本形成，应加快平台透明度提升的整改进程，并对之前监管机构的行政指导落实情况予以阶段性公开。这种具体细节的公开有助于实现外部第三方监督治理制度的完善，且对平台声誉有一定提升。依托北京市试行的平台执法合规承诺制，面对合规部门提出潜在合规风险行为，应积极主动申请整改，做出合规承诺，争取根据复核情况依法从轻、减轻或不予行政处罚。

参考文献

［1］《百度2022年环境、社会及管治（ESG）报告》，百度，2023年6月，https：//esg. baidu. com/report？ secTag=128&is_ data=0。

［2］《北京市消协发布大数据"杀熟"问题调查报告》，北京市消费者协会，2022年9月9日，http：//www.bj315.org/xfdc/202209/t20220909_35058.shtml。

［3］《2022年环境、社会及治理报告》，京东集团网站，2023年6月，https://ir.jd.com/system/files-encrypted/nasdaq_kms/assets/2023/06/20/18-43-21/%E4%BA%AC%E4%B8%9C%E9%9B%86%E5%9B%A22022%E7%8E%AF%E5%A2%83%E3%80%81%E7%A4%BE%E4%BC%9A%E5%8F%8A%E6%B2%BB%E7%90%86%E6%8A%A5%E5%91%8A.pdf。

［4］《2022年全国网民网络安全感满意度调查统计报告（北京卷）》，网络安全共建网，2022年9月26日，http：//www.iscn.org.cn/uploadfile/2022/0926/1.pdf。

［5］江必新、袁浙皓：《企业合规管理基本问题研究》，《法律适用》2023年第6期，第11~23页。

［6］宋永生：《平台经济税收管理问题研究》，《税务研究》2021年第12期，第133~138页。

［7］王诚、魏雅雪：《企业合规治理：平台经济反垄断行政执法新视角》，《东岳论丛》2022年第4期，第181~190页。

［8］王磊：《论平台垄断的合规治理》，《行政法学研究》2023年第4期，第129~139页。

大科技金融平台：发展与监管

薛 熠 国慧霄*

摘　要： 当前，大科技金融平台正从支付、信贷、货币基金等多个方面不断重塑金融业的市场格局，带来以下社会效益：降低金融服务成本，优化金融服务；输出数字技术，提升金融服务效率；推动传统金融机构的技术创新；扩大金融服务覆盖面，助力普惠金融。同时带来了诸多风险挑战，包括市场垄断和不公平竞争、数据泄露、系统性金融风险等，给监管带来了很大的挑战。本报告建议，监管部门应注意基于实体的监管和基于活动的监管的结合运用；注意监管部门的国际合作；着眼于大科技金融平台风险的特殊性，不断创新监管机制，合理把握对大科技金融平台监管的度和边界等。未来，考虑到大型科技公司的全球足迹，混合监管的方法可能成为一种新趋势。

关键词： 大型科技公司　大科技金融　金融风险

近年来，大型科技公司基于自身庞大的客户群和数据优势，通过与传统金融机构合作或独立开展金融活动的方式，在金融体系中扮演着越来越重要的角色，已成为当前重要的金融组织形式。大科技金融平台的发展在拓展金融服务，助力普惠金融的同时，带来了一系列问题，包括市场垄断和不公平竞

---

* 薛熠，对外经济贸易大学国际经济贸易学院教授、博士生导师，主要研究方向为科技金融、金融开放理论与政策；国慧霄，对外经济贸易大学国际经济贸易学院博士研究生，主要研究方向为金融开放。

争、数据泄露、系统性金融风险等，给监管带来了很大的挑战。可见，大科技金融平台正从多个方面不断重塑金融业的市场格局并带来了诸多风险挑战。

新时代条件下要继续强化反垄断，防止资本无序扩张，有效防范风险，规范和引导资本健康发展，维护市场公平竞争。因此，要加强对大科技金融平台的有效监管，在确保公平竞争和数据安全的前提下，进一步激发市场主体的活力和创新能力，使其充分发挥推动经济增长、驱动技术创新的作用，助力中国经济高质量发展。

一　大科技金融平台的起源

（一）概念界定

大型科技公司，即 Big Tech，最初来源于新闻报道用语。2017 年 10 月，巴塞尔银行监管委员会（BCBS）首次从国际组织的官方角度使用"Big Tech"一词，并对其进行了简单的定义。"Big Tech"指的是拥有数字技术优势的全球性大型技术公司，它们通常直接面向 C 端用户提供搜索引擎、社交网络、电子商务，或数据存储和处理等 IT 平台，并为其他公司提供基础设施服务。[①] Big Tech 凭借尖端数字优势，近年来取得了快速发展，它们利用自身的数据、用户以及品牌、技术优势，逐步进入金融服务领域，打造特色的金融平台生态和服务场景，形成大科技金融（Big Tech in Finance）业务模式，表现出强大的生命力和创新性。

由此，大科技金融平台是指拥有成熟技术平台的大型科技公司依托其特有的用户、场景和技术优势，深入涉足和发展金融业务，构建数字金融平台生态，并逐步形成大科技金融业务模式和服务体系。与普通互联网平台相比，大科技金融平台服务范围更加广泛，足迹遍布全球，其本质是大型科技公司的规模优势、数字技术能力与金融服务的结合。

---

① BCBS 发表的工作论文《合理的措施：金融科技的发展对银行和银行监管者的影响》。

（二）大型科技公司进入金融服务领域的动因

大型科技公司进入金融服务领域的动因包括实现收益方式的多样化、满足客户的需要、获取新形式的数据、"补强"自身核心商业活动的效果并增强客户基础与客户黏性等。

1. 实现收益方式的多样化

大型科技公司通过进入金融服务领域拓展其业务范围，收入来源更加多样化，从而增加了利润。虽然大型科技公司的主要业务仍然是科技业务，但其电子商务业务的发展，在很大程度上增加了大型科技公司的业务收入。在2018年全球大型科技公司的总收入中，包括云计算和数据分析在内的信息技术服务占其收入的46.2%，金融服务的占比达到了11.3%（见图1）。

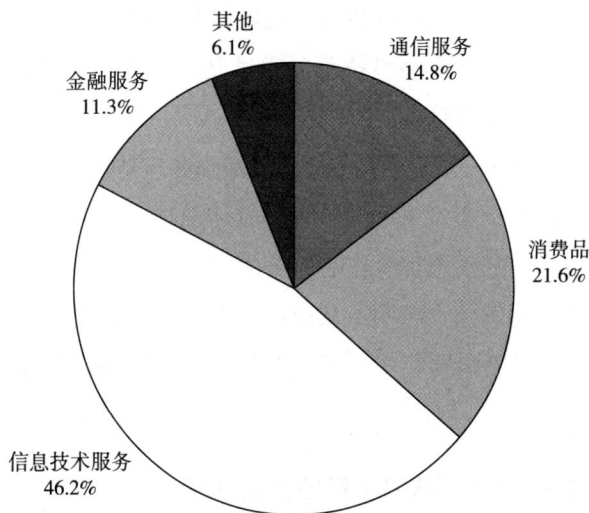

其他 6.1%
通信服务 14.8%
金融服务 11.3%
消费品 21.6%
信息技术服务 46.2%

图1　大型科技公司的收益构成

资料来源：BIS（2019）。

2. 满足客户的需要

在新兴市场和发展中经济体，拥有银行账户或信用卡的人口占比很低，而这些没有银行账户或银行服务触及不到的人群可能有很大的金融服务需求。未满足的客户需求给大型科技公司带来了机会。研究发现，中国的大科技信贷有效填补了未满足的客户需求。[①] 另外，大型科技公司往往在互联网业务中建立了自己独具特色或拥有绝对优势的数字生态体系，比如电子商务、社交和搜索等。围绕生态核心企业和数字生态体系，建立起一个能够服务于亿万名终端客户的服务平台，而嫁接在平台上的服务可谓五花八门，其核心目标为服务客户和留存客户。例如，客户的交易需求催生了支付业务，客户的融资需求催生了金融科技信贷业务，客户的资产配置和风险分散需求，使得运用财富科技和保险科技提供财富管理和保险产品有了发展空间。

3. 获取新形式的数据

金融服务的提供使大型科技公司能够收集到有关客户消费习惯和财务状况的额外数据。这些数据信息在传统上由银行掌握，但当前大型科技公司可以通过客户的活动，例如在线搜索、社交媒体账户或电子商务中收集相关信息。有一些大型科技公司免费提供一些金融服务，以获取客户数据，然后从中提取价值，例如，一些大型科技公司通过允许其客户免费使用支付服务，来换取关于其购买行为的信息。

4. "补强"自身核心商业活动的效果并增强客户基础与客户黏性

大型科技公司可以通过将金融服务集成到现有平台中，为客户提供更便利、更快捷的服务，从而增加其核心业务的收入。例如，一些大型科技公司将支付系统集成到他们的平台中，从而增强客户对该平台的依赖性。也有一些平台则为商家和消费者提供了一系列额外的金融服务，提升客户的使用频率，增强客户黏性。

（三）大型科技公司从事金融业务的优势

1. 技术门槛高

大型科技公司都具有超强的技术优势，特别是在数字技术领域会大规模的投入资金和各种资源，在人工智能、大数据、云计算、区块链和5G网络等领域处于技术领先地位，能够降低成本、提升效率。

---

① Y. Huang, L. Zhang, Z. Li, H. Qiu, T. Sunand X. Wang, "Fintech Credit Risk Assessment for SMEs: The Case in China", IMF Working Papers 20 (2020).

2. 显著的规模效应

大型科技公司往往具有超亿级规模的客户群体，即便有巨额的技术和研发投入，其在金融服务领域仍具备规模效应及边际成本趋近于零的成本优势。大型科技公司可以利用平台中的用户数据，加上数字服务中固有的网络效应，迅速扩大规模，有效打破规模限制。反过来，更多的用户活动又产生了更多的用户数据，有利于大型科技公司发挥网络效应的优势，提高市场占有率。可见，大型科技公司可以通过所谓的"数据网络活动"循环，迅速在金融服务领域产生实质性的影响。

3. 良好的客户体验

不同于传统金融机构以严密的合规流程来设计用户使用规则，大型科技公司往往在激烈的市场竞争中迭代产品，更聚焦于不断提升用户的体验。互联网产品的设计和迭代，立足于客户的体验，努力做到零摩擦和零痛点。大型科技公司在客户端建立起的品牌优势，同样可以延展到金融服务领域。

4. 平台模式效应

大型科技公司从事金融业务，往往更聚焦于对接资金的两端，搭建金融服务平台，而其平台模式具有明显的规模效应和跨群外部性，因此在降低成本和用户感知方面更具优势。传统金融机构通过大型科技公司的平台也能够触达前所未有的广阔客户群体，与客户实现紧密的互动，在这一过程中实现数据和业务的联通。

银行、大型科技公司、金融科技公司、银行+金融科技的优势比较如表1所示。

表1 银行、大型科技公司、金融科技公司、银行+金融科技的优势比较

	优势	银行	大型科技公司	金融科技公司	银行+金融科技
信任	规模	√	√	×	√
	品牌认知度	√	√	×	√
	客户忠诚度	√	—	—	√
杠杆	投资能力	√	√	×	√
	低成本的资金	√	√	×	√
	全球客户基础	×	√	×	×
	网络效应	×	√	—	—

	优势	银行	大型科技公司	金融科技公司	银行+金融科技
性能	尖端技术	×	√	√	√
	交叉补贴	√	√	×	√
	宽松的监管环境	×	√	√	×

注："√"表示具备该项优势，"×"表示不具备该项优势，"—"表示目前尚不明确。
资料来源：FSB（2019）。

二 大科技金融平台的发展规模及特点

（一）发展现状及规模

当前，大型科技公司已经从事广泛的金融活动，并且正在加速向金融业进军。大型科技公司金融服务的业务类型经历了快速增长，包括支付、信贷、保险、资产管理、众筹等，已经涉及50多项金融服务。同时，2022年大型科技公司的市值已经超过了世界主要的金融集团（见图2），可见大型科技公司介入金融业的广度和深度都得到了迅速的拓展。

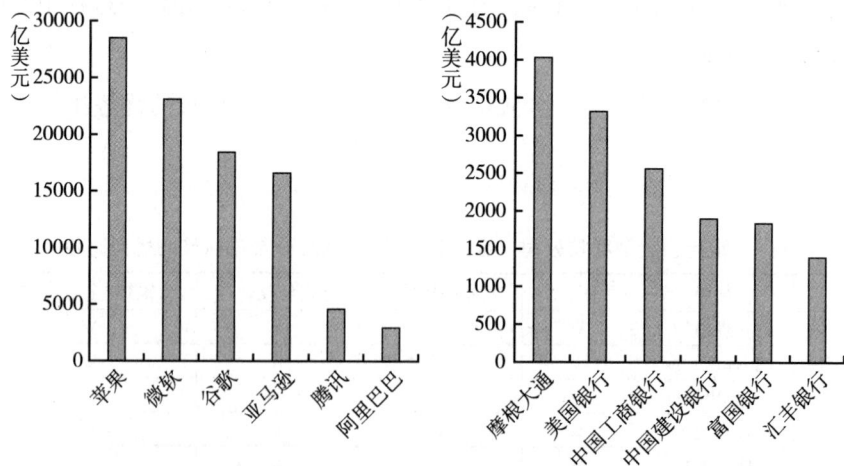

图2　2022年大型科技公司（左图）和一些主要金融集团（右图）的市值

资料来源：普华永道。

就国内市场规模而言，金融科技行业景气度高企，市场规模持续增长。据统计，2017~2020 年中国金融科技行业市场规模 CAGR 为 14.7%。2022 年，中国金融科技行业市场规模已达到 5423 亿元（见图 3）。

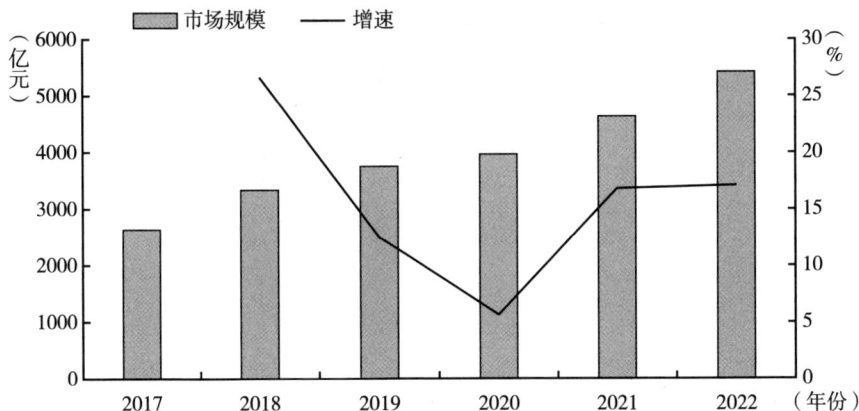

图 3　2017~2022 年中国金融科技行业市场规模及增速

资料来源：中国信通院。

（二）发展特征

1. 服务范围以亚太地区为主

大型科技公司虽然为全球用户提供服务，但服务范围主要位于亚太地区和北美，在一些新兴市场经济体，尤其是东南亚、东非和拉丁美洲，迅速扩张。如图 4 所示，亚太地区占据了 42.9% 的服务份额，其中，大型科技公司进军金融业的范围在中国最为广泛。

已经具备成熟金融服务的发达经济体，由于信用卡覆盖率较高，以"GAFA"[①] 为代表的大型科技公司的金融业务一般只涉及支付、信贷等领域，份额占比并不高；在金融市场发展不充分的中国市场，以"BATJ"[②] 为代表的大型科技公司深度介入金融业，已在金融市场占据了相当大的份

---

① "GAFA"指谷歌、亚马逊、脸书和苹果。
② "BATJ"指百度、阿里巴巴、腾讯和京东。

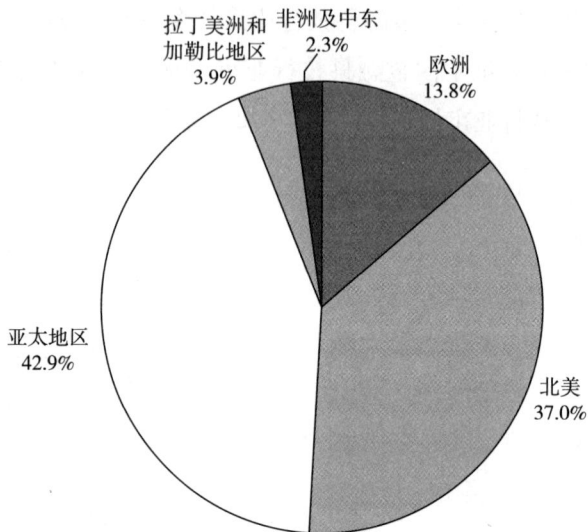

图4 大型科技公司进入金融业的地域分布

资料来源：BIS（2019）。

额，在包括支付、信贷、资产管理、互联网保险在内的多个领域表现突出。

2. 起步于支付领域并已占据了相当大的市场份额

大型科技公司对金融业的参与始于支付领域，最初是为了解决电子商务平台上买家和卖家之间缺乏信任的问题。以支付宝为代表的大科技金融平台提供的支付服务允许买家在交付或收回时保证结算，且这一服务完全集成到电子商务平台中，大大促进了电商交易。当前，大型科技公司的支付服务已广泛地替代了信用卡和借记卡等其他电子支付手段。

大型科技公司的支付平台目前有两种不同的类型。在第一种类型的"叠加"系统中，用户主要依靠现有的第三方基础设施，如信用卡或零售支付系统来处理和结算付款。在第二种类型中，用户可以直接在大型科技公司（如支付宝、微信）专有的系统上进行处理和结算。"叠加"系统在美国等发达经济体更为常见，因为在亚马逊和eBay等电子商务公司崭露头角时，信用卡已经无处不在；在信用卡等无现金支付方式渗透率较低的新兴市场国家，独立支付系统更为普遍。这有助于解释中国大型科技公司支付服务的巨大规模，占 GDP 的 16%，远高于其他国家（见图 5）。

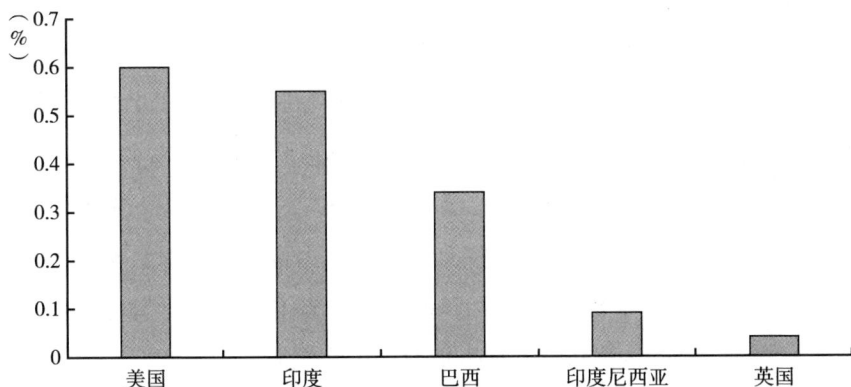

图 5　部分国家大型科技公司的支付服务占 GDP 的比重

资料来源：BIS。

相较于在发达经济体，大型科技公司在中国的支付服务增长最为明显。数据显示，2021 年我国移动支付业务金额达 526.98 万亿元，同比增长 21.9%。截至 2022 年第三季度，我国移动支付业务金额为 378.25 万亿元，交易规模远超其他国家和地区。同时，支付宝和腾讯在移动支付市场的份额已经超过 90%。

3. 货币基金业务快速增长

大型科技公司利用其广泛的客户网络和较高的品牌知名度在其平台上提供货币市场基金和理财产品。客户通常会在大科技金融平台的账户中有余额，大型科技公司为了使用这些余额，通常会提供短期投资服务。大型科技公司可以通过分析客户的消费偏好、投资和提款模式等，为客户提供定制化的服务，在为用户提供即时存取服务的同时，实现灵活的投资收益。与传统金融机构设立专门分支机构不同，大型科技公司可以通过其金融平台实现与用户的紧密互动，更了解用户特点及其风险偏好，从而为用户提供更方便、快捷、友好的服务。

中国大科技金融平台的货币市场基金增长迅速，规模已超 2 万亿元。其中，面向支付宝用户的余额宝已发展成为全球最大的货币市场基金，资产超过 1 万亿元，拥有约 3.5 亿名客户。

4. 大科技信贷发展迅速

中国是大科技信贷的最大市场。根据中国人民银行提供的数据，阿里巴巴旗下的蚂蚁集团、腾讯旗下的微众银行、百度旗下的度小满和电子商务平台京东等大型科技公司 2018 年总贷款额 3630 亿美元，2019 年总贷款额 5160 亿美元，发展十分迅速。这些大科技金融平台的借款对象涵盖类型广泛，从阿里巴巴淘宝平台上的小微企业（蚂蚁集团）到基于智能手机的消费贷款（微众银行），再到农村学生贷款（度小满）。

大科技信贷在中国、日本、韩国等国家都实现了快速增长。2017 年之前，金融科技信贷 P2P 平台数量众多且保持着快速增长，但由于一系列违约事件，其规模从 2018 年开始大幅收缩：2015 年 11 月金融科技信贷平台一度达到 3600 个的峰值，而到 2019 年底只剩 343 个仍在运营。

5. 中美大科技金融平台的不同发展路径

从全球来看，大型科技公司主要集中在美国和中国。欧洲国家为形成公平的市场竞争环境，出台了严格的反垄断规定，因此难以形成大型科技公司；日本注重制造业的发展，在移动互联网领域尚未取得较大发展，也缺乏大型科技公司。[①]

美国大型科技公司介入金融业务主要是为其主营业务服务，对金融业务涉足不多，一般仅限于支付、信贷等领域，金融业务的份额占比也不高；中国的大型科技公司则更加注重金融业务的发展，涉及的金融活动包括支付、信贷、基金、保险、证券等多个领域，并对传统金融机构形成了较大的冲击和挑战。从业务模式来看，美国大科技金融平台的发展多依赖于现有的金融系统，因为在亚马逊和 eBay 等电子商务公司崭露头角时，信用卡已经无处

---

① 付一兰：《发达国家对大型科技公司如何开展金融业务监管？》，新浪财经，2021 年 4 月 6 日，http://finance.sina.com.cn/money/bond/2021-04-06/doc-ikmxzfmk5214827.shtml。

不在；中国由于金融服务的覆盖面不大，大科技金融平台往往形成了独立的金融业务平台，且在金融市场形成了相当大的规模。

各大型科技公司涉及的金融业务如表2所示。

表2　各大型科技公司涉及的金融业务

	地理区域	支付	货币市场基金和保险	信贷
新兴市场经济体				
阿里巴巴、支付宝、腾讯	中国	☆	☆/√	☆
百度	中国	☆	☆/√	√
非洲支付 M-Pesa	东非、埃及和印度	☆		√
美客多	阿根廷、巴西和墨西哥	☆		☆
三星	韩国	√		
GO-Jek、Ola Cabs	东南亚	☆		
Grab	东南亚	☆	√	☆
KT	韩国	√	☆	☆/√
Kakao	韩国	☆/√		☆/√
发达经济体				
谷歌	全球	√		☆/√
亚马逊、eBay、PayPal	全球	√		√
苹果、脸书、微软	全球	√		
Orange	法国	√		√
Groupon	全球	☆		
Line、Rakuten	日本	☆	☆	☆
NTT DoCoMo	日本	☆	☆	√

注：☆表示在传统金融和银行网络之外引入的新实体和新业务，√表示在现有金融机构之上或与现有金融机构合作提供服务。

资料来源：BIS。

三　大科技金融平台带来的社会效益

（一）降低金融服务成本，优化金融服务

一方面，大型科技公司可以利用自身的数据和技术优势为客户提供更便捷、更低价和更容易获得的金融产品，从而降低消费者的金融服务成本，优

化金融服务；另一方面，通过提供支付、信贷、资产管理等多样化的金融服务，大型科技公司为消费者提供了更多的选择，使其能够享受定制金融产品，对传统金融机构起到了补充作用。一是支付服务。大型科技公司提供的支付服务可以解决电子商务平台上买家和卖家之间缺乏信任的问题，大科技金融平台提供的支付服务允许买家在交付或收回时保证结算，在电子零售端得到了广泛的使用。同时，二维码支付方式的普遍应用大幅提高了支付效率，给商家和消费者带来了便利。据统计，中国移动支付和网络支付费率均不超过0.6%。[①] 二是信贷服务。大型科技公司提供信贷服务，可以有效扩展金融服务边界，覆盖传统金融机构触及不到的弱势群体，使偏远地区及欠发达地区的居民获得金融服务成为可能。同时，可以解决小微企业融资难、融资贵的问题，拓展信贷来源。三是资产管理服务。大型科技公司还可以利用其数据优势为消费者提供定制化的资产管理服务，满足一些客户的投资理财需求。大型科技公司可以通过分析用户日常的消费和投资偏好，在投资货币市场基金的同时，允许客户随时提款，更灵活地满足客户的需求，大科技金融平台的货币基金业务得到了快速的发展。总之，大型科技公司进入金融业可以有效拓展传统金融机构的业务范围，给消费者提供更便捷、更优质的金融服务。

（二）输出数字技术，提升金融服务效率

大型科技公司具有全球尖端的数字技术，进入金融业后可以基于自身强大的技术优势向金融机构输出数据、技术，大幅提高整个金融行业的服务效率。在数据输出方面，大型科技公司拥有海量、多元、高频、动态的网络数据，可以有效补充传统的征信数据，为获客、信评、违约预测等金融服务领域提供帮助。例如，一些互联网平台公司在开展消费信贷业务时，为更加准确地估计违约概率，降低违约风险，往往运用大数据技术对用户进行"画像"，以更好地识别客户资质，从而在提高融资效率的同时将违约概率控制在较低水平。在技术输出方面，大型科技公司拥有人工智能、大数据、云计

---

① 易纲在 BIS 监管大型科技公司国际会议上的讲话。

算、区块链等先进技术，为金融机构的营销获客、资产管理、风险防控等业务提供技术支持。例如，人工智能技术广泛应用于平台客服、投资顾问等领域；云计算技术有效整合多个信息系统，提升数据存储的安全性。另外，大型科技公司还为金融机构提供 App、小程序等一站式支持，大幅提高了金融服务领域的数字化程度，提升了金融服务效率。

（三）推动传统金融机构的技术创新

大型科技公司的技术输出带来的竞争压力可以为金融服务的创新和更广泛的获取提供积极的动力。大型科技公司进入金融业在很大程度上加剧了传统金融机构的竞争压力，可能导致其客户的转移和盈利能力的降低。大科技金融平台借助人工智能、大数据、云计算、供应链、区块链等先进技术为客户提供便捷的服务，在保证资产安全的同时成本更低、灵活度更高，可以随时存取款，更好地满足客户需要。这进一步挤压了传统金融机构的生存空间，为应对来自大型科技公司日益激烈的竞争以及商业模式的变化，银行等传统金融机构必须积极进行技术创新，推动自身的数字化转型，提升服务质量和服务效率。传统金融机构的转型可以带动相关领域的技术发展，促进社会范围内金融服务的创新。

（四）扩大金融服务覆盖面，助力普惠金融

大型科技公司进入金融业可以覆盖传统金融机构触及不到的群体，提高金融包容性，不仅在一定程度上解决了我国小微企业融资难的问题，也使偏远地区和欠发达地区居民获得金融服务成为可能，大大促进了普惠金融的发展。大科技金融平台的发展可以有效触及传统金融机构覆盖不到的长尾群体，扩大金融服务覆盖面。据统计，中国已有数十亿名用户开通了电子钱包，其中包括农村地区的数亿名用户。中国 15 岁以上人口的金融账户拥有率从 2011 年的 63.8% 上升到 2017 年的 80.2%，而这一增长是由最贫困的 40% 的人口推动的。[①] 可见，

---

① 数据来源于世界银行（2018）。

大科技金融平台在拓展金融服务边界方面发挥了重要作用。

大科技金融平台主要针对传统金融机构服务不足的市场，在克服普惠金融的障碍方面具有天然的优势。大型科技公司可以通过技术优势降低风控和获客成本，解决传统金融机构面临的难题：一方面，大型科技公司的规模效应允许其以近乎零的边际成本服务新客户；另一方面，大科技金融平台可以利用其海量数据优势精准绘制用户画像，估计客户违约风险，从而为一些传统金融机构覆盖不到的中小微企业，甚至一些长尾群体提供金融服务。据统计，在新兴市场和发展中国家，大约有48%的符合条件的人口拥有银行账户，但近2/3无银行账户人口拥有智能手机。在中国，82%的无银行账户人口拥有智能手机。这为大型科技公司进入金融业提供了机会。因此，在支付服务有限、手机普及率高的地方，大型科技公司会获得更快的发展。

四 大科技金融平台的监管

（一）大科技金融平台带来的监管挑战

1. 市场垄断和不公平竞争

由于网络效应的存在，大型科技公司会凭借其数据和客户优势垄断市场，形成"赢家通吃"的局面，不利于市场的公平竞争。大型科技公司进入金融业不仅会巩固其原有的市场主导地位，还会凭借其巨大的技术优势和客户资源在金融业迅速获得竞争优势，这种竞争优势使大科技金融平台在资源配置中的权力过度集中，并逐步强化为市场垄断。大科技金融平台可以大量"烧钱"，从抢流量、抢客户入手占领市场，利用直接补贴或交叉补贴，先使自己成为"赢者"，再兼并其他竞争者，造成"赢者通吃"的局面。同时，市场力量的过度集中意味着支付服务的高成本。当大型科技公司占据市场主导地位时，平台竞争的经济效益可能导致商户向消费者收取的费用高于现有费用。根据研究数据，在某些情况下，商业服务成本高达4%。另外，大型互联网企业还可能导致维护市场公平竞争的传统措施失效。过去应对市场权力过度集中的有效做法是降低市场准入门槛，但现在一旦降低某一领域的准入门槛，允许大型科技公司进入，它们可能迅速抢占市场，挤垮竞争对手。

2. 过度采集客户数据，侵犯客户隐私

大型科技公司的发展过程可能存在数据集中和数据滥用的问题。除了数据集中导致的垄断外，如何确保客户隐私不受商业主体（或政府主体）未经授权的读取也是公众关注的重点问题。大型科技公司从事金融业务意味着消费者各种金融和非金融信息的集中采集和暴露。大型科技公司不仅掌握消费者的购物偏好，还掌握其金融资产、投资决策和交易信息等，可以通过大数据技术精准绘制消费者的画像，一旦发生数据泄露或数据被不良公司恶意利用，会严重危害消费者的隐私安全，进而造成重大财产损失和人身安全隐患。据统计，2021 年每起数据泄露事件带来的平均损失高达 424 万美元，同比增长 10%，达到了七年来的最大增幅。[①]

消费者对不同主体的信任情况如图 6 所示。

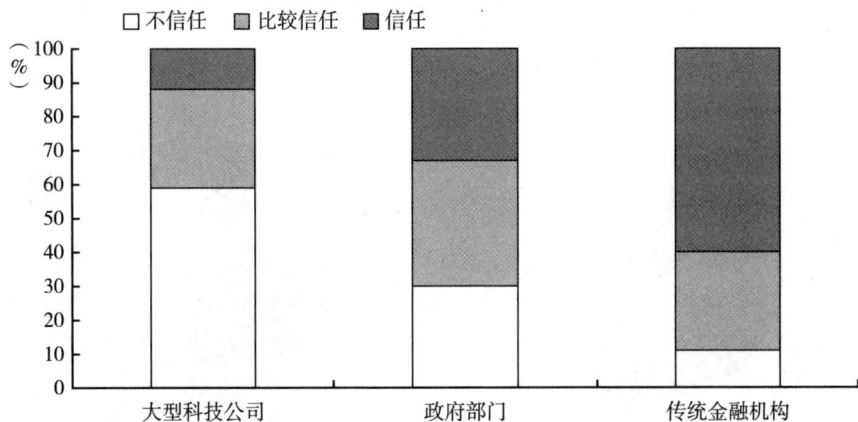

图 6 消费者对不同主体的信任情况

资料来源：BIS。

---

① 数据来源于 IBM《2021 年数据泄露成本报告》。

3. 系统性金融风险

（1）基础设施过于集中

大科技金融平台"大而不能倒"。蚂蚁集团个人用户超 10 亿人，机构用户超 8000 万家，数字支付交易规模达 118 万亿元，大科技金融平台的规模可见一斑。一旦出现风险暴露，大科技金融平台将引发严重的风险传染。以云服务为例，云服务是计算服务的虚拟交付，为所有提供金融服务的实体的运营提供动力，包括银行、投资公司和小微企业。这些实体对少数关键供应商的依赖性很强。英格兰银行 2020 年的一项调查数据显示，超过 70% 的银行和 80% 的保险公司仅依赖两个 IaaS 云提供商。[①] 而在全球范围内，52% 的云服务仅由两家 Big Tech 提供，而超过 2/3 的服务由 4 家 Big Tech 提供。[②]

如图 7 所示，Gartner 数据显示，亚马逊公司占据了全球 38.9% 的云计算 IaaS 市场份额；中国信通院数据显示，阿里云与天翼云占据了近一半的中国公有云市场。云服务的过度集中凸显了金融部门对 Big Tech 提供的服务的依赖。一家公司甚至一项服务的失败，都可能在金融服务业产生重大事件，对消费者、金融市场和金融稳定产生负面影响。这客观上使大型科技公司变得"过于重要而不能倒闭"。

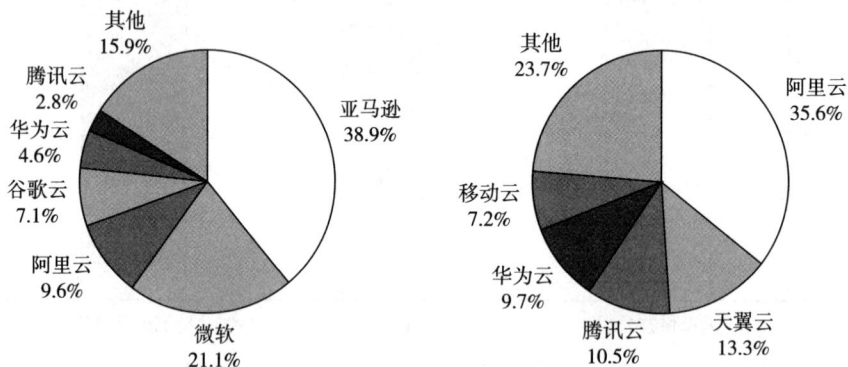

图 7　2021 年全球（左图）及中国（右图）云计算 IaaS 市场份额分布

资料来源：Gartner 公司及中国信通院。

---

① How Reliant are Banks and Insurers on Cloud Outsourcing？｜Bank of England.

② Chart：Amazon Leads S130-Billion Cloud Market｜Statista.

（2）长尾风险

大型科技公司进入金融业有助于打破普惠金融的障碍，覆盖传统金融机构触及不到的偏远地区及一些长尾群体，大大拓展金融的服务广度。但是长尾群体往往资质或信誉较差，缺乏专业的金融知识及投资决策能力，在金融市场上表现出较强的从众行为，一旦市场出现较大的波动，这些长尾群体就容易集体抛售金融资产，使风险迅速扩散，进而形成系统性金融风险。

（3）跨行业、跨领域的交错风险

大型科技公司的业务涉及多个金融服务细分市场，尽管某种产品或服务本身不会引发系统性金融风险，但多种产品或服务进行整合后便有可能触发风险。另外，大型科技公司客户覆盖面广，且经营模式、算法趋同，一旦某个环节出现问题，金融风险会迅速传染，从而在较短时间内演变为系统性金融风险。

大型科技公司的风险类型如表3所示。

表3　大型科技公司的风险类型

风险类型	潜在风险
消费者保护	1. 通过整合金融服务，减少了消费者的选项 2. 占据市场主导地位之后，可能会选择提高服务价格，挤压产品创新空间 3. 对业务活动、伙伴关系或监管保护等信息的披露不足 4. 提供免费或更廉价的服务的同时，持续搜集、存储消费者数据，从而产生消费者个人隐私保护问题
财务诚信	有些大型科技公司会助长跨境欺诈、盗窃和洗钱等违法行为

资料来源：笔者根据网络公开资料整理。

（4）信息技术可控性、稳定性风险

大型科技公司使用前沿信息技术往往给监管机构风险识别、监测与处置造成困难。大型科技公司采用数据驱动、平台支撑、网络协同的业务模式，增加了风险处置的困难。大型科技公司利用大数据技术，以平台模式为大量长尾用户提供广泛的金融服务，涉及对公众资金的快速大范围转移、隐蔽性聚合和不透明管理。当前，大数据模型尚存在理论基础不完善、稳健性较差等问题，一旦发生失误，触发金融风险，或进一步增加风险处置难度。

（二）监管现状

1. 现有监管框架

当前对大型科技公司的监管主要有三种思路：基于实体的监管（Entity-based Regulation）、基于活动的监管（Activity-based Regulation）、混合监管（Hybrid Regulation）。

基于实体的监管是指对提供受监管服务（如接收存款、支付便利化、贷款和证券承销）的持牌实体或集团实施监管。在这种监管模式下，每个实体都需要遵守治理、审慎和行为要求。监管部门会采取场外监测和现场检查等方式来落实监管工作。监管部门可以依据某些原则制定监管法规，提高监管的灵活度，监管主要依赖治理和监督。若监管部门和监管对象之间能够持续互动，监管部门就能监控风险的累积和商业模式的演变。一旦监管对象的某些行为可能会引发过度的风险和威胁金融稳定，监管部门便可以采取一系列早期行动，要求监管对象改变行为。

基于活动的监管是指对从事某些受监管活动（例如促进投资买卖或提供贷款服务）的个人或公司开展监管，遵循"相同活动，相同监管"的原则。与此类监管对应的法规通常具有规定性，旨在规范市场行为，监管部门会通过罚款和采取其他执法行动来保证合规。许多法规禁止在特定条件下进行某些活动。在某些方面，监管部门规定只要获得相关的监管许可便可开展某些活动，因此有助于加强市场竞争。然而，监管部门需要对"受监管活动"做出非常精确的定义，这可能会创造监管套利的机会，并且可能无法反映快速变化的金融科技活动。这种监管模式下的相关法规可能不具备技术中立性，因此可能会对技术创新产生负面影响。在这种监管模式下，跨境活动无法得到有效监管，除非全球监管机构考虑采取一致的监管模式，并且国际协议允许跨境执法。

混合监管结合了基于活动和基于实体的监管要素，这取决于每个司法管辖区监管结构的性质，以及该司法管辖区是公司总部所在地还是其活动所在地。

混合监管将同时使用基于活动和基于实体的法规，在母国和东道国司法管辖区之间明确分配责任，并在监管机构之间密切合作，以便从这两种方法中获益。实体将受制于母国司法管辖区的许可，并受制于其他要求，包括东道国监管机构实施的基于活动的法规。母国和东道国监管机构之间的密切合作将使监管机构能够最终实施和执行全球与地方要求。在监管人员之间的密切合作下进行监测和风险识别，能够发现将整个集团内产生的活动组合所产生的系统性风险。

基于活动的监管和基于实体的监管之间的区别只适用于实体执行不同类型的受监管活动。当受监管的实体只提供一种服务（比如，支付服务或信贷承销）或只进行某一种活动，两种监管模式基本没有区别；当受监管的实体提供多种服务或进行多种活动，两种监管模式是存在区别的。基于活动的监管将对实体从事的每一种服务制定相关的监管准则并对每一项活动进行独立监管，但这种活动监管的模式无法控制多种活动中的风险联动与传染，因此，需要对执行多种活动的公司进行基于实体的监管。

目前，对于大型科技公司的监管框架基本遵循基于活动的监管。然而，考虑到大型科技公司进入金融业带来的一系列独特挑战，一个单纯基于活动的监管框架可能不足以应对这些挑战，需要基于活动的监管、基于实体的监管的方法混合使用。另外，大型科技公司向金融服务领域的扩张速度很快，而且是在跨境和跨部门的基础上进行的。考虑到大型科技公司的全球足迹，再加上其庞大的客户群，未来，混合监管的方法可能成为一种新趋势。

2. 中国的监管实践

近年来，中国正在逐步转向基于实体的监管，对大科技金融平台的监管趋严。

2018 年，中国人民银行对活跃在支付领域的非银行支付机构进行了改革。一方面，它对大型科技公司支付账户中的客户余额提出了准备金要求，规定从 2019 年 1 月起，大型科技公司必须将 100% 的客户余额存入中国人民银行的准备金账户。这一举措将严格限制大型科技公司将资金投资于银行系统中的计息资产或进入影子银行的潜在风险。另一方面，2018 年 6 月以来，大型科技公司被要求在新成立的国有清算所——网联清算有限公司上结清付款。网联清算有限公司是一个国有的银行卡支付清算网络。通过一个共同的公共平台进行支付清算，改变了第三方支付平台和银行之间复杂而不透明的双边关系，从而提高了透明度（见图8）。

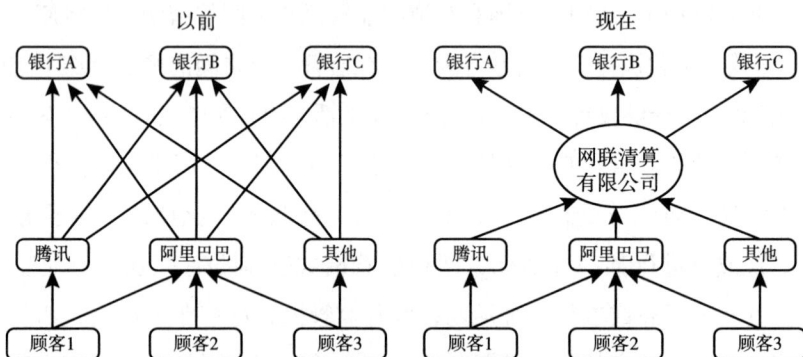

图8　第三方支付平台和银行的关系变化

资料来源：BIS。

2020年中央经济工作会议提出要强化巨型互联网平台的反垄断和防止资本无序扩张，坚决打破垄断和纠正查处不正当竞争行为，维护公平竞争市场秩序。2020年11月，中国人民银行、银保监会等监管机构更是对蚂蚁金服进行了三次约谈。可见，我国对大科技金融平台的监管持续严格，大科技金融平台进入全面治理整顿的阶段。

2021年1月20日，中国人民银行发布《非银行支付机构条例（征求意见稿）》，在非银行支付领域纳入了反垄断监管措施，进一步强化了支付领域反垄断监管措施，明确划定了垄断标准（见表4）。

表4　《非银行支付机构条例（征求意见稿）》中反垄断监管措施

条款	涉及情形	相关规定
第55条	市场支配地位预警措施	1. 一个非银行支付机构在非银行支付服务市场的市场份额达到三分之一 2. 两个非银行支付机构在非银行支付服务市场的市场份额合计达到二分之一 3. 三个非银行支付机构在非银行支付服务市场的市场份额合计达到五分之三

条款	涉及情形	相关规定
第56条	市场支配地位情形认定	1. 一个非银行支付机构在全国电子支付市场的市场份额达到二分之一 2. 两个非银行支付机构在全国电子支付市场的市场份额合计达到三分之二 3. 三个非银行支付机构在全国电子支付市场的市场份额合计达到四分之三

资料来源：笔者根据网络公开资料整理。

2021年10月29日，国家市场监督管理总局公布了《互联网平台分类分级指南（征求意见稿）》《互联网平台落实主体责任指南（征求意见稿）》，细化对互联网平台的管理，进一步明确了不同类型、级别互联网平台的责任，对其进行分级、分类管理：互联网平台拟按照用户规模等划分为超级平台、大型平台和中小平台三级，微信、淘宝、抖音、支付宝等App将按照超级平台管理。

（三）监管建议

当前，大科技金融平台已经成为重要的金融组织形式，但相较于传统金融机构，其发展具有系统性和特殊性。如何进一步规范大科技金融平台的发展，在保证市场公平竞争的基础上充分激发市场主体的创新活力，是当前监管部门面临的难题。本报告提出以下建议。

第一，要注意基于实体的监管和基于活动的监管的结合运用。目前，大型科技公司的监管框架基本遵循基于活动的监管。然而，考虑到大型科技公司进入金融业带来的一系列独特挑战，一个单纯基于活动的监管框架可能不足以应对这些政策挑战，无法控制多种活动中的风险联动与传染。因此，需要基于活动的监管和基于实体的监管的方法混合使用。

第二，要注意监管部门的国际合作。大型科技公司向金融服务领域的扩张速度很快，而且是在跨境和跨部门的基础上进行的。考虑到大型科技公司的全球足迹，再加上其庞大的客户群，政策制定者需要解决监管大型科技公司的问题。监管机构需要合作，以了解监管方法的跨境影响。正如《巴厘岛金融科技议程》所强调的那样，母国和东道国司法管辖区之间的国际合作对于确保有效的政策应对措施非常重要。理想情况下，母国监管机构应建立基于实体的法规来监管大型科技公司的全球活动，而东道国监管机构原则上可以主要通过基于活动的法规来解决当地的风险和担忧。在明确分配责任的基础上，母国和东道国主管之间必须进行强有力的协调。

第三，应着眼于大科技金融平台风险的特殊性，不断创新监管机制，合理把握对大科技金融平台监管的度和边界。大科技金融平台的发展具有系统性和特殊性，与传统金融机构存在诸多不同。一方面，大科技金融平台的风险来源和形成机制更加复杂，可能会产生一些特殊的监管问题，需要不断创新监管方法；另一方面，大科技金融平台具有的海量用户数据与前沿算法是当前金融科技时代下金融服务和金融产品的核心要素，要合理利用，发挥其对市场活力的激发作用。

参考文献

［1］胡滨等：《大型互联网平台的特征与监管》，《金融评论》2021 年第 3 期，第 101～122+126 页。

［2］尹振涛、冯心歌：《大科技金融：概念、发展与挑战》，《金融评论》2020 年第 3 期，第 65～75+125 页。

［3］张明：《数字经济背景下金融业数据垄断的法律规制——以大型科技公司介入金融业为切入点》，《大连海事大学学报》（社会科学版）2021 年第 3 期，第 24～32 页。

［4］罗汉堂：《数字技术与普惠性增长》，2019 年 1 月。

［5］尹振涛、潘拥军：《理性认识 Big Tech 介入金融领域》，《中国金融》2019 年第 10 期，第 72～73 页。

［6］BCBS, Implications of Fintech Developments for Banks and Bank Supervisors (2017), https：//www. bis. org/bcbs/publ/d415. pdf.

［7］BCBS, Sound Practices：Implications of Fintech Developments for Banks and Bank Supervisors (2018), https：//www. bis. org/bcbs/publ/d431. pdf.

［8］ FSB, Big Tech Firms in Finance in Emerging Market and Developing Economies
（2020）, FSB Publication.

［9］ FSB, Big Tech in Finance: Market Developments and Potential Financial Stability
Implications（2019）, FSB Publication.

［10］ BIS, Big Tech in Finance: Opportunities and Risks（2019）, BIS Annual Economic
Report.

［11］ A. Carstens et al., "Regulating Big Techs in Finance," *BIS Bulletin* 45（2021）.

［12］ G. Cornelli et al., "Fintech and Big Tech Credit: A New Database", BIS Working
Paper（2020）.

［13］ Yiping Huang et al., "Big Tech Credit and Monetary Policy Transmission: Micro-
level Evidence from China", BIS Working Paper（2023）.

［14］ T. Adrian, "Big Tech in Financial Services", speech at the International Monetary
Fund, Washington, DC, 2021.

［15］ FSB, Big Tech in Finance: Market Developments and Potential Financial Stability
Implications（2019）, Financial Stability Board（fsb. org）.

B.12
北京市数字平台跨界经营：
发展现状与典型平台[*]

刘 航 李晓壮[**]

摘 要： 数字平台的跨界经营已经成为十分普遍的现象。通过跨界经营，数字平台企业能够进入显著区别于原有主营业务的新领域进行经营，拓展业务范围，实现多元化经营。本报告聚焦北京市数字平台跨界经营发展现状、典型平台以及相关的问题与对策。首先，本报告分析了北京市数字平台跨界经营的特点与现状，说明数字平台跨界经营的现象日益普遍，进而模糊了数字平台市场的边界，由此区分数字平台的两类跨界经营模式："基于技术维度的纵向跨界经营"以及"基于用户维度的横向跨界经营"。其次，本报告依据这两类跨界经营模式，对百度、高德、京东以及腾讯、美团、抖音、快手等典型平台的跨界经营行为进行分析。最后，本报告指出我国数字平台跨界经营存在的三类问题：相关市场界定、"扼杀式并购"以及市场势力传导，并给出了具有针对性的政策建议。

关键词： 数字平台 跨界经营 多元化经营模式 北京

---

* 本报告系国家自然科学基金面上项目"平台经济数字治理的理论逻辑与体系构建研究"（72273167）的阶段性研究成果。

** 刘航，经济学博士，理论经济学博士后，中央财经大学中国互联网经济研究院副院长、数字平台研究中心主任，副研究员、研究员（正高级岗），主要研究方向为数字经济学、平台经济学、产业经济学、金融经济学；李晓壮，中央财经大学经济学院博士研究生，主要研究方向为数字经济学、资源与环境经济学。

数字平台跨界经营是指数字平台企业在其主营的一个或多个业务领域以外，进入显著区别于原有主营业务的其他领域进行经营。在跨界经营方面，北京市头部数字平台企业表现得非常活跃，根据市场需求和潜在机会，不断拓展业务范围，实现多元化经营。例如，总部位于北京亦庄经济技术开发区的大型平台企业——京东，除了一直深耕于自营型网络零售的相关业务之外，还通过其自建的物流体系将业务范围拓展到 O2O 生鲜食品，并强势进入在线医药、数字金融等领域，实现了互联网跨领域的多元化经营。

数字平台跨界经营是数字化时代的发展趋势之一，平台企业利用自身在数据资源和数字技术两个维度上的竞争优势，实现业务范围的不断扩大、不同业务之间的协同互促，进而提供更全面的服务以及实现更为显著的价值创造。此外，数字平台的跨界经营也有利于产业层面的有效竞争，提升平台经济的运行效率，促进社会福祉特别是消费者福祉的增进。

实际上，数字平台企业能够顺利进入一个新的行业从而成功实现跨界经营的关键是，打通数字经济中表现得尤为显著的两类进入壁垒：用户门槛与技术门槛。其中，用户门槛指的是平台企业需要积累足够数量的用户基础，从而能够实现在新行业经营所需的网络效应；技术门槛指的是平台企业为了提供新行业的商品或服务所需具备的技术条件，特别是需要掌握以大数据、云计算、人工智能等为代表的前沿数字技术。可见，成功实现跨界经营，对于中小型互联网企业而言确实具有较高的用户门槛与技术门槛。但对于在某一领域占据头部地位的平台企业而言，他们通常已经拥有了足够数量的用户，并且在数字技术的研发与创新方面具有相当的实力。因此，这两类进入壁垒不会阻碍头部平台企业的跨界经营。

本报告基于上述的基本逻辑，分析北京市数字平台跨界经营的发展现状、竞争格局以及相应的问题与对策。

一 北京市数字平台跨界经营的特点与现状

（一）数字平台跨界经营现象日趋普遍

平台经济作为数字经济的重要组成部分，近年来实现持续快速发展。我国居民的生活方式特别是线上活动发生了巨大的变化。以智能手机、平板电脑、笔记本电脑为代表的智能终端已经基本实现了全民普及，数字平台企业基于这些终端开发出来的海量应用程序（App），已经广泛涉及人民生活的方方面面，这些都促使消费者改变了传统的消费模式，越来越倾向于实施网络购物、移动支付、在线娱乐等数字化消费行为。借助于数字平台企业搭建的各类在线市场，传统行业纷纷致力于数字化转型，通过拓展在线销售渠道、提供个性化的数字化服务和体验来满足消费者需求。此外，通过电子商务和社交媒体等数字平台，传统企业可以更好地了解消费者并与消费者互动，实现商品推荐的个性化与营销活动的个性化，提升精准营销和客户关系管理的质量与水平。

因此，基于数字平台构建的数字消费模型已经成为推动全球商业转型升级的重要力量。北京市作为我国的首都，已经成为世界领先的超大城市，汇聚了我国乃至全球的各类资源，具有独特的科技创新优势，拥有庞大的数字消费市场。根据北京市政府公布的相关数据，2023年第一季度，北京市数字经济实现增加值4265.7亿元，按现价计算，同比增长7.6%，占地区生产总值的比重为42.9%。[1] 由此可见，数字经济对地区经济发展具有强有力的推动作用，并且为各行业带来巨大的机遇，数字平台在其中的地位与作用日益凸显。

根据中国互联网协会公布的数据，在2022年中国互联网综合实力百强企业名单中，北京市互联网企业占比最多，在排名前十的互联网企业中，有5家互联网企业的总部在北京，分别为美团、抖音、京东、百度与快手。[2] 北京市数字平台领域的发展迅速，不仅催生了体量巨大的消费市场，也形成

---

① 数据来源于《2023年第一季度北京经济运行情况解读》。
② 数据来源于《中国互联网企业综合实力指数（2022）》。

了传统行业争夺市场份额的新商业战场。

特别是在我国的经济发展进入新发展阶段之后，经济增速的放缓使得处于互联网行业的平台企业面临越来越明显的挑战，促使这些平台企业开始谋求多元化的发展空间，将所在的行业作为跳板跨越到其他行业，从中找到新的商机和增长点。通过跨界经营，平台企业可以利用已经积累起来的用户资源与技术优势，将已有的品牌和商业模式拓展到新行业开展业务，从而获取新的收入来源。

现阶段，我国数字平台领域的跨界经营正蓬勃兴起，其中在移动支付、网络购物、在线影音以及本地生活服务等四大领域表现得尤为显著。前文提到的总部位于北京的 5 家头部互联网企业——美团、抖音、京东、百度与快手，在各自主营业务外的跨界经营领域主要集中于上述四大领域。例如，美团在主营外卖餐饮外，跨界到网约车领域；抖音和快手则在主营短视频、网络直播的在线影音外，跨界到网络购物、本地团购等领域；京东则在主营网络购物外，将业务进一步拓展到移动支付、生鲜食品等领域；百度在主营搜索引擎外，提供移动支付、网约车等服务。

（二）数字平台市场边界逐渐模糊

数字平台跨界经营的发展特点促使平台企业的业务领域变得更加多元化，同时使得市场边界模糊不清。具体而言，我国主要数字平台的发展呈现"点—面—体"的基本特点（见图 1）。首先，"点"具体指的是数字平台将自身的基础性业务平台（例如，腾讯的即时通信平台和滴滴出行的网约车平台）作为核心点，为其实现跨界发展提供了用户基础与技术支持。其次，"面"指的是数字平台跨界经营实现业务范围平面化扩张，实现多个领域覆盖的跨行业竞争态势。例如，抖音依托短视频平台，不断拓展业务范围，逐渐形成涵盖娱乐媒体、在线支付、生活服务等多元业务的平面化数字平台。最后，"体"指的是数字平台的多元业务立体化发展，普遍呈现生态化的组织机构，构建出综合性的平台生态系统。在这个综合性的平台生态系统中，作为主营业务基础性平台以及在此基础上不断拓展形成的支持跨界业务的子平台，可以通过数据流量与数字技术之间的正反馈效应实现平台之间的协同效应，从而强化数字平台企业的市场势力与竞争优势。

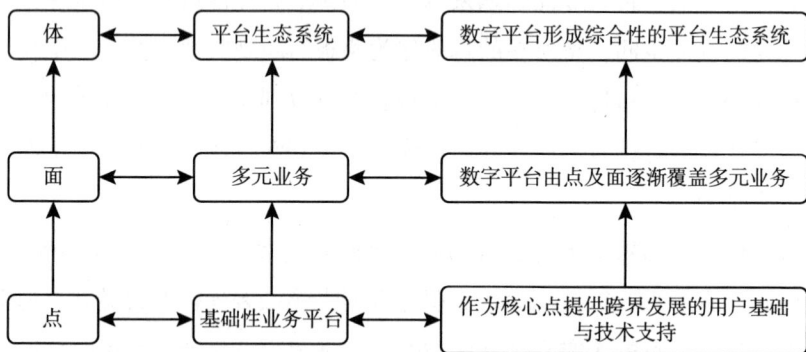

图1 数字平台"点—面—体"的发展模式

因此，数字平台的跨界经营能够形成多种业务之间的融合互动，不断拓展平台企业的边界，使得头部平台企业成为规模庞大的统一体。考虑到不同业务之间的互动关系，这使得涉及数字平台的相关市场界定变得非常困难。随着数字平台的跨界发展和生态系统的形成，平台经济相关市场界定的复杂性不断增强。

（三）数字平台基于技术维度的纵向跨界经营

数字平台纵向跨界经营指的是平台企业基于自身所拥有的核心技术能力，从核心技术能够支持的主营业务垂直维度上实现纵向的跨界经营。

例如，京东商城在网络零售行业中区别其他平台企业的核心技术能力集中体现在其自建的物流体系上。因此，京东利用其在物流方面的竞争优势，将完全自营的电商模式拓展到涵盖第三方卖家的混同模式，通过为供应商提供金融服务等方式介入价值链的各个环节。此外，京东还进一步拓展到以"京东到家"为代表的生鲜食品业务板块。数字平台基于技术维度的纵向跨界经营实际上可以理解为通过整合价值链中不同环节的资源以提升自身提供产品或服务的综合质量水平，从而进一步拓展业务深度以提升用户的满意度。

（四）数字平台基于用户维度的横向跨界经营

数字平台可以根据用户在偏好维度的多样性特点，从横向维度进行跨界扩展，以满足消费者的不同需求。例如，腾讯将微信从仅限于社交通信扩展到生活服务、交通出行、购物消费、金融理财等多个领域；美团从最初的团购业务扩展到包含交通出行、酒店旅游等多个领域。这些跨界的领域与企业主营业务差异明显，即存在横向扩展趋势。

对于数字平台的横向跨界经营，平台企业通常利用并购或投资该行业现有中小企业的方式进入新领域，并在此基础上设立隶属于母公司的新的子公司或新的业务部门。对于这类跨界经营，平台企业可以最大限度发挥自身拥有的信息优势与技术优势，在新的业务领域获得进一步扩大市场份额与盈利空间的机会。例如，2018 年 4 月，美团通过全资收购摩拜的方式进入共享单车市场。

二 北京市纵向跨界经营的典型数字平台分析

（一）搜索引擎领域——以百度为例

百度公司于 2000 年 1 月创立，总部位于北京市海淀区上地科技园。历经 20 多年的发展，百度的经营业务从单一地提供搜索引擎服务，扩展为内容生态与人工智能相融合的服务模式。百度的核心技术优势在于人工智能技术，主要提供在线搜索、信息流和其他在线营销服务，以及基于人工智能技术的新产品和新服务。百度的核心业务线具体分为以下三个方面：移动生态、智能云业务和智能驾驶业务。其中，移动生态主要依靠数字平台，以搜索引擎业务为核心，着力推进多项垂直业务（见图 2）。

百度的核心业务——搜索引擎，以智能小程序为核心，将其作为百度最为重要的流量入口，通过百家号、百度 App、托管页扶持创作者以及第三方商家等，扩大平台用户规模。为了摆脱流量留存模糊以及流量变现效率不高的困境，百度开始发展垂直业务，深挖百度百科、百度贴吧等知识内容，短视频，直播，

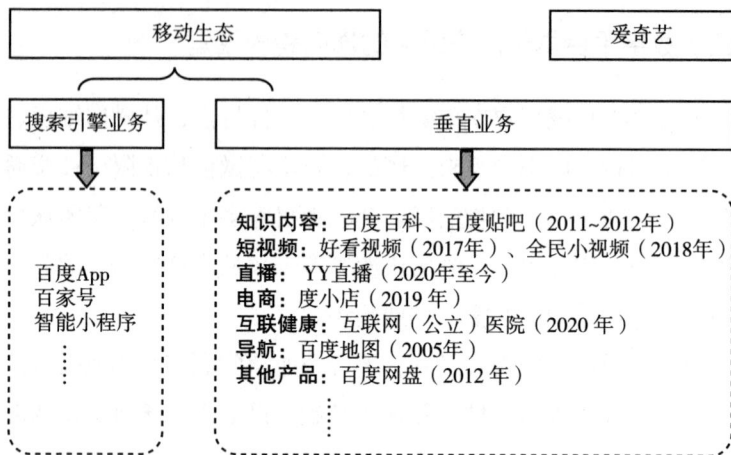

图 2　百度业务分布情况

资料来源：笔者根据公开资料绘制。

电商，互联网健康，等等，在现有的行业领域中发掘新的蓝海市场，促进自身庞大流量的内循环并形成商业闭环，提高流量变现的商业效率。

（二）交通出行领域——以高德为例

对于普通民众而言，在线地图已经成为日常出行的刚需工具。其中，高德地图占据出行导航行业的优势地位。进入移动互联网时代之后，在线地图逐渐延伸成为日常社交、生活服务的底层基础设施类工具。现如今，手机端的地图小程序不仅有导航定位功能，而且会推送不同地点的周边美食、玩乐、美容等。高德地图借助这一巨大的流量入口纵向拓展其他业务，其中，网约车市场就是最为典型的业务拓展市场。我国出行约车平台经营主要包括"自营+聚合出行"、"纯聚合出行"与"纯自营出行"三种模式（见表1）。

表 1　中国网约车平台经营模式

分类	企业名称
自营+聚合出行	滴滴出行
	高德地图
	美团打车

分类	企业名称
纯聚合出行	百度地图
	腾讯微信打车
	华为 Petal 出行
纯自营出行	T3 出行
	曹操出行
	如祺出行
	享道出行
	首汽约车

资料来源：社会智库网经社电子商务研究中心发布的《2022 年度中国移动出行市场数据报告》。

高德地图成立于 2002 年，总部位于北京市昌平区科技园区。高德地图除提供出行导航服务以外，还基于地图的数据信息优势为用户提供打车、酒店、门票、美食推荐等一站式服务。在网约车市场的纵向经营方面，高德地图于 2017 年推出聚合打车服务业务，2018 年上线聚合打车服务模式。此外，高德打车自 2020 年开始构建自营打车业务，并于 2021 年 9 月推出自家自营的网约车平台——火箭出行。目前，高德地图的网约车平台已经聚合了曹操出行、阳光出行、享道出行、首汽约车等几十家打车平台，是国内最大的聚合打车平台，也是除滴滴出行以外最大的网约车平台。

（三）网络零售领域——以京东为例

京东成立于 1998 年，总部位于北京亦庄经济技术开发区，是自营型电子商务零售模式的典型平台企业，拥有体系完备的自建物流体系。正如前文提及的，京东基于自建物流体系与金融科技的竞争优势，将业务范围纵向拓展到生鲜食品，并为电商平台以及供应链与价值链上的第三方商家提供金融服务，实现了跨领域的多元化经营模式。从数字平台跨界经营的视角，本报告将京东的发展分为以下四个阶段：初创期、发展期、资本化战略布局期以及全面转型期（见图 3）。

京东的业务范围主要包括电商零售、物流速运与金融科技三大模块。

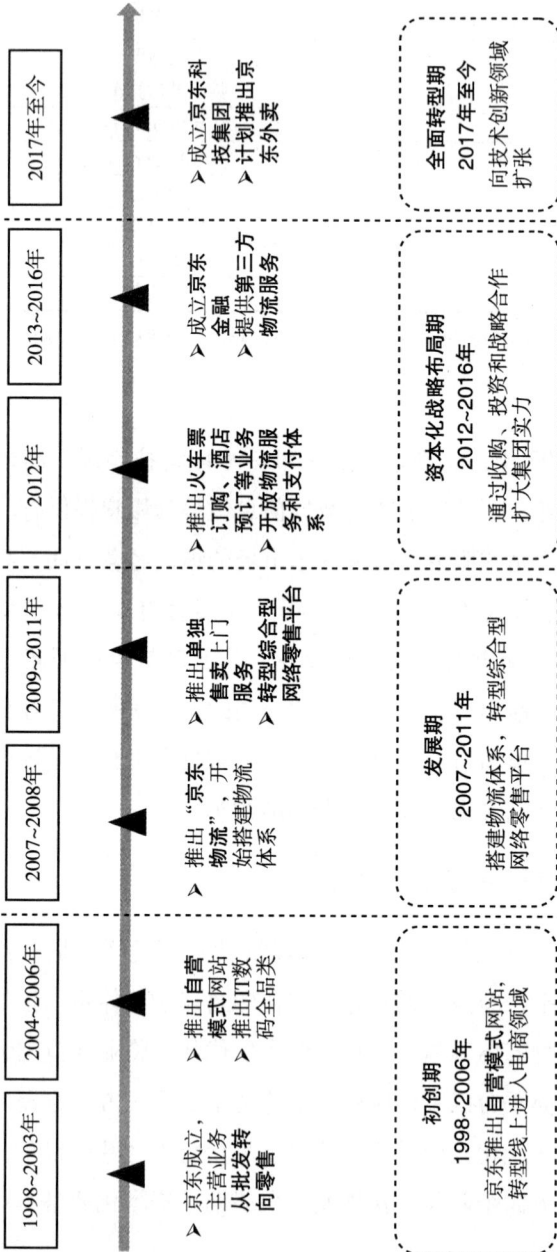

图 3 京东跨界经营发展历程

1998~2003年	2004~2006年	2007~2008年	2009~2011年	2012年	2013~2016年	2017年至今
➤ 京东成立，主营业务从批发转向零售	➤ 推出自营模式网站 ➤ 推出IT数码全品类	➤ 推出"京东物流"，开始搭建物流体系	➤ 推出单独售卖上门服务 ➤ 转型综合型网络零售平台	➤ 推出火车票订购、酒店预订等业务 ➤ 开放物流服务和支付体系	➤ 成立京东金融 ➤ 提供第三方物流服务	➤ 成立京东科技集团 ➤ 计划推出京东外卖

初创期 1998~2006年 京东推出自营模式网站，转型线上进入电商领域	发展期 2007~2011年 搭建物流体系，转型综合型网络零售平台	资本化战略布局期 2012~2016年 通过收购、投资和战略合作扩大集团实力	全面转型期 2017年至今 向技术创新领域扩张

资料来源：笔者根据公开资料绘制。

228

2004年，京东从构建全国线下连锁实体店的目标转为网络销售，"京东多媒体网"的上线，宣告京东正式进入电商零售领域。在创立早期，京东经营产品种类中仅包含数量极少的电子产品。随后，京东发展异常迅猛，到了2009年，接近八成的主流IT品牌厂商成为京东的上游供货商。2010年，京东进一步拓宽了商品的销售门类，由电子数码产品扩展到全品类综合型产品。京东在发展自营零售业务的同时，建立自有物流基础设施，包括仓库管理、仓储、长途运输、极速及按需配送以及跨境冷链。2017年，京东金融正式从京东集团中剥离，凭借资金与技术优势，提供全面供应链服务。

2015年，京东与永辉超市联合，推出"京东到家"同城业务。这标志着京东利用自身在物流上多年积累的优势地位纵向跨界到生鲜食品市场。2022年，京东开始计划推出餐饮外卖业务，并首先在郑州进行试点。

三 北京市横向跨界经营的典型数字平台分析

（一）即时通信领域——以腾讯为例

腾讯公司成立于1998年，北京总部大楼位于海淀区的西北旺东路。腾讯的核心业务是以QQ和微信为主的即时通信，其用户规模几乎等同于全部网民，因此成为我国最大的互联网综合服务商，同时是用户数量最多的服务商。腾讯利用其在用户规模上累积起来的巨大优势，将业务拓展到以下四个方面：增值业务、网络广告、金融科技及企业服务以及其他业务（见表2）。

表2　腾讯业务分布情况

增值业务	网络广告	金融科技及企业服务	其他业务
社交网络：微信、QQ、腾讯视频、QQ音乐、视频号等	社交广告：微信、QQ广告投放	腾讯金融科技：支付、理财、信贷等	第三方制作：发行电影及电视节目、内容授权、商品销售等
游戏：王者荣耀、英雄联盟等	媒体广告：腾讯视频、腾讯新闻广告投放		健康医疗：腾讯医疗健康平台、在线医疗服务

资料来源：笔者根据公开资料整理。

首先，腾讯的增值业务包括社交网络与游戏。在社交网络领域，腾讯最为著名的产品是即时通信软件QQ与微信。腾讯通过即时通信软件在社交通信领域吸纳更加广泛的用户群体，即时通信软件应用范围不限于中国市场，海外市场潜力巨大。腾讯依托QQ与微信两大网络社交平台的用户基础，相继发布了一系列产品和服务，如QQ音乐、视频号、微信支付、微信小程序等。在游戏领域，腾讯占据了国内市场的最大份额，拥有多个知名游戏开发工作中和平台，还在网络基础上拓展了与之相关的产业链，如游戏直播、电竞赛事运营等。其次，网络广告，即通过腾讯旗下平台进行广告投放，主要包括社交广告和媒体广告两种方式。最后，在金融科技及企业服务业务中，腾讯通过金融科技平台提供金融服务和解决方案，包括支付、理财、信贷等。

除了以上三种核心业务外，腾讯其他业务收入还包括为第三方制作，如发行电影及电视节目、内容授权、商品销售等商业活动。此外，腾讯在健康医疗领域进行了跨界拓展，推出了腾讯医疗健康平台和在线医疗服务，通过互联网技术促进医疗信息化和智慧医疗的发展。

总之，腾讯公司由点及面，逐渐覆盖多元业务，实现数字平台横向跨界经营。依托即时通信平台QQ和微信所建立的用户优势，腾讯逐渐发展成为覆盖游戏、视频、金融科技、生活服务等多元业务的服务商。

（二）餐饮外卖领域——以美团为例

美团成立于2010年，总部位于北京市海淀区中关村软件园。仅数十年时间，美团从以餐饮外卖为主的团购服务模式，横向扩展为涵盖餐饮、外卖、酒店、旅游、电影、共享单车等综合类本地生活服务模式。美团通过多样化营销策略，服务于企业端与个人端用户，迅速积累用户数量，并利用用户黏性优势拓展业务领域，实现多元化跨界经营模式。本报告将美团的发展分为以下三个阶段：初创期、成长期以及发展期（见图4）。

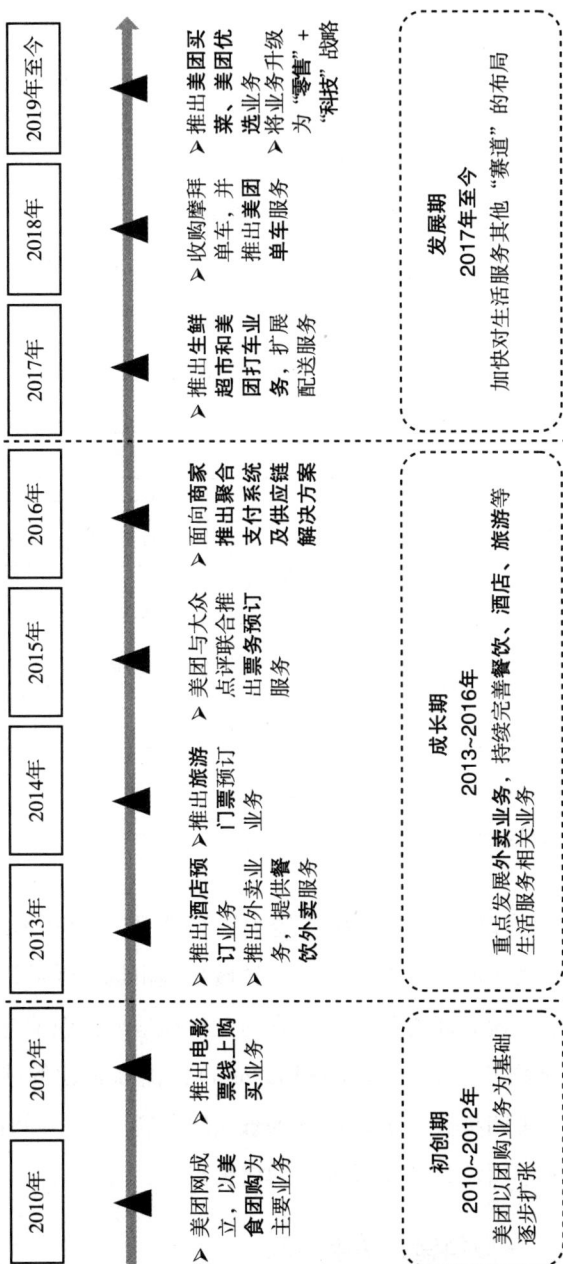

| 2010年 | 2012年 | 2013年 | 2014年 | 2015年 | 2016年 | 2017年 | 2018年 | 2019年至今 |

➤美团网成立，以美团购为主要业务

➤推出电影票线上购买业务

➤推出酒店预订业务
➤推出外卖业务，提供餐饮外卖服务

➤推出旅游门票预订业务

➤美团与大众点评联合推出票务预订服务

➤面向商家推出聚合支付系统及供应链解决方案

➤推出生鲜超市和美团打车业务，扩展配送服务

➤收购摩拜单车，并推出美团单车服务

➤推出美团买菜、美团优选业务
➤将美团业务升级为"零售"+"科技"战略

初创期
2010~2012年
美团以团购业务为基础逐步扩张

成长期
2013~2016年
重点发展外卖业务，持续完善餐饮、酒店、旅游等生活服务相关业务

发展期
2017年至今
加快对生活服务其他"赛道"的布局

图4 美团跨界经营发展历程

资料来源：作者根据公开资料绘制。

美团的业务范围主要包括团购、外卖，到店酒旅和新业务及其他三大模块（见图5）。2010年，美团借助互联网营销起势的团购模式进入大众视野。在初创期，美团经营业务以美食团购和电影票线上购买为主。2013年后，美团成功合并大众点评，进一步拓展本地生活服务的其他领域，例如外卖、酒店、民宿、旅行等。作为本地服务领域的领军企业，美团在市场上积累了大量的用户和商家资源，拥有丰富的运营经验和数据。2017年后，美团基于现有用户基础，跨界新业务及其他板块，包括零售、出行、支付和快驴进货等。在发展期，美团持续发力移动端，不断布局新"赛道"，成为国内生活服务的"领头羊"。总体来看，美团经营业务在以"吃"为核心外延至本地化生活服务全场景。

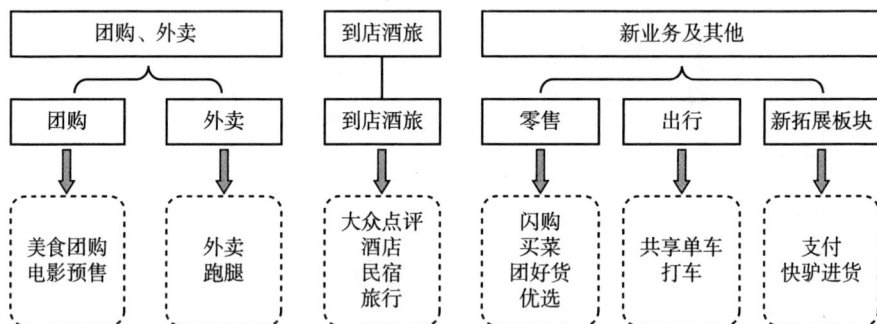

图5　美团业务分布情况

资料来源：笔者根据公开资料绘制。

美团经营业务扩展始终以"流量"和"增长"两大逻辑为基本原则。最初，美团以团购、外卖为核心，并在一个垂直领域扩展市场。随后形成餐饮、酒旅、综合三大板块，盈利能力的稳步提升为大规模地跨界新业务提供有力支持。最后形成"食物+平台"（Food+Platform），提高餐饮的战略地位，着重打造快驴进货、美团买菜、美团优选等餐饮服务链产品，同时以高频餐饮需求为其他低频需求引流，有望成为新的增长点。

（三）短视频领域——以抖音、快手为例

短视频行业在2016年之后呈现井喷式增长，抖音、快手等短视频应用

成为重要、热门的社交媒体平台，同时直播电商行业的快速崛起，使抖音和快手依靠数字红利实现跨界经营，两大平台现已形成明显的竞争态势。具体来看，短视频平台从两个方面不断进行商业模式的探索：一方面是创新性的新媒体营销平台，另一方面是直播带货迎来新的增长点。本报告将以北京市短视频数字平台——抖音和快手为例，对两个平台跨界经营模式进行总结和对比分析。

抖音成立于2016年，总部位于北京市海淀区北三环西路。抖音经营业务除影视剪辑、电商直播之外，还基于短视频用户画像为消费者提供购物、团购等本地生活服务。抖音的核心竞争力在于庞大的全球用户群体，并且注册抖音的用户中18~35岁年轻群体居多。从抖音跨界经营发展历程来看，本报告将抖音的发展分为以下三个阶段：初创期、用户积累期以及变现期（见图6）。

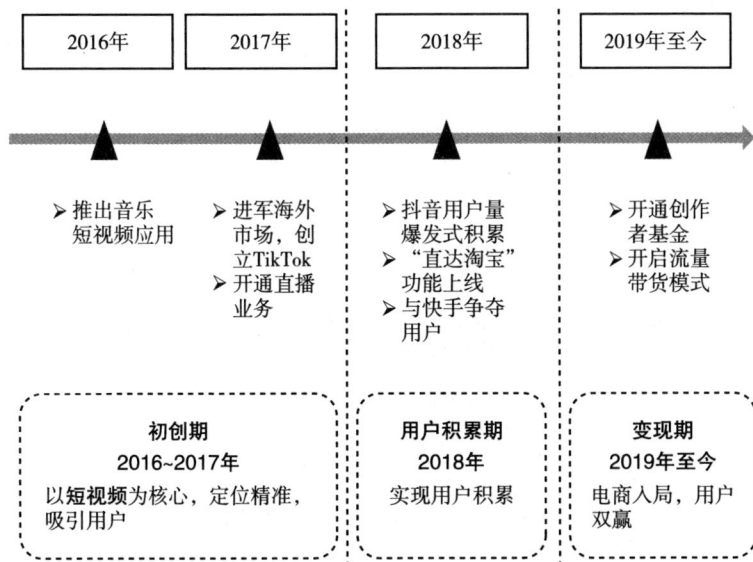

图6 抖音跨界经营发展历程

资料来源：笔者根据公开资料绘制。

2016年上市以来，抖音依靠精准定位用户群体，吸纳广大年轻用户，并吸引映客、虎牙等直播平台创作者涌入。2017年抖音开始进军海外市场，成立 TikTok，同年开通直播业务。2016～2018 年，抖音完成产品口碑传播，实现用户量爆发式积累。2019 年末，抖音尝试进入电商领域，开通创作者基金，吸引大量直播带货用户，实现平台与用户双赢，直接撬动了腾讯、美团等老牌平台的利益链条。2021 年，抖音重新定义购物模式，通过"直播+短视频"的内容形式，激发用户潜在需求，并基于相应的国家方针政策，通过电商平台帮助偏远地区农村销售农副产品，实施乡村振兴战略。2022 年，抖音月活跃用户已突破 8 亿人，覆盖全球150 个国家。

快手成立于 2011 年，早于抖音，总部位于北京市海淀区上地西路。与抖音类似，快手经营业务包括线上营销、直播与电商三大模块。快手的发展分为以下两个阶段：初创转型期与变现加速期（见图 7）。2011 年，快手以一款动图生成工具进入消费者视线。但在 2012 年底，快手由工具型产品转型为社交型产品，遇到发展瓶颈。随后，快手明确产品定位，以普通人分享

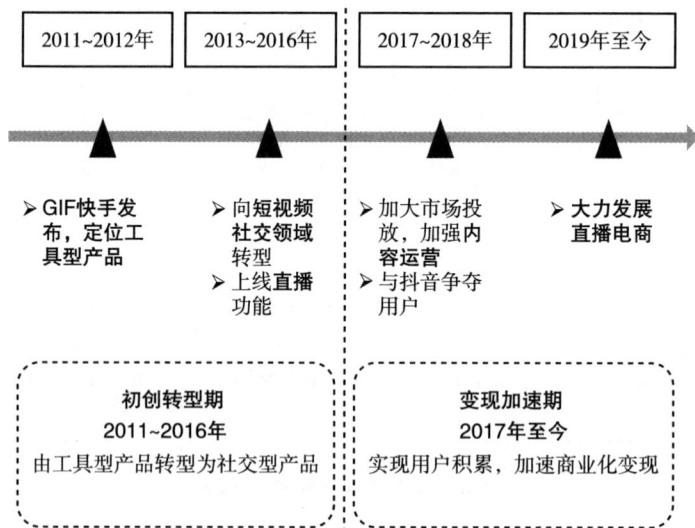

图 7　快手跨界经营发展历程

资料来源：笔者根据公开资料绘制。

生活的短视频为核心，优先服务大众创作者，具有较强的普惠性。2016年8月，抖音短视频平台上线后，快手开始搭建商业化平台，完善商业化产品体系。快手推出了视频类（AcFun、哈萌视频等）、工具类（一甜相机、快影）、社交类（喜翻等）、游戏类（快手电丸等）平台。2019年至今，快手完善营销平台，打通淘宝、拼多多、京东供应链，实现从短视频平台到直播电商行业的跨界经营。

抖音和快手作为中国短视频行业两大头部平台，市场优势地位明显。Quest Mobile发布的《2022中国移动互联网报告》数据显示，2022年抖音月活跃用户达8.9亿人，而快手则为3.9亿人。显然，抖音在短视频市场的优势地位要高于快手，表现出稳定的用户基础和较强的用户黏性。快手发展起步早，用户基础深厚，跨界业务更为丰富；相较于抖音，快手在电商领域发展时间较短，但追赶势头明显，直播带货效果较好。

四 数字平台跨界经营的问题与对策

（一）数字平台跨界经营存在的主要问题

1. 数字平台跨界经营的相关市场界定问题

针对平台经济，如何实施适当且有效的反垄断监管是当前政策层面与产业层面的重要问题。在判定是否需要对某家特定企业进行反垄断审查时，首先需要解决的问题是这家企业是否拥有市场的支配地位，也就是需要先对该企业所处市场的边界加以界定进而量化其所拥有市场份额的大小。

正如前文所分析的，数字经济中平台企业的跨界经营是一个十分普遍的现象，并且对于大型数字平台而言，经常会跨越多个行业经营，并且这些行业之间的相关性较弱，这显然会给数字平台的相关市场界定带来一定的难度与巨大的挑战。例如，阿里巴巴的淘宝网与支付宝分别是网络零售市场和移动支付市场的头部平台。那么，在判断阿里巴巴的市场势力时，是否需要考虑这两个市场之间的相关性对于相关市场界定的影响，这在学术界与实务界都存在不同的意见。

2. 数字平台纵向跨界经营的"扼杀式并购"问题

数字平台利用自身在技术层面的优势实现纵向跨界经营。但是，平台企业对于处于上游的技术研发端的跨界整合可能存在着因并购科技型初创企业而阻碍研发创新的问题，即"扼杀式并购"（Killer Acquisition）现象。

造成这一问题的原因在于很多初创企业可能产生熊彼特提出的"创造性毁灭"（Creative Destruction）的结果，即数字平台企业可能被拥有先进技术的初创企业替代，进而被迫退出本来已经占据优势地位的行业。于是，这些资金雄厚的数字平台头部企业便有动机先发制人的收购这些初创企业，将这些企业的先进技术束之高阁，这样既可以避免这些初创企业在未来不断成长而对自身的垄断地位产生影响，也可以防止初创企业被其他市场的平台企业收购而带来跨界竞争。在我国，以阿里巴巴、腾讯、京东、美团、滴滴出行等为代表的头部平台企业，便通过收购或者持股其他互联网企业不断拓展自身业务边界，这些互联网企业很多都是科技型的初创企业。

3. 数字平台横向跨界经营的市场势力传导问题

如果一家数字平台企业在所在业务领域拥有了显著的市场支配地位，那么当这家企业进行横向的跨界经营时，就会存在另外一个触及反垄断监管的问题：这家平台企业是否可能将所在行业的市场势力通过跨界经营传导到另一个市场中？

实际上，横向跨界的平台企业之所以能够拥有所在市场的优势地位，主要是因为两个因素：一是信息优势，即掌握了市场上消费者的偏好信息；二是技术优势，即可以为用户提供更符合其需求的产品或服务。由于横向跨界的行业对应消费者的不同需求，那么两个行业就可能存在相当比例的多属（Multi-Homing）用户，这就使得同时拥有信息优势与技术优势的平台企业通过跨界经营将所在行业的市场势力传导到另一个竞争性的市场成为可能，从而导致市场效率的降低，以及消费者福利的损失。

（二）数字平台跨界经营的相关政策建议

1. 完善针对数字平台行业相关市场界定的方法

目前，针对互联网行业的相关市场界定已经有了一定的改进，即在传统的 SSNIP（Small but Significant Non-transitory Increase in Prices，小的且重要的非临时性涨价）的分析框架上引入诸如锁定效应、多归属效应、正反馈效应等因素，但本报告的分析强调针对平台经济的相关市场界定需要考虑数字平台普遍存在的跨界经营现象，特别是需要考虑在传统相关市场界定中认为不相关行业之间可能在数字平台跨界经营下经由信息和技术两个维度产生相关性，以此为基础更为科学、合理地制定针对数字平台行业相关市场界定的可行方法。

2. 重视数字平台针对初创企业并购行为的监管

针对数字平台在纵向跨界经营中可能出现的"扼杀式并购"现象，相关部门应重点关注初创企业的相关技术能否得到充分的开发与使用。例如，如果平台企业无法有效证明在并购的初创企业技术基础上进一步研发形成新的专利，那么，初创企业所拥有的技术就应该以某种合理的方式释放出来，让其他市场参与者能够利用这些新技术发展业务。这需要相关部门将专利保护制度与数字企业的并购行为结合起来，设计数字平台针对初创企业并购的相关监管措施。

3. 加强数字平台横向跨界市场势力传导的监管

对于在某一行业占据较大市场份额的数字平台企业的跨界经营行为，监管部门需要研判这一跨界经营行为对于市场竞争程度的影响，特别是需要将不同市场之间用户的重叠度，以及平台企业在技术方面的先进程度等重要因素纳入考量，进而判断是否存在市场势力传导的可能、是否需要对平台企业横向跨界经营的行为加以规制。

参考文献

［1］ Cunningham, C. , Ederer, F. , and Ma, S. , "Killer Acquisitions," *Journal of Political Economy* 3 （2021）: pp. 649 - 702; Kamepalli, S. K. , Rajan, R. , and Zingales, L. , "Kill Zone", NBER Working Paper, 2022 （No. w27146）.

［2］ 刘航:《科学审慎监管推动平台经济规范健康发展》,《中国财经报》2022 年 6 月 7 日, 第 7 版。

B.13
北京优化平台经济营商环境的
典型做法和改革方向

邓慧慧　刘宇佳*

摘　要： 平台经济是数字经济发展的重要商业模式，不仅具有增加创业和就业机会、提高生产效率和资源利用率的作用，还满足了多样化消费需求并增强了经济普惠性和包容性。为进一步促进平台经济发展，北京通过优化行政审批流程、扩大网络零售支持规模、加强知识产权保护、优化监管方式等优化平台经济营商环境，取得了显著效果。然而，当前平台经济营商环境依然面临以下问题：市场力量不对称，劳动权益保障不足；数据隐私安全存在隐患，保障措施尚不完善；市场秩序不够规范，监管不足或过度；平台跨境业务存在挑战，国际经营便利化有待提高。为此本报告建议：完善平台经济法律和政策，加强数据安全和隐私保护制度，创建公平健康的竞争环境，提供创新支持和减少创业壁垒，加大平台经济金融支持，加强跨界合作和制定国际标准；推动5G技术的部署和推广，加强数据中心的建设，完善数字金融基础设施。

关键词： 平台经济　营商环境　数字技术　北京

---

* 邓慧慧，对外经济贸易大学北京对外开放研究院研究员，国际经济研究院教授、博士生导师，对外经济贸易大学区域与城市经济研究中心主任，主要研究方向为数字经济，区域、城市与产业发展；刘宇佳，对外经济贸易大学国家（北京）对外开放研究院国际经济研究院博士研究生，主要研究方向为数字经济、区域经济。

一 北京优化平台经济营商环境的典型做法

随着大数据、人工智能和云计算等数字技术的广泛应用，商业模式和经济结构发生显著变化。商业活动越来越多地向线上结构转变，诸如亚马逊、谷歌、京东、淘宝等平台快速兴起，创造了以互联网为基础的平台经济，为人们如何工作、社交、在经济中创造价值以及企业如何产生利润和进行竞争开辟了新的道路。作为一种通过互联网技术构建的在线平台，能够连接供应商和需求方，促成经济交易和资源配置，在零售、交通、住宿、外卖、金融等许多领域产生了深远影响。平台经济带来了更高效的资源配置、更便利的消费体验和更多的创业机会，同时面临着监管、劳动权益保护、竞争公平和数据隐私等方面的挑战。因此，平衡平台经济发展和相关问题的解决，是当前和未来需要关注的重要议题之一。营商环境作为企业经济活动所依赖的生态系统，在平台经济发展中至关重要。为此北京开展了系列研究，制定了重点领域平台经济合规手册，发布了一系列支持平台经济发展的政策，包括提供创业孵化基地、优惠税收政策、创新券等，为平台经济企业提供了便利和支持。通过梳理发现，北京市优化平台经济营商环境的典型做法主要包括如下几方面。

（一）优化行政审批流程，节约平台经济企业办事时间和成本

1.线上办理服务进一步完善

北京市加大了行政审批的改革力度，推行"一网通办"和"一次办好"等政务服务改革举措，简化了企业注册、办理许可证和报关等手续，节约了企业的时间和成本。其中"e窗通"是北京市政府推出的在线政务服务平台，旨在提供便捷、高效的政务服务，优化营商环境，方便企业和居民办理各类行政手续。目前，企业可以通过"e窗通"进行工商注册和变更、税务登记（包括申请税务登记号，增值税、企业所得税等税种的申报和缴纳）、缴纳社保和公积金、电子发票申领和管理、企业资质认定和审批等，允许个

体网店经营者通过"e 窗通"服务平台申请办理相关业务。

2. 全面推广电子营业执照

北京市政府已经在一些区域开始推广电子营业执照,并计划逐步在全市范围内推广。电子营业执照是将传统的纸质营业执照以电子形式存储和管理,具有更强的便捷性和效率性。开办完成后,企业可以使用电子营业执照办理业务,比如税务、公积金和社保等,企业不需要多次跑动,每年减免费用 200~300 元。

3. 推广应用国际贸易"单一窗口"

"单一窗口"是指将各个相关部门的进出口业务整合到一个统一的在线平台上,为企业提供更便捷的国际贸易服务,目的在于简化和优化进出口环节,提高贸易便利化水平。目前,北京市已经在国际贸易"单一窗口"累计退税额突破 5 亿元,累计业务量超过 968.7 万票。"单一窗口"等信息平台不仅提高了通关效率,还能够向外贸企业推送进出口查验信息通知等,为其通关时效提供预期时长。

4. 通关全流程电子化促进平台跨境贸易发展

北京市正在推进通关全流程电子化,旨在实现跨境贸易的数字化和智能化。企业可以通过在线电子申报系统提交进出口货物的申报资料,包括报关单、发票、合格证明等。电子申报实现了纸质申报电子化的转变,简化了申报流程和减少了纸质文件的使用,进出口监管证件由 86 种减少至 46 种,日本、中国香港航线已经实现海关与企业间电子化材料流转。海关内部核批流程精简,报关单修撤、直接退运等环节在通关现场完成核批,压缩了通关时间。

(二)扩大网络零售支持规模,打造跨境电商体验消费新模式

1. 提供分档资金支持,扶持平台企业发展

2023 年 3 月,《北京市商务局关于鼓励开展网络促销、直播电商活动培育壮大网络消费市场的通知》发布,提出了分档资金支持平台企业发展的具体措施。例如对网上零售额同比增速不低于 50% 的,或者 2023 年首次"触网"实现网上

零售额的企业给予不超过 20 万元支持。对投入费用不低于 50 万元、设立"北京商家""北京品牌"等特色专区的企业，通过择优方式对企业不超过审定投入费用的 30%给予支持，并在北京特色直播活动等方面加大扶持力度。该做法旨在鼓励网络平台企业进一步扩大线上交易规模，促进新成长企业做大做强。

2. 打造跨境电商新型消费体验模式

北京在"免税、保税和跨境电商政策衔接"试点政策的支持下，现场试用、线上下单、商品由保税仓直寄到家的体验消费新模式逐渐兴起，王府井集团在赛特奥莱和燕莎奥莱开办首批跨境电商体验店，打造了跨境电商新型消费体验模式。"线下体验+线上下单"新模式的出现使企业经营模式发生转变，有效带动了消费提质扩容。目前，跨境电商新型消费体验模式已覆盖 798 艺术区、秀水街、SKP 等多个商圈，弥补了传统平台经济买前不见货、无感知的消费体验缺陷，有助于线上线下联动，促进平台经济发展。

（三）加强知识产权保护，为平台经济企业提供更好法律保障

1. 知识产权保护体系逐步建立

在平台经济中，创新是推动平台发展和竞争力增强的关键因素。知识产权的保护可以激励创新者投入更多资源和努力，防止他人复制或盗用这些商业模式，确保平台的独特性和竞争优势，确保平台所有者对用户数据的合法拥有权，并采取措施保护用户数据的隐私和安全。北京致力于建立稳定、透明、可预测的法治环境，加强知识产权保护、合同法律约束力等方面的改革，为平台经济企业提供更好的法律保障。《2022 年北京知识产权保护状况》白皮书发布，北京市 2022 年专利授权量突破 20 万件，市知识产权局、市场监管系统、市版权局等单位加强了知识产权行政执法合力，共受理知识产权案件 72778 件。

2. 推行法院网上直接立案，构建诉讼服务平台

北京互联网法院从 2018 年 9 月 9 日挂牌成立以来，采用网上直接立案等方式解决买卖合同、金融借款合同等商事案件，大部分流程不需要当事人再提交纸质起诉材料。此外，北京高院利用微信公众号推出"北京法院微

诉讼平台",在手机端可以对案件诉讼进行风险智能评估、预约立案、调解等,增强了案件处理的便利化和智能化。另外,2019年1月7日北京高院上线了"微律师"服务平台,该平台可以进行案件查询、材料提交等,具有提醒开庭、联系法官、借阅卷宗、网上交费、证据交换等功能,访问量截至2019年3月底已突破25万人次,微信公众号关注用户近6万人。

(四)优化监管方式,促进平台经济创新发展和成果转化

1. 出台系列优惠扶持政策,建设创新创业生态圈

目前,北京市政府已经发布了一系列支持平台经济创新发展的政策,包括提供创业孵化基地、优惠税收政策、创新券等,为平台经济企业提供了便利和支持。例如对企业开展跨境电子商务相关业务取得银行贷款给予贴息支持;对跨境电商各类平台,以及产业园、体验店等进行补贴,依据技术研发、设备购置、项目运营等相关费用给予支持。此外,北京市鼓励平台企业加大科技研发投入,推动技术创新,通过设立科技创新基地、资助科技创新项目等方式,支持平台企业在人工智能、大数据、云计算等前沿领域进行技术创新,提升企业核心竞争力。鼓励平台企业与传统行业深度融合,推动产业协同发展,通过推动平台经济与金融、制造业、文化创意等行业的融合,提升传统产业的数字化转型水平,实现产业的升级和优化。

2. 加强人才引进和培养,优化平台经济监管方式

平台经济为创新和创业提供了更低的进入门槛和更多的市场机会,通过平台,创业者可以将自己的创新产品或服务推向市场,并通过平台的市场推广和用户反馈获得成长和改进。为促进平台经济创新发展和成果转化,北京市加强对平台经济人才的培养和引进工作,通过实施创新创业人才培训计划、人才引进计划等措施,吸引和培养一批高水平的平台经济人才,推动平台经济的创新发展。此外,北京为进一步加强政企协作共享,多措并举形成监管闭环,要求明确登记管辖,加强信息交互共享,支持电商平台动态监测经营主体的经营活动,必要时为市场监督管理部门提供数据信息。创新实施触发式监管,坚持"无事不扰"原则,最大限度减少对正常网络经营活动的干扰。

二 北京优化平台经济营商环境的现存问题

（一）市场力量不对称，劳动权益保障不足

1. 市场力量不对称

平台经济通过在线平台将供应商和需求方聚集在一起，形成多边市场。供应商可以在平台上展示和销售产品或服务，而需求方可以通过平台寻找并选择合适的供应商。平台经济企业作为中介，拥有的巨大的市场份额和数据优势，使其在市场中拥有较大的议价能力。其对市场的控制主要体现在如下几个方面。

（1）平台的控制权。平台作为中介方在平台经济中扮演着关键角色，拥有对平台规则、算法、数据等的控制权。平台可以制定规则、调整算法，甚至决定参与者的准入和排名，从而影响市场竞争的公平性。

（2）数据垄断。平台经济平台通常拥有大量的用户数据，这些数据被视为重要的商业资源。平台可以利用这些数据来优化服务、精准定位用户需求，从而取得市场优势，但参与者往往无法获得同等程度的数据访问和利用权益。

（3）定价权。由于平台在市场中拥有较强的定价权，它们可以通过调整佣金、服务费率等方式对参与者进行定价，而参与者相对较难对此进行反制。这可能导致参与者的收益减少，而平台则能够获得更大的利润。

（4）信息不对称。平台经济中，平台通常拥有更全面和准确的市场信息，而参与者相对较难获取同等级别的信息。这使得平台能够更好地把握市场动态，做出更有利于自身的决策，而参与者则处于信息不对称的劣势。

（5）市场准入壁垒。一些平台经济领域存在较高的市场准入壁垒，新进入者难以与已有平台竞争。这可能是规模经济效应、用户网络效应、技术复杂性等导致的。这使得市场上存在较少的竞争，平台更容易形成垄断地位。

这种市场力量不平衡可能导致供应商处于弱势地位,工作者面临低收入、不确定的工作条件和缺乏社会保障等问题。一些传统产业中的企业或个体工商户过度依赖于某个平台,缺乏多元化的市场渠道。平台政策、规则或算法一旦发生变化,可能对这些依赖企业造成重大影响,甚至导致经营风险和生存问题。

2. 劳动权益保障不足

(1)工作合同和劳动关系。平台经济中的工作者通常被视为自由职业者或合同工,而非传统意义上的雇员。这导致他们在劳动合同、社会保障和劳动权益保护等方面享有的权益较少。他们可能面临合同不明确、权益保障不足以及缺乏社会保险等问题。

(2)工时和劳动保护。平台经济中的工作者通常以灵活的方式工作,但这可能导致工作时间不稳定和超时工作的问题。此外,由于工作者是独立经营者,他们可能缺乏正规的劳动保护,如工资保障、休假权益、劳动条件等。

(3)社会保障和福利。平台经济工作者通常无法享受传统雇员的社会保障和福利,如医疗保险、养老金、失业保险等。由于缺乏社会保障网络的支持,工作者在面对健康风险、失业风险等方面更加脆弱。

(4)劳动权益保护机制。平台经济的工作者通常面临更复杂的劳动权益保护机制。由于平台模式的特殊性,工作者可能面临识别劳动关系、维权困难等问题。此外,由于工作者分散在不同地区,建立有效的工会组织和集体谈判机制也存在挑战。

(二)数据隐私安全存在隐患,保障措施尚不完善

在平台经济中,用户通常需要提供个人信息和敏感数据,以便进行交易和享受平台服务,因此平台积累了大量用户数据,包括个人偏好、购买记录、社交网络等。这些数据具有商业价值,也存在被滥用的风险。比如平台企业可能会将用户数据用于广告定向、个性化推荐等商业目的,但如果数据被用于未经用户同意的其他目的,就可能引发隐私纠纷和舆论争议。如果平台未能妥善保护用户的个人隐私,这些数据可能会被泄露、滥用或遭到未经

授权的访问，对用户的个人隐私造成威胁。此外，平台经济的复杂性和庞大的用户基数意味着存在数据安全漏洞的风险，黑客攻击、数据泄露、技术漏洞等都可能导致用户数据泄露和安全风险的增加。而平台企业可能与其他企业、合作伙伴或第三方数据服务提供商共享用户数据。这种数据共享可能会导致数据跨界流动，增加数据被滥用或遭到未经授权访问的风险。

（三）市场秩序不够规范，监管不足或过度

与平台经济的快速崛起不相匹配的是市场秩序尚不规范，可能存在虚假宣传、侵权盗版、欺诈等不法行为，影响用户的信任度，对平台经济的可持续发展产生负面影响，因此需要政府多举措优化平台经济监管方式。然而，目前监管机构的应对能力不强，往往导致监管不足或过度。监管机构过于严格的规定和限制可能使平台企业难以尝试新的商业模式和技术创新，从而影响其发展和竞争力，阻碍平台企业的创新能力和灵活性，还可能使平台企业面临烦琐的行政程序和审批要求，增加企业的运营成本和时间成本，对初创企业和中小型平台企业造成负担，限制其发展。此外，监管过度可能限制平台经济市场的竞争，导致市场准入门槛过高，阻碍新的竞争者进入市场，从而减少了市场多样性和创新，还可能给平台经济的跨境业务带来困难，尤其是不同国家和地区的监管标准差异可能导致平台企业在跨境业务中面临复杂的合规要求，增加企业的运营成本和风险。而监管不足可能导致市场秩序混乱、不公平竞争以及用户权益难以得到保障。

（四）平台跨境业务存在挑战，国际经营便利化有待提高

不同国家和地区存在不同的法律、监管标准和商业规则，给平台企业跨境经营带来了挑战。平台企业需要遵守各国的法律法规，并适应不同的监管环境，包括数据隐私、消费者保护、竞争政策等方面的要求，还需要面对多语言服务、本地化内容和文化差异，以满足不同国家和地区用户的需求，建立有效的沟通和运营模式。此外，不同国家之间的法律差异和监管壁垒使得平台企业在跨境经营中需要投入更多的资源和精力，跨境平台经济中的支付

与结算的复杂性和不稳定性使得平台企业在进行跨境交易时面临困难，不同国家和地区的支付系统和货币存在差异，汇率风险、支付安全和资金流动性等问题需要得到妥善处理。而业务中涉及的大量数字内容和知识产权，对平台企业合规运营、与权利方建立良好的合作关系，以及采取措施保护知识产权提出了更高要求。因此，为了解决平台经济跨境业务便利化问题，政府、国际组织和平台企业之间需要合作和协调。政府可以推动国际贸易便利化措施，加强法律和监管的协调，建立更加统一和透明的跨境支付和结算机制。平台企业可以加强本地化运营、语言和文化适应能力，加强知识产权保护措施，积极参与国际合作。

三 北京优化平台经济营商环境的改革方向

营商环境是指一个国家或地区的经济环境和政府对企业开展经营活动所提供的支持和便利程度，良好的营商环境可以吸引更多的投资和创业活动，促进经济增长和创造就业机会。平台经济的兴起依赖于数字技术，而其发展依赖于数字营商环境。数字营商环境涵盖数字化经济、电子商务、在线支付、数字化服务等诸多方面，其建设对于促进经济增长、推动创新和提升竞争力具有重要意义。各地政府和相关部门正在努力改善数字营商环境，提供更好的政策和支持措施，以满足数字化经济的发展需求。本报告从如下几个方面提出北京优化平台经济营商环境的具体改革方向。

（一）优化数字软环境，促进平台经济健康发展

数字软环境主要是指数字领域的法律法规，在规范企业经营行为时不过多增加企业合规成本，不同经济体之间的数字领域法规和标准能够兼容衔接，国内监管政策使企业国际经营更加便利。为了改善平台经济的营商环境，需要政府、平台企业和社会各方的共同努力，加强监管机构的能力，制定适应平台经济的法律法规，促进公平竞争和市场规范，提升税收和监管的公平性，推动国际合作和标准化，同时平台企业应积极履行社会责任，加强

自律和提高透明度，建立良好的商业道德和信用等。

1. 完善平台经济法律和政策

制定完善的法律法规，确保其与平台经济的特点和需求相适应，如对平台工作者和用户权益的保护、平台责任的明确界定、合同关系和劳动关系的界定等。法律应具备灵活性，能够适应平台经济的快速变化和创新发展。明确平台的责任和义务，建立相应的监管机制，要求平台对用户数据保护、虚假信息审核、交易安全等方面承担责任，政府设立监管机构加强对平台经济的监管，确保平台遵守相关规定并及时处理投诉和纠纷。明确平台工作者的劳动关系和权益保护，包括合同规定、工时限制、社会保障等，加强对平台工作者的监管，确保其享受与传统雇员相当的权益保护。政府应确保平台企业按照公平和透明的方式纳税，并防止通过税务手段破坏市场竞争的平等性，应该审查和更新税收政策，以适应不断变化的平台经济模式，并确保税收制度能够平衡各方的利益。

2. 加强数据安全和隐私保护制度

制定明确的隐私政策，规定平台如何处理、存储和保护个人数据，明确数据收集目的、数据处理方式、数据保留期限以及数据主体的权利和选择。要求平台只收集和处理必要的个人数据，并尽量避免收集敏感信息。在设计和实施系统和业务流程时，确保数据收集量和范围最小化，以减少数据风险。要求平台为用户提供明确的知情权和选择权，规定平台必须获得用户明确的同意，并遵守数据收集、使用和共享的规则，让用户了解数据收集和使用方式，并允许用户控制他们的个人数据，包括提供清晰的同意机制和选择退出的选项。鼓励平台进行隐私影响评估（PIA），评估数据处理活动对个人隐私的潜在影响，并采取相应的措施来减轻风险。建议政府与第三方合作伙伴建立明确的合作协议，审查平台的数据安全和隐私保护措施，推动制定数据隐私保护标准，设立独立的数据保护机构监督执行。政府和平台企业应共同关注用户权益保护，建立用户投诉机制、加强用户教育和提高信息透明度，提升用户满意度和信任度。

3. 创建公平健康的竞争环境

政府应确保平台经济领域的公平竞争环境，避免市场垄断和不正当竞争行为的出现。建议政府和监管机构制定和执行有效的反垄断法，监测潜在的垄断或不正当竞争行为，确保平台企业在运营过程中遵守公平竞争原则和相关法律法规。提高信息透明度和促进信息公开，要求企业公开重要信息，如财务报表、产品质量和安全信息等，使用户、消费者和其他利益相关者能够了解平台上的交易规则、费用结构、产品质量等关键信息，避免信息不对称，提高市场竞争的公平性。鼓励平台企业将非敏感性数据开放和共享给其他竞争对手，以降低进入门槛，促进竞争。政府可以制定相关政策，推动数据标准化和互操作性，以便不同平台之间更容易进行数据交换。

4. 提供创新支持和减少创业壁垒

鼓励创新和技术发展是优化数字软环境的重要举措。建议政府出台创新政策，提供财政支持和税收优惠等激励措施，鼓励平台企业进行研发和创新；与行业协会和创新中心合作，提供专业的指导和培训，帮助平台企业改进和推出创新产品和服务；投资科技基础设施的建设和技术研究，如提供高速互联网接入、推广5G技术、支持人工智能和大数据等领域的研发，为平台企业提供更好的技术基础，促进创新发展；建立创新孵化器和加速器，为初创平台企业提供资源、导师和网络支持，帮助他们加快发展和创新，这些孵化器和加速器可以提供资金支持、技术支持、市场推广等服务，帮助平台企业应对发展中的各种挑战；加强平台企业与大学、研究机构和实验室之间的合作，推动科研成果的转化和应用，促进平台企业获得前沿技术和专业知识，提高创新能力和竞争力；采取措施鼓励平台企业提供多样化的产品和服务，以增强市场竞争的选择性和多样性；鼓励不同平台之间的合作和交流，平台企业可以开放自己的API接口，让第三方开发者和合作伙伴能够在其平台上构建新的应用和服务。

5. 继续简化行政流程，加大平台经济金融支持

引入自助办理、在线提交材料和预约服务等方式，减少现场办理的需

求，提供便捷的服务体验。加强政府部门之间的数据共享和互联互通，实现信息的流程化和共享化。建立统一的数据接口和标准，使不同政务部门的数据可以无缝对接，减少重复提交信息的情况，提高办理效率。整合不同政务服务事项，提供一站式的服务平台，让企业可以在同一个平台上办理多个相关手续。注重用户体验设计，提供友好、直观的界面和操作流程，确保用户能够方便快捷地找到所需的信息和办理入口。通过用户反馈和持续的优化改进，不断提升平台的易用性和用户满意度。利用人工智能和自然语言处理等技术，为用户提供智能化的服务支持。例如，通过智能搜索和问题解答功能，快速定位用户需求并提供准确的答案和指导，提高办理效率和准确性。建立完善的风险投资体系，吸引投资者为平台企业提供资金支持。政府可以提供风险投资基金，支持创新型平台企业的成长。此外，政府还可以简化融资渠道，为平台企业提供更便利的融资环境。

6. 加强跨界合作和制定国际标准

加强跨界合作和制定国际标准是优化数字软环境的重要方向。建议通过非正式组织建立国际合作框架，促进各国之间的交流和合作，通过与其他国家和地区签署双边或多边合作协议，鼓励平台企业之间的跨界合作和资源共享。积极参与国际标准制定组织和行业协会，以推动平台经济领域的标准化工作。加强与其他国家和地区的政策协调，尤其是在数据流动、隐私保护、知识产权和税收等方面，为平台企业提供更稳定和可预测的经营环境。开展跨国合作的研究项目，邀请不同国家和地区的平台企业、学术机构和研究机构合作研究平台经济的相关问题，促进知识共享和经验交流，推动平台经济的创新发展。制订专门的跨国交流计划，为平台企业提供资助和支持，鼓励他们互访学习、合作开展项目，并与国外的平台企业建立合作关系。建立跨国创新中心或研发中心，鼓励平台企业和相关机构在不同国家设立分支机构或合资企业，共同开展创新研究和业务拓展。建立专门的在线平台或社交媒体群组，供平台企业和从业者进行交流和互动，促进企业在全球范围内的交流，分享最新的行业趋势、经验和最佳实践。支持平台企业员工的国际交流和培训计划，例如派遣员工参加国际会议、研修课程或访问学者计划，拓宽与增强员工的国际视野和专业知识，为平台企业的全球化发展提供支持。政府可以推动合作伙伴关系的建立，提供相应的支持和奖励，鼓励平台企业与国外企业、投资者、学术机构等合作，拓展国际业务。

（二）改善数字硬环境，持续优化数字基础设施

1. 推动5G技术的部署和推广

投资网络基础设施建设，扩大网络覆盖范围和提高网络速度，以满足不断增长的数字需求。推动5G技术的部署和推广，提供更快的速度、更低的延迟和更大的连接容量，合理规划和分配5G频谱资源，确保运营商和相关企业能够获得足够的频谱资源来部署5G网络。提供资金和资源支持，通过资金补贴、税收减免、贷款支持等，降低部署成本和风险，通过提高投资回报率等方式鼓励运营商和企业投资5G网络的建设，并与运营商合作，简化相关审批程序和土地使用手续，推动基础设施的快速建设。政府应积极与其他国家和地区加强合作，制定统一的5G标准，增强设备互操作性和全球范围内的技术协作。支持建设5G示范项目和应用场景，如智慧城市、工业物联网、远程医疗等，展示5G技术的潜力和应用效果，推动行业和企业的采用。

2. 加强数据中心的建设

制定相关政策和规划，明确数据中心建设的发展目标和政策方向，加强数据中心的建设和发展，提供可靠的数据存储和处理能力。提供资金支持、税收优惠和土地政策等激励措施，吸引投资者和企业参与数据中心建设。提供可靠的供电系统、高速的网络连接、冷却和空调系统等，以满足大规模数据存储和处理的需求。采取物理安全措施、防火墙和网络安全技术等来保护数据的安全，建立灾备和备份系统，以应对意外情况和数据丢失的风险。优化数据中心的能源消耗，采用节能技术和可再生能源，减少碳排放，通过使用更高效的服务器、空调系统和能源管理技术，降低能源成本和减少环境影响。培养和吸引数据中心领域的专业人才，提供相关培训和认证机会，确保人员具备数据中心管理、运维和安全管理的专业知识和技能，以确保数据中

心的正常运营和管理。与其他数据中心、云服务提供商和 IT 企业建立合作关系，通过合作共享资源、技术和经验，提高数据中心的运行效率和服务质量。参与制定数据中心建设和运营的标准与认证机制，确保数据中心的质量和安全，提高投资者和用户对数据中心的信任度。

3.完善数字金融基础设施

建立安全、高效的数字支付系统，包括电子支付、移动支付和虚拟支付等多种支付方式，政府和金融机构可以制定相关政策和标准，推动数字支付的发展和普及，并加强支付安全和防范网络欺诈。政府和金融机构可以建立可信的电子身份认证系统，确保数字金融交易的身份验证和安全性，合作推动电子身份认证标准和技术的研发与应用，提供安全、方便的身份验证服务。建设安全的数据传输和存储网络，加强数据传输和存储网络的安全防护措施，采用加密技术和安全传输协议，确保用户个人数据和交易信息的保密性和完整性。推动开放银行和金融科技创新，鼓励银行和金融机构开放 API 接口，促进第三方金融服务提供商的创新和发展。政府和金融机构可以建立和执行数据安全和隐私保护的法律和规定，确保用户的数据得到妥善保护，加强监管和合规管理，提供数据安全标准和指南，推动数字金融的安全发展。加强公众对数字金融的理解和认知，提升数字金融素养水平，通过宣传教育、培训和指导，提供相关知识和技能，增强公众对数字金融的信任和使用意愿。

参考文献

［1］《北京市市场监督管理局关于试行开展支持平台经济发展优化个体网店经营者登记管理工作的通知》，北京市人民政府网站，2023 年 3 月 20 日，https：//www.beijing.gov.cn/zhengce/zhengcefagui/202305/t20230519_3108188.html。

［2］《国务院：北京市、上海市优化营商环境典型做法》，搜狐网，2019 年 9 月 20日，https：//www.sohu.com/a/342096877_748530。

［3］《国务院：北京市、上海市优化营商环境典型做法》，搜狐网，2019 年 9 月 20

日，https：//www. sohu. com/a/342096877_ 748530。

［4］《2022 年专利授权量超 20 万件　本市万人发明专利拥有量全国居首》，北京市人民政府网站，2023 年 4 月 22 日，https：//www. beijing. gov. cn/gongkai/shuju/sjjd/202304/t20230422_ 3063538. html。

［5］《北京市商务局　北京市财政局关于印发〈北京市外经贸发展资金支持北京市跨境电子商务发展实施方案〉的通知》，北京市人民政府网站，2022 年 7 月 27 日，https：//www. beijing. gov. cn/zhengce/gfxwj/sj/202211/t20221102_ 2850112. html。

国际拓展篇
International Expansion Reports

B.14

电商平台"千帆过境"拓市场

——京东、敦煌网和小笨鸟经营模式分析

支晨　徐昊*

摘　要： 在充满不确定性的外部环境中，跨境电商展现出强劲的增长韧性，用成长的确定性为全球经贸注入"强心剂"。伴随全球经济疲软、市场红利消退、政治博弈加剧等复杂背景，跨境电商行业向人性化、多元化、数智化和品牌化加速发展，交易规模、市场体量和融资金额屡破新高。在利好政策助推下，北京跨境电商平台的物流渠道和配套产业日渐完善，"云端丝路"欣欣向荣，业内"百舸争流"。本报告以京东、敦煌网和小笨鸟的经营模式为例，展现北京代表性跨境电商平台在"掌舵出海"过程中不断发掘比较优势并及时调整经营策略的思路和历程。现阶段，跨境电商正成为连

* 支晨，对外经济贸易大学国家对外开放研究院国际经济研究院博士研究生，主要研究方向为区域经济、世界经济；徐昊，对外经济贸易大学国家（北京）对外开放研究院国际经济研究院博士研究生，主要研究方向为区域经济、世界经济。

接世界的"数字贸易之路",电商平台应顺应趋势,抓住合规化契机重塑管理服务竞争力,运用数智化、去中心化思路探索产品内容和营销方式边界,立足高水平国际经济合作开拓小语种市场,打造海外仓节点和智慧供应链,在电商红海中"乘风破浪"。

关键词: 跨境电商　跨境物流　京东　敦煌网　小笨鸟

一　北京跨境电商发展背景概述

(一)宏观环境深刻变化,跨境平台"逆水行舟"

1. 全球经济疲软,下行压力加大

跨境电商的快速发展与和平稳定的国际环境密不可分。然而,世界经济正处于周期性疲软期,根据国际金融论坛(IFF)发布的《IFF 2022 年全球金融与发展报告》,2022 年全球经济增速显著放缓,预计 2023 年全球经济增长率为 2.8%,经济恢复情况普遍低于预期。其中,全球性通货膨胀形势不容乐观,根据国际货币基金组织(IMF)估算,2022 年世界平均 CPI(消费者物价指数)增长 8.8%,达到 21 世纪以来全球通胀水平的峰值。在经济波动、通货膨胀、政策转向、地缘危机、能源转型等因素的叠加冲击下,全球供应链脆弱性加剧、消费者购买力减弱、原材料供需失衡,跨境电商运营成本攀升、获客难度提高、市场不确定性增强。

2. 市场红利消退,行业回归理性

新冠疫情颠覆了全球消费者的消费习惯,也深刻影响了全球零售格局,促使线上化趋势加速、电商渗透率提升。2021 年,美国成为继中国之后的第二大电商市场,与韩国 41% 的电商渗透率相比,美国、英国、德国和法国等国家仍有较大的发掘潜力,如图 1 所示。2022 年以来,各国陆续调整疫情防控措施,"野蛮生长"的电商平台暂停了抢占市场的脚步,踏入由"流量"向"留量"

转变的拐点。依靠流量红利和铺货模式成长的卖家相继退出市场，疫情期间依靠"宅经济"升温的家居清洁、保健按摩、医疗器械等品类趋冷，跨境电商企业将重心置于增强用户黏性、探索精细化运营路径，行业正回归理性。

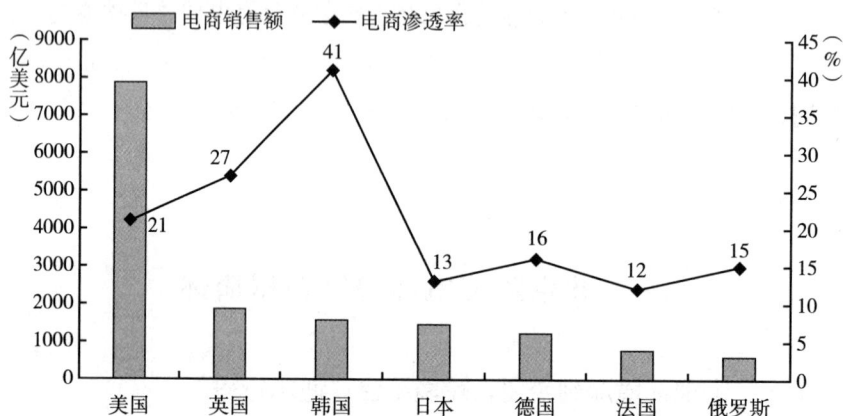

图1　2021年全球主要国家电商市场规模

资料来源：网经社、通联数据、艾媒数据中心。

3.各国政治博弈加剧贸易风险

在全球政治形势严峻和安全风险加剧的背景下，国家间贸易制裁与反制措施的影响不断扩大，不断升级的壁垒导致贸易和投资效率下降，北京跨境电商平台"出海"阻碍重重。具体而言，一方面，美国政府采取多项贸易保护主义政策，力图在国际秩序重构中削弱供应链公共产品属性；另一方面，国际贸易规则之争已然成为新一轮全球化中各国参与治理的关键切入点，欧盟、美国和东南亚有关跨境电商的税务政策不断收紧，数字经济下跨境数据流动合规监管日趋严格，造成电商"出海"的物流成本、合规成本和经营成本等不断攀升。

（二）行业生态加速进化，电商市场"大浪淘沙"

1.国际消费市场变迁

在"人、货、场"三要素的解构与重构过程中，跨境电商平台顺应海外消费者购买习惯的变化拓展商品内容，跟随互联网线上流量迁移调整经营模式。在线上线下全融合的新零售时代，商家与消费者之间的距离被无限缩短，消费行为突破了时间空间的限制，"人"成为零售链条的核心。消费者的多元化需求和个性化偏好促使出口商品品类由传统的电子、服装领域拓展至新兴的IP潮玩、健身设备等，以TikTok、Temu为代表的社交媒体和特卖平台推动新兴电商发展，引发话语权变更，行业形成新的增长曲线。

2. 行业"内卷"加剧

近年来，跨境电商增势迅猛，独立站、社交媒体和第三方平台纷纷崛起，疫情期间"非理性繁荣"积累的过剩服务商使得各赛道竞争更加激烈，在"飞轮效应"和"马太效应"的加持下，行业分化现象愈加明显。以平台型出口跨境电商为例，多年来亚马逊稳坐海外电商"头把交椅"，但SHEIN、AliExpress、Temu、TikTok、敦煌网等跨境电商平台也不甘示弱，其中拼多多跨境产品Temu于2022年9月上线后不久便在美国应用市场"霸榜"，随后迅速将"触角"延伸至欧洲、澳大利亚。根据Sensor Tower公布的数据，仅2023年第一季度，Temu的App下载量就增加了1900万次。Yipit Data数据显示，Temu用高性价比在5个月内实现了GMV[①]的64倍增长，于2023年1月达到1.92亿美元，Temu已成为成为不容忽视的"后起之秀"。

3. 新技术驱动扩张

跨境电商在互联网提供的沃土中充分发掘业务潜力，并利用大数据、云计算、区块链等新技术在营销、物流、支付等领域迭代出新场景。如图2所示，截至2022年6月，全球互联网用户规模已达到54.7亿人，渗透率升至67.9%，其中亚洲用户人数占比超过一半。伴随互联网用户数量攀升，需求日趋旺盛，进一步拓宽了跨境电商的潜在市场。快速发展的数字技术已广泛渗透跨境电商的各类业务生态，数字营销、跨境直播创新电商品牌推广方式，社交媒体凭借强大的用户影响力成为平台引流中不可或缺的角色，大数据和云计算在5G互联网技术提供的高速网络加持下助力跨境电商平台仓储物流精准化、支付方式便利化、线上服务专业化，提升全流程各环节运营效率。

---

① GMV为Gross Merchandise Volume的简称，表示商品交易总额，多用于电商行业。

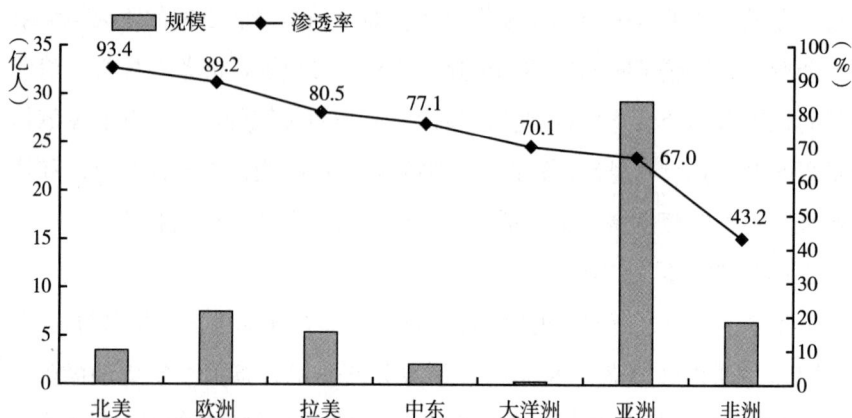

图 2　截至 2022 年 6 月全球互联网用户规模及渗透率

资料来源：Hootsuite、网经社、通联数据、艾媒数据中心、Internet World Stats。

4. 商家品牌化趋势

随着业内信息流通壁垒增多、供应链效率提高，竞争激烈的电商"出海"赛道就提升品牌重要度达成共识，中国供应链与全球新消费叠加的"化学反应"催生品牌"出海"新势力。在产品"出海"向品牌"出海"转变的过程中，跨境电商发展成效显著，传统国牌、新锐品牌在跨境电商原生品牌的领跑下跟进，根据 Google 联合凯度发布的"2023 年中国全球化品牌 50 强"榜单中，SHEIN、AliExpress 位列前五，Anker、ECOVACS、LightInTheBox、Ecoflow 等品牌也位列其中，展现了中国品牌全球化的进程。现阶段，品牌形象、影响力和生命周期正成为跨境电商行业的核心竞争力，制造商转型品牌独立站势头强劲，数据安全、知识产权相关 SaaS 服务应运而生，品牌"出海"服务生态不断完善。

（三）持续释放发展潜力，热点风口动力强劲

1. 交易规模持续扩大

在市场、技术和政策驱动下，中国跨境电商市场规模和主体数量屡屡突破新高。2023 年 6 月，海关总署发布的《中国跨境电商贸易年度报告》显示，2022 年中国跨境电商进出口规模首次突破 2 万亿元，比 2021 年增长

7.1%，占全国货物贸易进出口总值的 4.9%，较 2015 年的 1.0% 提高了 6.1 个百分点。如图 3 所示，出口跨境电商行业交易规模增长率于 2020 年达到峰值，尽管 2021~2022 年有所回落，但交易规模持续上涨，并于 2022 年突破 12 万亿元。欣欣向荣的出口跨境电商市场吸引了众多经营主体加入，艾媒咨询数据显示，2016 年以来跨境电商相关企业注册数量逐年上升，2022 年 1~11 月新增企业数量达 9433 家，与 2016 年相比增长约 8 倍，截至 2022 年 11 月企业总数为 2.54 万家，越来越多的中国跨境电商企业走向国际舞台。

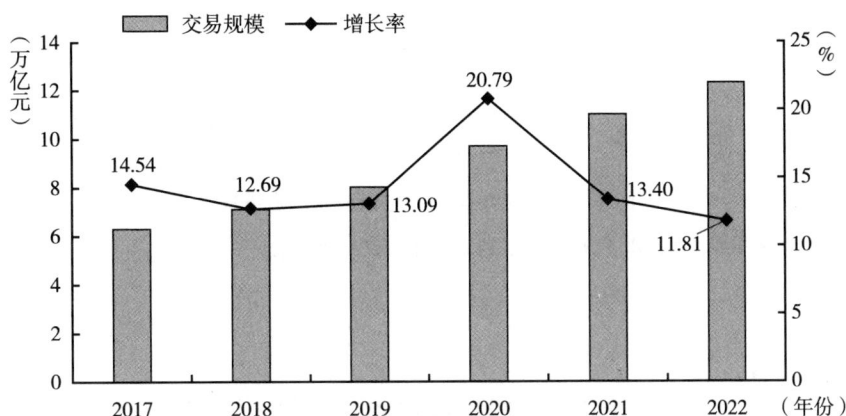

图 3　2017~2022 年出口跨境电商行业交易规模及其增长率

资料来源：网经社《2022 年度中国跨境电商市场数据报告》。

2. 加速携手资本市场

跨境电商行业的蓬勃发展吸引了资本的广泛关注，但宏观形势的变化引发资本市场对行业预期的调整，融资结构已悄然发生变化。网经社发布的《2022 年中国跨境电商投融资数据报告》显示，中国跨境电商融资总额在 2019 年达到 230.8 亿元的最高点，融资增速在 2018 年一度达到 339.54%，2021 年的融资事件多达 77 起。2022 年，过热的资本市场有所降温，融资总额降至 62.06 亿元，融资事件数量同比下降 44.16%。值得关注的是，在跨境电商第三方平台规则约束增加、流量红利减弱的背景下，品牌独立站演变为"出海"的重要路径，跨境电商服务商跃升为投资市场"新贵"，相关融资事件占 2022 年融资事件总数的 76.74%，融资金额占比如图 4 所示。

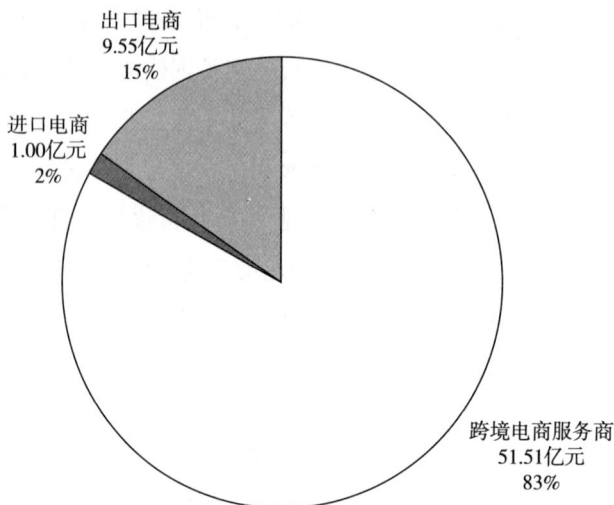

图4 2022年中国跨境电商行业融资情况

资料来源：网经社《2022年中国跨境电商投融资数据报告》。

二 北京跨境电商平台"出海"现状

（一）利好政策助推战略定位优化

"十四五"时期，国家坚定推进更高水平对外开放，为国内电商成功跨境"出海"开启重要宏观机遇期。北京作为首批国家电子商务示范城市之一，于2018年入选中国第3批跨境电子商务综合试验区，具备优越的地理位置、健全的基础设施、便利的交通条件、雄厚的人才资源，跨境电商行业规模位居全国前列。当前，北京不断释放"五子联动"效应，跨境电商相关利好政策高密度出台，在规范相关主体各类行为的同时，提供了包括简化手续、金融支持和税收优惠在内的各项扶持措施，营造更加便利、开放的环境，以发展跨境电商为契机打造外贸转型升级突破口、塑造出口增长新动能。2012～2022年国家和北京出台的跨境电商相关政策文件如表1所示。

表 1 2012~2022 年国家和北京出台的跨境电商相关政策文件

层面	年份	发布单位	政策文件	相关内容
国家	2012	商务部	《关于利用电子商务平台开展对外贸易的若干意见》	提出我国开展对外贸易的电子商务平台要明确主攻方向,通过研究开拓国际市场、加强对外贸易信息管理、维护对外贸易经营秩序和健全对外贸易配套增值服务等方式增强电子商务平台的对外贸易功能
	2015	国务院	《关于同意设立中国(杭州)跨境电子商务综合试验区的批复》	设立杭州为我国第一个跨境电子商务综合试验区,在试验区内针对跨境电子商务交易、支付、物流、通关、退税、结汇等环节,在技术标准、业务流程、监管模式和信息化建设等方面先行先试
	2018	国务院	《关于同意在北京等 22 个城市设立跨境电子商务综合试验区的批复》	批准北京成为第三批设立跨境电子商务综合试验区的城市,因地制宜地推广已有成熟经验,逐步完善监管制度、服务体系和政策框架,推动跨境电商在国内更多城市发展
	2021	国务院办公厅	《关于加快发展外贸新业态新模式的意见》	积极运用新技术新工具赋能外贸发展,到 2025 年力争培育 100 家左右表现突出的优秀海外仓企业,依托海外仓建立覆盖全球、协同发展的新型外贸物流网络
北京	2014	北京市商务委员会	《市商委关于推进本市跨境电子商务发展的实施方案》	成立北京市推进跨境电子商务发展工作小组,依据建立机制、搭建平台、创新模式、培育企业、构建园区、规范发展的总体要求,以先试点运行、后全面推广为思路,促进跨境电子商务发展
	2018	北京市人民政府办公厅	《中国(北京)跨境电子商务综合试验区实施方案》	构建"一体两翼多点全平台"的产业布局,完善跨境电商线上线下服务平台,强化技术和服务创新,完善监管、税收和金融服务机制,建立智能物流、信用保障、统计监测、国际合作和人才培养体系

续表

层面	年份	发布单位	政策文件	相关内容
北京	2020	北京市商务局	《北京市关于打造数字贸易试验区实施方案》	针对数字服务贸易领域跨境交付、境外消费等模式涉及的数据跨境流动等内容，最大限度放宽和创新管理政策机制，立足自贸区大兴机场片区重点发展跨境电商、智慧物流、云服务等数字产业及领域
	2022	北京市商务局	《关于进一步推进跨境电子商务创新发展的若干措施》	多维度支持各类跨境电商平台做大做强和业态创新，鼓励品牌独立站建设，完善海外仓支持政策，提升仓储物流服务能力，充分发挥"双枢纽"航空物流资源优势，探索拓展"两个试点"业务，构建对接合作平台

资料来源：根据商务部、海关总署、国务院和北京市人民政府等公开政策文件整理。

（二）"出海"方式多样，头部效应明显

北京跨境电商企业在政策支持下乘风而起，产业链参与者众多，相较于其他地区企业种类更加齐全，各企业凭借政策、人才、技术等方面的优势迅猛发展，业内"百舸争流"，竞争格局呈现明显的头部化趋势。根据海关总署公示的跨境电商企业名录，截至2023年6月，北京已有1085家跨境电商企业，按照企业类型划分，跨境电子商务交易平台企业有307家，支付企业有29家，18家跨境电商物流企业中仅开展B2B业务的企业有3家。北京跨境电商企业在上升的市场通道中持续构建行业生态，呈现以京东、敦煌网和小笨鸟等龙头企业为代表的多极化发展格局，进一步提高了跨境电商行业的市场集中度。

（三）提升物流能力创新贸易模式

跨境电商全链路各环节涉及诸多要素，上游包含品牌商等供应方，中游包含跨境电商交易平台、仓储物流企业、SaaS平台提供商等各类服务方，下

游包含渠道商和终端消费者等交易方，其中仓储物流企业是支撑跨境电商产业链整体长期健康稳定发展的核心支柱。与传统货代物流不同，跨境电商更长的"门到门"服务链条，伴随高订单分散度、强实效敏感度、多履约复杂度等因素的制约，在近几年供应链压力升高风险面前更为脆弱。2018年1月至2023年1月全球供应链压力指数如图5所示。

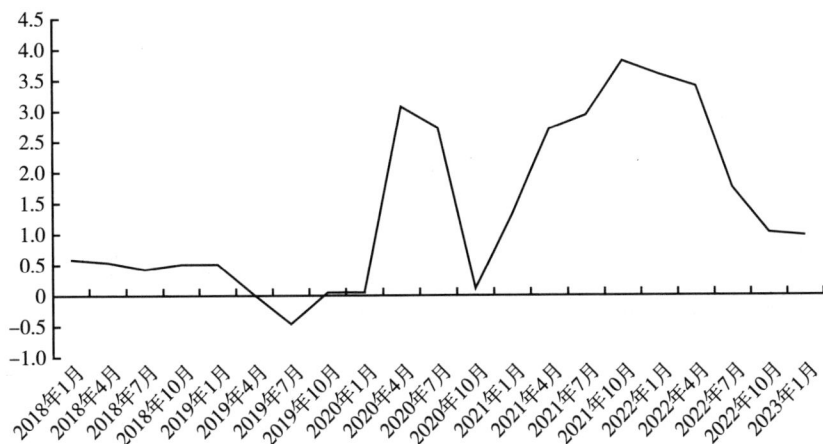

图5　2018年1月至2023年1月全球供应链压力指数

资料来源：Federal Reserve Bank of New York。

为了打破关键资源节点稀缺性和排他性的约束，北京跨境电商企业在政府扶持下大力推广"跨境电商+海外仓"贸易新模式，搭建数字化物流平台，打破关键枢纽节点限制，提升高端物流能力，进而提高交货效率、优化用户体验。2020年7月，北京成为全国首批跨境电商B2B出口试点城市之一，进一步加强企业海外仓建设。截至2022年4月底，北京海关备案在册的海外仓企业有14家，分布在美国、加拿大、西班牙等12个国家和地区的备案海外仓有27个，跨境电商相关产业链的仓储物流服务水平得到提升。北京持续优化口岸节点营商环境，北京海关数据显示，2022年第一季度北京关区出口整体通关时间为0.79小时，较2017年压缩89.31%。此外，北京依托天竺、大兴综合保税区"南北并进、两翼齐飞"，利用首都国际机场和大兴国际机场的航空运输优势打造便捷高效的跨境电商口岸和贸易通道，对区内跨境电商相关物流产业进行升级，发展国际冷链物流、国际应急物流等业务，构建现代航空物流、航空维修服务体系，开展国际供应链管理中心和国际航空货运枢纽建设。

（四）拓展海外市场，寻求广泛合作

北京以建设具有世界影响力的中国特色国际交往中心为目标，深度融入全球合作，国际组织总部和代表机构数量居全国首位，不断巩固和扩大的"朋友圈"带来跨境电商领域合作新契机，"丝路电商"正成为北京重点跨境电商企业进入伙伴国市场的重要贸易新渠道。"丝路电商"在为"一带一路"消费者提供便利的同时，拓展了国内跨境电商企业的营销网络，京东相继上线印度尼西亚、泰国等地，敦煌网与土耳其合作共建数字贸易中心，小笨鸟在俄罗斯、巴林等国建设运营中心。随着《区域全面经济伙伴关系协定》（RCEP）的签署，北京同东南亚各国的贸易往来也更加紧密，东盟已成为北京第三大进出口贸易伙伴，如图6所示。

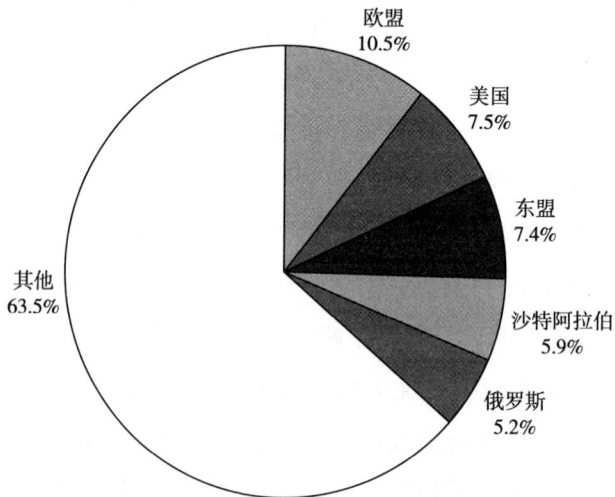

图6 2022年北京地区主要进出口贸易伙伴结构

资料来源：北京海关。

（五）配套产业助力跨区集群培育

北京发挥与自贸试验区的政策叠加优势，立足科技创新中心战略定位，在推进国际交往中链接全球创新网络、释放总部经济效能、集聚高端要素，以打造全球数字经济标杆城市为契机建设数字产业集群，为跨境电商相关设施升级、商业模式创新提供有力的配套产业支持，减少平台"出海"的"后顾之忧"。《北京市 2022 年国民经济和社会发展统计公报》显示，2022年北京经济结构进一步优化，信息传输、软件和信息技术服务业，金融业，科学研究和技术服务业持续发挥带动作用，增加值占全市生产总值的比重合计为 45.9%，较 2021 年提高 2.5 个百分点，数字经济增加值达到 1.73 万亿元，较 2021 年增长 4.4%，云计算、人工智能等新基建项目固定资产投资比上年增长 25.5%，新增 5G 基站 2.4 万个，数字经济活力不断释放、基座得到夯实。北京优化跨境电商监管场所和产业园区布局及功能，分别于 2016年、2017 年和 2019 年开展跨境电商产业园创建工作，打造了包括天竺综保区园区、北京邮政综合服务园区、马坊物流基地园区、北京 EMS 园区等在内的产业园区，配备良好的软硬件环境、完整的产业链体系，引领带动北京跨境电商产业集聚化、规模化、体系化发展。

三 典型"出海"电商平台经营模式比较

（一）重整旗鼓谋转向：京东

1. 发展历程

京东目前已发展为中国最大的自营式综合性电商企业，定位是"以供应链为基础的技术与服务企业"。2014 年，京东开始探索国际化道路，并于次年正式上线"京东全球购"和"JOYBUY"，前者主营跨境商品进口，后者则为跨境 B2C 出口平台。在进口领域，经历了 2018 年和 2019 年两次战略调整后，京东全球购品牌由"海囤全球"进一步升级为"京东国际"，致力于成为海外品牌进入中国的第一站。与进口赛道的"高歌猛进"不同,京东出口赛道较为曲折。2015~2018 年,JOYBUY 落户英国站(Joybuy.com)、俄罗斯站(Joybuy.ru)和西班牙站(Joybuy.es),并与印度尼西亚、泰国企业合作成立印度尼西亚站(JD.ID)和泰国站(JD Central)。然而,在与海外电商平台的激烈竞争中,京东复制国内经验的做法略显"水土不服",2021 年12 月 JOYBUY 英国站和俄罗斯站停止运营,2022 年 6 月 JOYBUY 转型为跨境B2B 交易和服务平台"京东全球贸",2023 年 3 月 JOYBUY 印度尼西亚站和泰国站也相继走向终点。

2. 经营模式

以独立模式"出海"并非一帆风顺,京东在海外布局过程中不断调整思路,聚焦供应链建设和数字能力提升,与全球多地企业和海外优质平台展开合作,在艰难探索中留下与众不同的脚步。现阶段,京东采取海外多渠道运营方式,调整后的业务布局思路包括供应链"出海"、欧洲新零售Ochama①、"京东全球贸"、"店中店模式",通过加强投资、拓展盟友进入更广阔的海外市场。京东海外主要经营模式如表 2 所示。

表 2　京东海外主要经营模式

业务布局	详细介绍
物流仓储	第一,快速推进全球织网计划,打造布局全球的供应链体系,用"出海"新基建调整东南亚布局。2021 年京东密集开通多条航线,5 月深圳—曼谷的中泰包机航线开通,6 月首条南京—洛杉矶的中美货运航线开通,8 月第二条上海—纽约的中美货运航线开通,9 月合肥—伦敦的中英全货运包机航线开通 第二,强化供应链竞争力,将仓配一体化模式延伸至海外,利用商品前置方式缩短配送时间和距离,提高配送效率,实现货网、仓网、云网"三网通"。京东物流 2022 年发布的业绩显示,京东在全球已运营近 90 个海外仓、保税仓、直邮仓,运输线路触达近 230 个国家和地区,实现运输网络 100%覆盖采购货源地 第三,加强物流硬件设备和软件系统升级,以数智化驱动履约和运营模式更新,在英国、德国、荷兰和中东等地设立的保税仓库中,超半数为自动化仓,引入自动化分拣拣选方案(PSP),自主研发仓储管理系统(WMS),实施一体化物流解决方案,进行海量 SKU 精细化管理,助力贸易商家业务增长

---

① 意为 Omnichanel Amazing。

续表

业务布局	详细介绍
零售创新	首次将独立品牌零售业务落地欧洲,2022 年 1 月在荷兰开启 Ochama 全渠道自提零售店,首创"仓店合一"模式,将自动化备货仓前置于店内,运用机械臂、AGV 自动搬运机器人等技术进行自动化仓拣、打造智慧供应链,实现机器人全程备货,设立自助服务台和焦点商品展厅,打造集全渠道全品类购物于一体、贯穿线上线下的"一站式"无忧新零售模式下的"超级仓店"
线上渠道	第一,搭建 B2B"一站式"现货交易平台"京东全球贸",发挥供应链优势建立全球跨境商品池,对接中国优质工厂货源和海外中小商家,满足买卖双方对包括商品遴选分层、可视化物流履约、金融服务支持、多种货币交易和语言自动翻译在内的全流程各环节服务需求,工厂和商家将产品发到国内集货仓后,京东将完成所有剩余环节,并在上线初期为工厂和商家提供免佣金、月租、上架费和会员费等优惠,降低入驻门槛 第二,在海外优质电商平台开设京东店(店中店模式),依托国内供应链资源完成商品筛选,上架到由自身团队运营的各海外平台"店中店",利用第三方电商平台生态中的流量资源进行销售和推广,如沃尔玛京东店、eBay 京东店以及基于 Shopify 生态为品牌独立站卖家推出的 JD Sourcing,其中沃尔玛京东店已跃升为沃尔玛平台内第一大店,成为中国商家入驻沃尔玛平台的新途径

资料来源:笔者根据网络公开资料整理。

(二)中小企业"一站式"服务:敦煌网

1. 发展历程

敦煌网是国内服务中小企业 B2B 跨境网上交易的领跑者,以"在线交易和供应链服务平台"为定位,开辟了中小额外贸的广阔蓝海。2004 年,敦煌网创立;2005 年,敦煌网 B2B 在线交易平台 DHgate 正式上线并成交第一笔订单;2009 年,敦煌网成功上线跨境支付平台 DHpay,实现外贸交易服务一体化;2020 年,敦煌网推出社交跨境 SaaS 平台 MyyShop,进入中心化(DHgate)和去中心化(MyyShop)双擎驱动时代;2023 年,敦煌网落地线下多功能空间 DH Showroom,用"红人经济"搅动海外线下零售流量池。敦煌网致力于为中国中小企业和全球中小零售商开辟便捷、安全、高效的跨境贸易新通道,是商务部重点推荐的中国对外贸易第三方电子商务平台之一。

2.经营模式

敦煌网专注小额 B2B 赛道,为身处市场长尾部分的中小企业提供包括店铺管理、精准推广、支付结算、跨境物流和专属服务在内的全链路服务,搭建"全场景一站式出海数字跨境交易服务平台",助力中国制造对接全球采购、中小企业融入全球价值链,敦煌网主要经营模式如表 3 所示。敦煌网用布局社交电商、携手 Z 世代的思路应对行业中物流、营销和支付等环节的挑战,增长势头强劲。敦煌网官方网站数据显示,截至 2022 年底,敦煌网注册供应商数量超过 254 万家,在线产品数量超过 3400 万件,对接海外超 5960 万名活跃卖家,覆盖全球 225 个国家和地区。

表 3 敦煌网主要经营模式

经营模式	具体做法
交易形式	第一,减少平台商家交易成本和风险,针对长尾客户特点,允许卖家免费入驻平台,采取佣金制收费模式打破传统电商会员制收费模式,在买卖双方达成交易后依据交易规模、行业的不同收取差异化佣金 第二,支持覆盖 71 个币种的 29 种结算方式,满足多样化支付需求,与 Paypal 等国际第三方支付平台合作,减少支付平台服务费,资金在交易达成后再从支付平台转款至卖家,保障资金安全 第三,降低中国商家、品牌"出海"门槛,简化交易流程至"五步走",卖家注册成功后,可将商品文图信息上传平台,在看到海外买家订单后备货发货,货物投妥后买家收货并在平台确认,平台向卖家放款并通知,交易完成
营销策略	第一,用数字化赋能上品、选品、营销等各阶段,为卖家、买家、商品和场景画像添加多维度标签,利用大数据优化人工智能选品,结合站内定向曝光和站外渠道矩阵实现精准推广 第二,上线 JoinChat 项目,开展即时会话营销,在 Facebook Massager 生态中嵌入智能客服营销机器人,高效处理用户诉求,提供个性化互动功能,优化动态广告信息流,积极维护已有用户,深度发掘潜在用户 第三,打造"一站式网红推广平台",把握社交媒体和电商深度融合的风口,构建"网红"资源库,并基于该资源库匹配海外本土红人,塑造品牌形象、提升知名度,用"网红带货"方式盘活线上线下流量池和商品池
仓储物流	第一,为卖家提供免费上门揽收、在线支付运费、全程物流跟踪、运费折扣补贴等"一站式"在线发货解决方案,协助解决物流纠纷和货物丢失等问题,支持运费月结,为卖家垫付运费并设定月还款日

续表

经营模式	具体做法
仓储物流	第二,2014年成立综合性跨境物流业务平台DHLink,基于100多条国际物流路线和10余个海外仓提供跨境多式联运、目的国配送等服务,与DHL、Fedex、顺丰等第三方物流商合作并使运费降至两折,卖家发货流程缩减至线上填写发货申请、线下发货至合作仓库、在线支付运费3个步骤 第三,率先推出海外直发业务,利用海外仓储和配送服务,中国卖家可以直销已存至买家所在国海外仓库的货物,减少海关等中间环节,实现本土发货,缩短订单周期,提升购物体验
专属服务	第一,2022年4月推出"星航工厂"计划,为加入计划的工厂提供专属权益和通道,如打通对接B端买家的全新供应链路、搭建B类营销场景、开设营销教程、提供全链路"一站式"托管运营服务等 第二,2023年启动"星云计划",定向集结1000名优质商家对接100万名海外优质红人,提供覆盖流量、营销、物流等在内的资源支持,形成跨境"出海"头部效应

资料来源:笔者根据网络公开资料整理,表格中数据来源于敦煌网官方网站公布的信息。

(三)第四方出口平台: 小笨鸟

1. 发展历程

小笨鸟由北京汇商融通信息技术有限公司开发和运营,是整合境外平台的"第四方平台",以"平台中的平台"为特色,走"互联网+外贸"之路。2014年3月,北京汇商融通信息技术有限公司注册成立;2014年9月,小笨鸟电商平台正式上线运营;2016年9月,小笨鸟产品追溯平台Traceability App上线;2019年4月,小笨鸟培训平台发布;2020年7月,小笨鸟发往美国分部海外仓的货物顺利完成了跨境B2B首单申报放行。小笨鸟通过技术创新及模式创新,为国内传统中小企业创造了全新的发展机会,是商务部电子商务示范企业和北京市重点推荐和扶持的电子商务企业,也是北京电子商务中心区(CED)的骨干企业。

2. 经营模式

小笨鸟致力于帮助国内中小企业打通国际贸易市场,利用网络技术将诸如 Amazon、eBay 等国外成熟网站整合于自身统一平台，国内卖家只需要注册小笨鸟账号，就可以对接上述国外网站在全球的站点，在平台通过"一键发布"将产品同时发布到其他不同平台，实现快捷、简单的出口。小笨鸟经营模式的核心在于"品牌化+本土化+全渠道运营/全球销售"，为中国品牌"出海"提供"一站式"全方位服务，打造海外仓、实现本土发货，将商品一键对接至全球各大电商平台，帮助企业更加高效、快速地开拓海外市场，小笨鸟平台特色如表4所示。小笨鸟官方公布的资料显示，小笨鸟同时在美国、俄罗斯、巴林设有分支机构，打通全球性网购平台的75个网络站点，覆盖45个国家和地区，其创新的 SaaS 模式具有较大的发展潜力。

表4 小笨鸟平台特色

平台特色	详细介绍
多平台管理	小笨鸟帮助国内卖家克服因平台、国家、站点、支付方式等不同带来的使用困难，通过一键对接的操作免去多站点间烦琐的流程，卖家可以利用小笨鸟统一管理发布在多个海外电商平台上的商品，且无须注册海外平台账号
海外仓发货	小笨鸟在美国、欧洲和中东的多个国家和地区设立了海外仓，不断完善跨境贸易供应链综合服务体系，实现本土发货、订单择优分发、大数据补货预警、商品一物一码、订单状态可视化
全中文界面	小笨鸟覆盖语言包括汉语、英语、法语、德语、西班牙语、葡萄牙语等，国内卖家可以选择全中文界面，以更加便捷的方式进行操作管理
品牌本土化	小笨鸟筛选境外优质本土化平台进行合作，在海外组建本地化团队，帮助卖家进行市场调研和分析，结合品牌自身产品的特色和卖点提供跨境营销方案
设运营中心	小笨鸟在多个国家设立了实体运营中心，选址城市黄金地段，除展示功能外，还集线下交易功能和展厅、零售、分拨、推广、批发于一体，为企业提供仓储、配送、展示及客服本地化服务，形成了线上线下相结合的数字化跨境贸易供应链综合服务体系
"一站式"服务	小笨鸟结合"云"和"SaaS"技术，通过互联网、移动互联网为外贸出口企业提供贸易、商检、通关、物流、外汇、退税、金融服务等全流程"一站式"外贸服务；整合多方资源，以线上线下相结合的方式为客户提供物流、报关、清关、仓储、收结汇、退税、金融等跨境供应链综合服务

资料来源：笔者根据网络公开资料整理。

四 北京跨境电商平台"出海"趋势分析

（一）合规化重铸良性商业闭环，重塑管理服务竞争力

作为新兴业态，跨境电商在蓬勃发展的同时暴露了平台垄断、知识产权和数据风险等方面的问题，行业合规性面临挑战。现阶段，跨境电商平台正在经历来自国际贸易层面、知识产权层面的合规化约束，市场由"野蛮生长"逐渐过渡到"理性繁荣"，违反合规政策要求的跨境电商企业将面临冲击甚至淘汰。2021年亚马逊平台管理整顿引发的"封店潮"将规则调整风险具象化，暗流涌动下跨境电商生态向专业化、服务化、品牌化"蝶变"，部分跨境电商卖家以自建品牌独立站方式提高自主权，业内合规服务需求逐渐增长。对于北京跨境电商平台而言，需要快速精准了解各类合规政策，尤其是密切关注数字贸易浪潮下数据跨境流动规则体系的最新动态，发挥影响力和能动性，积极参与相关标准制定、对接国际规则，在合规前提下构筑可持续商业模式。具体而言，平台在调整自身合规内容时，可以根据入驻商家的实际情况提供个性化培训、指导服务，运用数字化技术精准宣传、智能管理，与商家携手共同克服转型升级、合规调整带来的挑战，避免采用大范围强制关停等方式，避免转型引发的平台动荡，降低经营损失。

（二）用数字技术赋能产品矩阵，推广跨境营销新业态

跨境电商具有较强的包容性和延伸性，能够与各类产业融合发展，创造更加丰富的产品内容和多维度的消费场景，未来与医疗、文化、旅游、环保等产业融合将是北京跨境电商的重要发展方向，拓展了大数据、云计算、人工智能和区块链等数字技术应用场景。医疗方面，可以进一步增加跨境零售商品类别，与医院合作推进互联网医院建设和人工智能问诊升级，打造国际化中医品牌，向国外出口中药、药膳等产品。文化方面，依托综合保税区完善的文化贸易资源与宋庄原创艺术集聚区、798艺术区等地开展合作，举办

271

云展览等活动，为国内文创产品提供"走出去"的机会。旅游方面，与酒店、景点等多场景融合，基于虚拟现实和人工智能技术打造更为多元和新奇的消费场景。环保方面，绿色低碳是跨境电商未来发展和转型的必经之路，无论是合规政策要求，还是企业自发调整，融合新能源、环保等领域打造生态环保产业链将成为必然趋势。随着商业版图扩展，日益兴盛的社交媒体、"红人"经济为跨境电商创新营销业态提供启发，以 TikTok 为代表的新兴媒体平台具有流量成本低、内容传播快、KOL 影响力高、信息推送精准等特点，在去中心化趋势下为各类产品打造"量身定做"的个性化营销投放渠道，未来将在跨境电商产业链中扮演更加多样且重要的角色。

（三）深化合作开拓小语种市场，精细化深耕本土业务

中国持续深化区域贸易合作，"一带一路"成果丰硕，RCEP 已于 2022 年正式生效，为北京跨境电商平台"出海"营造了良好的国际营销环境，带来了巨大的产品市场需求。随着欧美地区跨境电商市场逐步饱和、竞争日趋激烈、政策不确定性风险加剧，跨境电商"出海"的方向正在发生变化，东南亚、拉美和东欧等地的小语种市场有望成为未来跨境电商发展的新增长点。然而，探索并开拓小语种市场也面临当地基础设施有待完善、对文化消费习惯不够了解、品牌认知程度较低等问题，需要跨境电商相关主体在市场运营、语言沟通和支付方式等方面为实现本地化而加大投入力度，深度了解当地市场尤其是年轻群体对陌生品牌的接受程度、对个性化产品的需求程度以及对不同设计的消费偏好，组建当地运营、物流、服务等全流程团队，灵活运用社交媒体、本土"红人"的影响力，顺应品牌"出海"趋势，针对不同国家消费者购买习惯打造品牌形象、讲述品牌故事、挖掘品牌价值。

（四）以海外仓为支点化解风险，打造智慧流通新模式

如今，越来越多的跨境电商企业致力于改善软环境、提高硬实力，以海外仓作为本土化重要支点布局数智供应链、运营本地物流、培育核心竞争力，降低传统海运的风险和成本。这一过程中，依托数据驱动、技术支撑和

网络协作，供应链迅速响应，物流的内涵和外延不断拓宽，数字化、智能化助推上下游协同效率再度提高，线上线下各场景融合、高时效多渠道配送满足海外消费者多元化需求。当前，头部平台把握建设海外仓机遇，用便捷高效的本土服务撬动更广阔的海外市场，但全链路资源匹配和长期持续投入对于中小企业而言成本高昂。为此，北京可以在保障海外仓建设的同时完善海外仓共享机制，助力中小企业"借船出海"、摆脱"单枪匹马"困境，采取优惠措施鼓励有条件的龙头企业、链主企业开放数据资源，培育一批优质跨境服务商，协助打破海外建仓过程中的制度、资源阻碍，鼓励中小企业融入数字化生态体系，用集群化发展提高中小企业在数字化转型过程中的商品数字化、订单数字化、履约数字化、运营数字化能力。

参考文献

［1］《2022—2023 年中国跨境出口电商行业发展现状与典型案例研究报告》，艾媒咨询网，2022 年 12 月 23 日，https：//www. iimedia. cn/c400/91334. html。

［2］《2022 年中国跨境电商服务行业趋势报告》，艾瑞咨询网，2022 年 6 月 28 日，https：//www. iresearch. com. cn/Detail/report？id＝4014&isfree＝0。

［3］《2022 年中国跨境电商投融资数据报告》，网经社网站，2023 年 2 月 13 日，https：//www. 100ec. cn/zt/2022kjdstrzbg/。

B.15
在线旅游平台竞跑出境游赛道

——以携程旅行和马蜂窝海外业务扩张为例

周梦雯　鱼　悦*

摘　要: 随着防疫政策逐步调整,各级政府及在线旅游平台积极采取措施推动在线旅游发展,我国在线旅游市场规模不断扩大,在线旅游企业数量快速增长,出境游市场需求快速回升。本报告通过对携程旅行和马蜂窝两家在线旅游平台的海外业务扩张历程和出境游业务布局的比较分析,发现两家公司都在不断进行海外业务扩张,但是携程旅行以投资、并购海外在线旅游平台或在线订票平台为主,直接实现海外业务的扩张;马蜂窝主要与目的国的政府或旅游局达成战略合作协议进行海外业务扩张。两家公司出境游的市场定位也有所不同,携程旅行主要为商旅人士提供“交通+住宿”出境游产品与服务;马蜂窝则是为出境游用户提供自由行、自助游攻略的旅游社交分享平台。未来,在线出境游市场将面临细分领域的差异化竞争,在互联网流量的加持下,在线旅游平台的出境游产品会更加注重“用户体验+优质内容+平台社交”。

关键词: 在线旅游平台　出境游　携程旅行　马蜂窝

---

* 周梦雯,对外经济贸易大学国家(北京)对外开放研究院国际经济研究院博士研究生,主要研究方向为数字经济、区域经济;鱼悦,对外经济贸易大学国家(北京)对外开放研究院国际经济研究院硕士研究生,主要研究方向为区域经济、世界经济。

一 在线旅游行业发展背景及现状

（一）发展背景

1. 2022年疫情整体可控，在线旅游市场逐步复苏

2020 年以来，新冠疫情全球大流行给整个旅游业带来巨大冲击。随着疫苗接种范围扩大、疫情整体可控，人们的旅游意愿增强，2022 年旅游业逐渐回暖向好。根据《中国互联网络发展状况统计报告》的数据，截至 2018 年 12 月，我国在线旅游预订用户规模超过 4 亿人，在线旅游预订使用率接近 50%。受疫情影响，2020 年在线旅游预订用户规模降至 3.42 亿人，使用率跌至 40% 以下，2021 年和 2022 年逐步恢复，截至 2022 年 12 月，我国在线旅游预订用户规模达到 4.23 亿人，已经超过 2018 年同期水平，在线旅游预订使用率虽然尚未完全恢复，但已在逐步增长（见图 1）。由此可见，旅游业受疫情影响的幅度正在减小，整体已进入复苏期，在线旅游行业也逐步走出疫情阴霾。

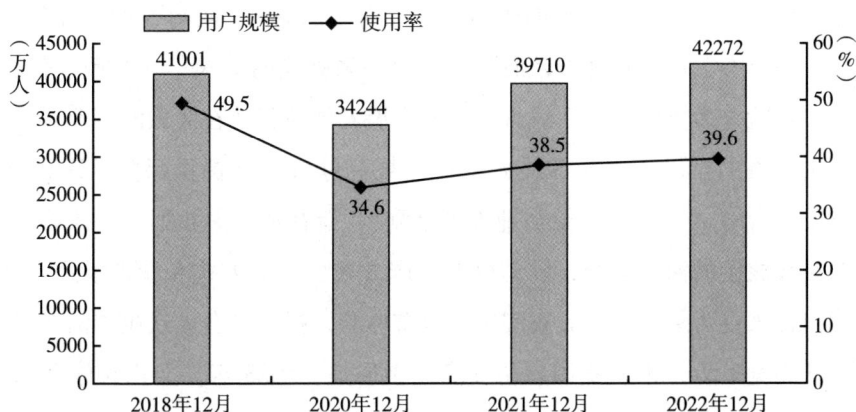

图 1　2018 年 12 月至 2022 年 12 月在线旅游预订用户规模及使用率情况

资料来源：中国互联网络信息中心（CNNIC）。

2. 数字技术从供需两端为在线旅游行业发展提供支持

旅游业是现代服务业的重要组成部分，是我国国民经济的战略性支柱产业。当前，以互联网为代表的现代信息技术持续更新迭代，大数据、人工智能、5G、VR/AR 等技术应用日渐成熟，推动在线旅游行业的产品与服务升级，为旅游业高质量发展提供了强大动力。从供给端来看，在线旅游平台依托用户大数据，可以对消费者进行精准画像，更精准地洞察用户偏好，通过优化和丰富在线旅游产品及服务，为消费者提供个性化、定制化旅游产品和服务，提升在线旅游供给能力和产品质量。从需求端来看，数字技术的广泛应用加快了智慧景区建设，旅游景区智慧化转型升级进一步改进游客体验、提高游览便利性，特别是 VR/AR 技术应用到旅游业，沉浸式旅游、线上游览成为新的旅游形式，刺激在线旅游需求释放。因此，数字技术的快速发展为在线旅游行业发展提供了必要条件。

3. 政策利好为在线旅游行业创造良好发展环境

近年来，国家及相关部门为推动旅游业发展相继推出一系列政策（见表1），在线旅游作为技术赋能下的新业态，能够引领新一轮消费升级。2015 年，原国家旅游局提出实施"旅游+互联网"行动计划，大力发展在线旅游新业态，支持在线旅游创业创新，推动"旅游+互联网"的跨界融合。随后，中央有关部门和地方政府陆续出台一系列支持政策，从财政、税收、金融、保险等多方面支持在线旅游行业发展，加速释放在线旅游行业对经济高质量发展的推动力，为在线旅游行业规范健康发展提供保障。2021 年，国务院出台《"十四五"旅游业发展规划》，旨在加快大数据、云计算等技术与在线旅游的深度融合，推动旅游生产方式、服务方式和管理模式创新，为用户带来更为新奇、更具真实感的旅游体验，提高符合大众旅游消费新特征的核心竞争力，推动我国旅游业高质量发展。2023 年，文化和旅游部发布《关于推动在线旅游市场高质量发展的意见》，提出进一步加强在线旅游市场管理，推动在线旅游经营者深度应用 5G、人工智能、大数据、云计算、区块链等新技术，以科技引领行业创新发展。

表1 2015~2023年在线旅游行业部分相关政策

年份	部门	政策/规划名称	相关内容
2015	原国家旅游局	《关于实施"旅游+互联网"行动计划的通知》	支持在线旅游创业创新,鼓励各类创新主体充分利用互联网,开展以旅游需求为导向的在线旅游创业创新;大力发展在线旅游新业态,积极推动在线旅游平台企业的发展壮大,整合上下游及平行企业资源、要素和技术,推动"旅游+互联网"的跨界融合
2020	文化和旅游部	《在线旅游经营服务管理暂行规定》	积极协调相关部门在财政、税收、金融、保险等方面支持在线旅游行业发展,保障在线旅游经营者公平参与市场竞争;在线旅游经营者应当保护旅游者个人信息等数据安全;在线旅游经营者不得滥用大数据分析等技术手段
2020	文化和旅游部等10部门	《关于深化"互联网+旅游"推动旅游业高质量发展的意见》	深入推进旅游领域数字化、网络化、智能化转型升级,培育发展新业态新模式,推动旅游业发展质量、效率和动力变革;坚持包容审慎监管,依托互联网技术全面提升旅游监管和服务水平,促进旅游市场健康有序发展;支持旅游景区运用数字技术充分展示特色文化内涵,积极打造数字博物馆、数字展览馆等,提升旅游体验
2021	国务院	《"十四五"旅游业发展规划》	加快推动大数据、云计算、物联网等技术在旅游领域的应用普及,增强旅游产品的体验性和互动性,提高旅游服务的便利度和安全性

续表

年份	部门	政策/规划名称	相关内容
2023	文化和旅游部	《关于推动在线旅游市场高质量发展的意见》	加强在线旅游市场管理,保障旅游者合法权益,发挥在线旅游平台经营者整合交通、住宿、餐饮、游览、娱乐等旅游要素资源的积极作用,促进各类旅游经营者共享发展红利,推动旅游业高质量发展

资料来源:笔者根据公开资料整理。

(二)发展现状

1. 在线旅游市场规模不断扩大

随着互联网的普及和数字技术的不断渗透,互联网平台加速涌现,线上服务的便利性使得在线旅游服务平台在很大程度上替代了线下旅行社等旅游服务机构。当人们有出行需求时,在线旅游服务成为优先选择,在线旅游市场规模不断扩大,迎来扩容新机遇。根据中商情报网的数据,2021 年我国在线旅游市场规模约为 1.59 万亿元,同比增长 54.4%,在线旅游市场实现部分恢复性增长。由图 2 可以看出,2016~2021 年我国在线旅游市场规模占比由 23%增长至 46%,2021 年在线旅游市场规模占比接近一半,增长趋势显著。近年来,我国在线旅游行业发展向好,从在线出行这一细分赛道来看,2021 年我国机票和火车票的在线化率分别为 89%和 80%,相较于 2017年分别上升了 14.1 个和 6.1 个百分点①。总体来看,我国在线旅游市场规模不断扩大,相比线下旅游市场占比不断提高,获得新的发展机遇。

2. 在线旅游行业格局高度集中

我国在线旅游行业格局呈现高度集中的特点,五大头部企业的市场份额高达 92.9%,行业格局较为稳固。根据市场份额数据,2021 年前五大在线旅

---

① 资料来源:艾瑞咨询。

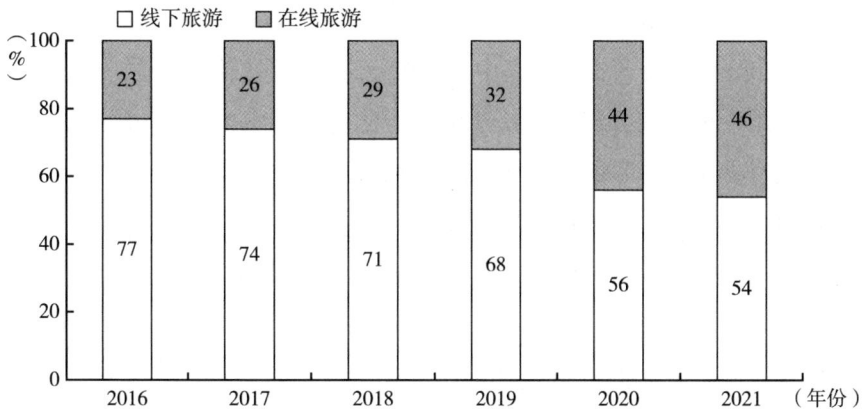

图 2　2016~2021 年中国在线旅游市场规模占比情况

资料来源：中商产业研究院。

游平台企业分别是携程旅行、美团旅行、同程旅行、去哪儿旅行、飞猪旅行，市场份额占比分别为 36.3%、20.6%、14.8%、13.9%、7.3%（见图 3）。与

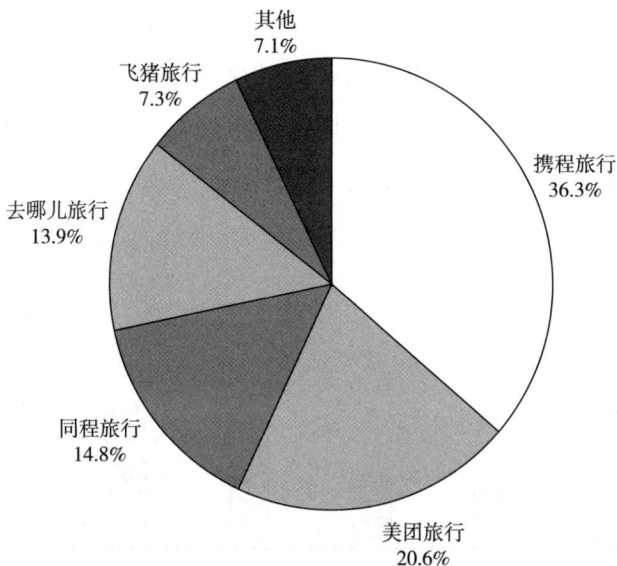

图 3　2021 年中国在线旅游平台行业竞争格局

资料来源：Fastdata、中商产业研究院。

2020年相比，携程旅行和去哪儿旅行的市场份额有所下降，美团旅行和同程旅行的市场份额有所提升，其中美团旅行进入在线旅游行业较晚，但是凭借较大的用户规模和营销手段快速破局，已占据20%左右的市场份额，同程旅行通过自身整合和错位竞争，凭借微信端口导流和深耕下沉市场，市场份额由2020年的10.0%快速增长至2021年的14.8%。虽然头部企业市场份额有所变动，但是从整体来看，在线旅游行业高度集中的市场格局难以在短期内打破。

3. 在线旅游企业数量快速增长

随着我国旅游业消费不断升级和旅游市场逐步复苏，在线旅游获得较快发展，在线旅游企业数量迅猛增长。从图4数据可知，我国在线旅游及相关企业数量在2021年达到344家，与2020年相比增加了196家，增速高达132.4%。我国在线旅游及相关企业在2012年开始取得较快发展，2012年仅有14家在线旅游及相关企业，到2018年已经增长至94家，在国内经济形势不断向好和人们精神需求不断增长的推动下，2019年我国在线旅游及相关企业数量增长至180家，2020年新冠疫情导致很多企业关停甚至倒闭，我国在线旅游及相关企业数量降至148家。随着数字技术突飞猛进和消费需

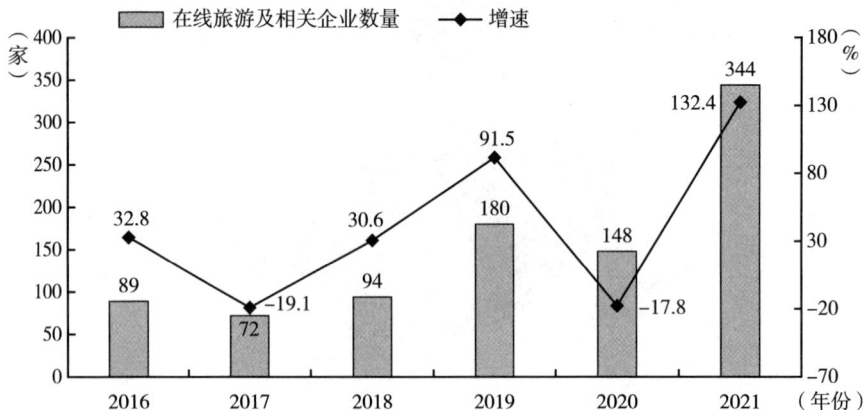

图4 2016~2021年我国在线旅游及相关企业数量变化情况

资料来源：智研咨询、企查查。

求进一步释放，2021 年在线旅游及相关企业增至 344 家，这在一定程度上说明在线旅游行业迎来新的发展机遇，但也面临更激烈的市场竞争，不同的在线旅游平台要找准自身定位，不仅要追求规模，更要注重自身特色。

二　在线旅游平台海外业务扩张和出境游业务布局的案例分析

各级政府持续加大对旅游企业的支持力度，在线旅游平台市场活力进一步激发，随着防疫政策调整，出境游市场逐渐回暖，在线旅游平台紧跟市场需求变化，积极拓展海外市场，海外业务保持高增长趋势，本部分将对携程旅行和马蜂窝的海外业务扩张历程进行比较分析。

（一）出境游市场特征

1. 防疫政策调整，出境游需求快速回升

新冠疫情发生前，我国出境游人数连年增长，文化和旅游部的数据显示，我国 2015 年出境游人数为 1.2 亿人次，2019 年达到 1.55 亿人次，年复合增长率约为 6.6%，一直保持较高增长态势。疫情发生后，出入境限制导致出境游人数断崖式下滑，2020 年出境游人数仅为 2033.4 万人次，与疫情发生前出境游规模相比基本处于停滞状态，人们的旅行需求难以释放。2023 年 3 月，文化和旅游部宣布自 2023 年 3 月 15 日起试点恢复全国旅行社及在线旅游企业经营中国公民赴有关国家（第二批）出境团队旅游和"机票+酒店"业务，国内已开放的出境跟团游试点目的地国家达到 60 个，出境游快速恢复。麦肯锡数据显示，中国出境游人数大约在 2023 年夏季恢复至疫情发生前的 50%。同程旅行的数据显示，第二批试点出境团队游的国家名单发布后，同程旅行出境游相关专题页面点击量瞬时上涨 77%，赴相关国家的旅游签证咨询量瞬时涨幅超过 4 倍。

2. 低线城市出境游市场提升空间较大

安信证券报告的数据显示，新冠疫情发生前，我国出境游渗透率从

2011 年的 5.2% 快速增长到 2019 年的 11.0%，呈连年增长态势，但是与成熟市场相比仍然较低，2019 年美国出境游渗透率为 30.2%，韩国为 56.1%，而北京和上海出境游渗透率分别为 18.5% 和 22.1%，全球出境游渗透率为 26.5%，长期来看我国出境游市场仍有较大提升空间。除一线城市以外，其他城市的出境游渗透率普遍较低，但是随着国际航线开通范围逐渐扩大和旅游消费观念的普及，非一线城市出行便利度快速提升。携程旅行和万事达卡联合发布的《2019 中国跨境旅行消费报告》显示，我国出境游人数增长与城市层级呈现反向关系，即城市层级越低，出境游人数增长越快，三线以下城市出境游人数的年复合增长率高达 160%。因此，未来非一线城市出境游将会有很大的市场空间，低线城市出境游将成为带动我国整体出境游渗透率提升的重要引擎。

3. 出境游的品质和体验成为影响游客旅游消费的重要因素

2023 年 1 月 8 日，我国正式取消入境隔离，马蜂窝根据这之后 3 个月的出境游数据，于 2023 年 4 月发布了《第一批出国的年轻人都去哪儿了》海外旅行数据报告，发现出境游的主力军是"90 后"，占比超过 57%，女性游客占 59.8%，近 80% 的游客选择与家人、朋友、伴侣一起旅游。近年来，年轻人的旅行消费偏好发生较大变化，更高品质的旅行产品、更深度的旅行体验和更新奇的旅行方式成为影响旅游消费决策的重要因素。在马蜂窝北极星"即时攻略"社群里，除了出入境政策、签证、交通、酒店等基础话题外，目的地新兴玩乐方式、新晋"网红打卡地"等话题也备受游客关注。因此，在线旅游平台应在提供及时、准确、全面的"机票+酒店"信息的基础上，探索个性化、小众化和具有新鲜感的旅行产品，这是抓住客户的关键。

（二）携程旅行和马蜂窝海外业务扩张历程和出境游业务布局比较分析

1. 海外业务扩张历程比较分析

（1）携程旅行海外业务扩张历程

携程旅行是我国最大的在线旅游平台，市场份额在 40% 左右，自 2012

年开始布局国际市场，多年来通过收购海外在线旅游平台、在线订票平台以及投资海外在线旅游平台快速实现海外市场扩张，在美国、英国、荷兰、印度等多个国家快速占领市场，具体海外业务扩张历程见表2。根据携程旅行年报数据，2017~2019年其海外市场营业收入占比快速提升，由8.6%增长至12.5%，疫情发生以来海外市场营业收入占比开始下降，2020年仅为7.1%，2021年为8.0%。伴随各国逐步调整疫情防控措施，携程旅行的海外市场营业收入呈高增长态势，欧美市场营业收入已超过2019年同期水平，海外业务成为携程旅行业绩增长的重要支撑。

表2 携程旅行海外业务扩张历程

年份	事件
2012	推出海外酒店预订平台，正式开始国际化发展道路
2015	收购英国机票预订平台 Travelfusion
2016	收购英国在线旅游预订平台 Skyscanner
2017	收购美国在线旅游平台 Trip. com，与日本大阪观光局达成战略合作
2018	与日本北海道政府达成战略合作
2019	与 Tripadvisor 达成战略合作伙伴关系，投资 MakeMyTrip，快速占领印度市场
2020	并购 Travix，扩张荷兰市场，与新加坡旅游局签署战略合作备忘录
2021	与阿根廷政府达成合作协议

资料来源：笔者根据相关资料整理。

（2）马蜂窝海外业务扩张历程

马蜂窝是一家以旅游攻略为最大特色的在线旅游企业，在我国在线旅游平台中的市场份额占比并不高，根据艾瑞咨询发布的《2020年中国在线旅游市场年度监测报告》，马蜂窝的海外旅游市场份额仅为0.3%，其以"内容+交易"作为旅游攻略的最大特征，拥有一批爱好自由行的客户。马蜂窝的国际化历程始于2015年，其推出"全球玩家计划"，正式开启海外业务扩张之路，具体见表3。随后的几年，马蜂窝将业务拓展至日本、泰国、韩国、澳大利亚、美国、欧洲等地，并在泰国开设了首个海外办公室，国际化业务版图不断扩张。2020年，受疫情影响，马蜂窝的国际化进程受到一定阻碍，根据路透社报道，马蜂窝在 2021 年进行了新一轮融资，以增强在海外市场的竞争力，并将重点放在东南亚和南亚市场。

表 3　马蜂窝海外业务扩张历程

年份	事件
2015	推出"全球玩家计划"，正式开启海外业务发展道路
2017	在日本、泰国、韩国等海外目的地正式推出海外旅游产品；陆续进入澳大利亚、美国、欧洲等地的市场
2018	与荷兰旅游局合作，打造"一起走荷兰"旅游品牌
2019	正式进军东南亚市场，推出针对泰国、印度尼西亚、越南、马来西亚等的旅游产品；与西澳大利亚州旅游局开展战略合作
2020	受疫情影响，海外扩张受限
2023	与安大略旅游局达成深度合作，启动"安然心动"——安大略邀你点亮四季灵感主题活动

资料来源：笔者根据相关资料整理。

（3）携程旅行和马蜂窝海外业务扩张历程比较分析

从海外业务扩张开始时间来看，携程旅行的海外业务扩张相较于马蜂窝更早，携程旅行作为全国最大的在线旅游平台，市场份额多年来稳居国内首位，拥有雄厚的实力。从海外业务扩张方式来看，携程旅行以投资、并购海外在线旅游平台或在线订票平台为主，直接实现海外业务的扩张；马蜂窝主要与目的国的政府或旅游局达成战略合作协议，加强目的地营销，增加全球范围内的合作伙伴。从受疫情影响程度来看，携程旅行海外业务急剧减少，但是其拥有较为完整的出境游业务布局，在欧美防疫政策调整后立即做出反应，加速修复海外业务。马蜂窝由于客户群体小众、企业规模受限等原因，疫情期间海外业务扩张几乎处于停滞状态，在防疫政策调整后加速布局海外业务。

2. 出境游业务布局比较分析

（1）携程旅行出境游业务布局

疫情期间，很多在线旅游平台将出境游业务转型或取消，而携程旅行依然坚守出境游业务，明确了"心怀国内，深耕全球"的战略目标，积极进行出境游业务布局，为疫情后的复苏做好准备。从外部资源来看，携程通过Trip.com与海外供应商开展合作，同时与境外旅游目的地的上游资源供应商合作，以扩展海外市场；与新加坡、日本、阿根廷等国家的政府机构达成战略合作，与国际龙头酒店建立合作关系以构筑海外旅游市场资源壁垒。从内部人员来看，出境游业务员工通过企业内转岗的形式保留下来，在防疫政策调整后，相关人员迅速回到原岗位来满足出境游业务需求。防疫政策调整后，携程旅行凭借其规模化经营和供应链建设上的优势，立即开展出境游业务布局，上线超7000条出京团队及"机票+酒店"产品，覆盖印度尼西亚、新加坡、泰国、中国香港、中国澳门、俄罗斯、瑞士等20多个国家和地区。

（2）马蜂窝出境游业务布局

马蜂窝拥有一批黏性较强、活跃度较高的年轻旅游用户，并拥有丰富多元的内容生态和大数据优势，助力其打造出境游新格局。在海外业务扩张初期，马蜂窝与新加坡旅游局、澳大利亚旅游局、加拿大旅游局、迪拜旅游局等境外官方旅游机构建立了密切的合作关系，为其制定符合当地特点的营销策略，其中2018年为新加坡旅游局打造的"最好的暑假作业"营销项目获得当年金瞳奖金奖。2019年，马蜂窝开启全球化旅游营销，加强数字技术应用，将线下旅游资源进行线上构建，从品牌信息、内容和影响力3个维度全面升级，不断完善境外旅游目的地的旅游POI，还打造专属微信小程序，加强旅游资源的数字化转型，持续为目的地赋能。马蜂窝重点加强泰国、日本、新加坡、马来西亚、越南、印度尼西亚、新西兰、澳大利亚等热门境外旅游目的地的旅游资源方对接合作服务，持续推进境外旅游目的地营销合作，为境外旅游局与供应商提供丰富的营销资源，加速重启出境游市场。

（3）携程旅行和马蜂窝出境游业务布局比较分析

在出境游业务布局上，携程旅行和马蜂窝都通过与境外旅游目的地政府机构达成战略合作来扩展出境游业务，但是携程旅行凭借其较高的市场份额和较强的公司实力，还通过与酒店、航空公司等境外目的地的旅游资源供应商达成合作来建立海外市场的旅游资源壁垒，强化其市场势力。马蜂窝则主要通过为境外旅游目的地制定营销策略、开拓海外营销市场等方式形成全球化营销布局，追求对境外旅游目的地旅游内容的积累，为用户提供更多出行指导和玩法建议。而且，两家在线旅游平台出境游的市场定位也不同，携程旅行更强调便捷、高效的服务，以"让旅行更简单"，为商旅人士提供"交通+住宿"出境游产品与服务，在规模化、资源端、技术系统等方面占据优势。马蜂窝则是为出境游用户提供自由行、自助游攻略的旅游社交分享平台，依靠内容流量以及客户黏性不断做大平台，迅速成长为新型在线旅游平台的代表。

（三）在线旅游平台海外业务扩张面临的风险与挑战

1. 行业集中度高，平台竞争加剧

我国在线出境游市场一直保持着行业集中度高、头部效应明显的态势。根据艾瑞咨询发布的《2019 年中国在线出境游行业研究报告》，2018 年中国在线出境游市场 CR5[①] 高达 80.2%，头部大型在线旅游平台凭借自身强大的流量资源和品牌影响力，接连推出"机票+酒店"模式的标准化产品，并立足境外旅游目的地深耕产品、深度布局，不断发掘并满足游客的长尾需求。一方面，很多小型在线旅游平台因疫情宣布破产，大型在线旅游平台则能够继续保持出境游业务和相关工作人员，在防疫政策调整后迅速反应，并推出多样化的旅游产品和服务，更快占领市场份额，从而导致行业集中度进一步提升；另一方面，出境游复苏后，在线旅游平台加速海外市场扩张，抢占市场份额，平台之间的竞争进一步加剧。此外，除了传统的在线旅游平台，越来越多的后进者涌入市场，小红书、抖音等互联网内容平台也开始进入在线旅游领域，对原有行业竞争格局产生较大冲击。

2. 语言环境、政策框架和文化背景各异，对平台服务能力要求较高

随着游客出境游需求日益个性化和多元化，除了"机票+酒店"等标准化产品以外，游客对碎片化服务的需求越来越多，如当地租车、境外Wi-Fi、

---

① CR5：业务规模前 5 名的公司所占的市场份额。

景区门票、同城购物等。然而，境外旅游目的地语言环境、政策框架和文化背景往往具有较大差异，在线旅游平台满足游客在境外旅游目的地的碎片式需求的能力愈加重要。部分在线旅游平台由于规模有限、工作人员不足等，难以满足游客对旅游品质和服务的需求，这将是一个重大挑战。未来，出境游自由行和目的地即时预订将是大势所趋，整合境外旅游目的地生活服务，为出境游行程进行定制化设计将是在线旅游平台提供出境游服务的发力点。

3. 宏观经济复苏乏力，居民消费能力不及预期

中国是全球最大的商旅市场，虽然防疫政策调整使旅游需求迅速反弹，但总体来看仍不及预期。泰国旅游部门公布的数据显示，2023 年 1 月至 5 月 15 日，入境泰国的中国游客人数约为 100 万人次，而 2019 年第一季度入境泰国的中国游客人数就已达 310 万人次，差距十分明显，出境游复苏乏力。防疫政策调整以后，在线旅游平台纷纷布局出境游业务，大规模开展海外市场扩张，必将花费大量人力物力财力，付出较高的经营成本，很可能面临游客数量和营业收入增长缓慢的窘境。在线旅游平台在进行大规模海外业务扩张的同时，不仅要考虑目的地航班、签证等因素的影响，还要在国内做好调研，了解出境游客的数量和需求。

三　在线旅游平台出境游市场未来展望

受疫情影响，我国出境游产业在 2020~2022 年几乎处于停滞状态，在线旅游平台大幅亏损甚至裁撤出境游业务。在出入境政策优化调整的背景下，出境游市场正在迅速恢复。接下来，本报告对在线旅游平台出境游市场的未来进行展望。

（一）平台差异化竞争，重点布局年轻群体细分赛道

在线出境游市场年轻化趋势明显，平台之间将更加注重年轻群体细分赛道的错位竞争。Fastdata 数据显示，年轻人更倾向于把在线旅游平台作为旅游预订的首选，2021 年 12 月在线旅游用户年龄分布结构中，X 世代、Y 世代、

Z 世代①占比分别为 25.3%、38.2%、28.7%，同比分别增长 -11.8%、1.1%、23.2%，Z 世代旅游消费力不断提升，给旅游产品及服务带来深刻的变革。Fastdata 发布的《2023 年中国出境游行业发展报告》显示，"00后"和"90后"用户中有出境游意愿的占比最高，年轻用户成为推动出境游强势复苏的关键力量。年轻人更加注重旅游的体验感，各大平台也相继推出"旅行+电竞""旅行+音乐""旅行+直播+视频"等主题旅游产品，以获取更大的客户流量。因此，未来在线出境游市场的竞争将集中在年轻群体这一细分赛道，平台之间将立足自身优势，推出契合年轻人需求的个性化、多样化旅游产品与服务，在激烈的市场竞争中博得生机。一是提供出境游产品与服务的平台企业更加注重个性化服务，为有高端私人定制需求的出行群体提供高标准的出境游服务，先一步抢占高端出境游市场；二是在线旅游平台在已有的出境游细分赛道上提高产品质量与服务品质，如为出境游客户提供更便利的酒店机票预订服务，提高出境游体验感；三是在线旅游平台不断进行市场调研，发掘客户在出境游过程中的各类需求，相应推出新的服务项目，如携程旅行推出的境外门票在线预订等服务。

（二）互联网流量加持，平台将更加注重内容化与社交化

随着短视频用户数量"爆发式"增长，众多旅游景点以短视频的形式广泛传播，在线旅游平台也抓住短视频风口，拓展短视频内容形态的布局，短视频成为旅游营销新方式。短视频具有门槛低、体验感强等特点，尤其适配旅游业，精美的画面和有趣的解说在短时间内吸引消费者，推动其了解更多境外旅游目的地，并可直接购买相关产品。未来，短视频将会对出境游市场产生更大的影响力，同时会成为在线旅游平台营销出境游产品和服务的一个重要途径。在新内容流量时代，优质旅游内容能更好地满足用户个性化需求，根据 Fastdata 和红星资本局提供的数据，无论是哪个

---

① X 世代指 1966~1980 年出生的群体，Y 世代指 1981~1995 年出生的群体，Z 世代指 1996~2010 年出生的群体。

年龄段的用户，对旅游内容的关注度都在60%以上。境外旅游目的地美食、自然探索、户外运动、避寒避暑、城市休闲等当地化的旅游体验内容最受中国游客青睐。携程旅行推出"旅拍"频道，鼓励用户通过该频道提供优质旅行内容，正在实现从流量渠道到内容驱动的转变。马蜂窝增加"嗡嗡"功能，可用于发布短视频，随时随地分享旅途美景、美食与心情，促进内容生态升级，进一步提高"内容+交易"闭环效率。因此，未来在线出境游市场将会更加注重"用户体验+优质内容+平台社交"，从而增强用户黏性，促进用户持续增长。

（三）深耕低线城市，发掘出境游"新蓝海"

近年来，一二线城市一直是在线旅游平台争夺的重要市场，低线城市在线旅游业务渗透率依然较低，低线城市是出境游"新蓝海"。马蜂窝与中国旅游研究院共同成立了"自由行大数据联合实验室"，其发布的《"一带一路"：中国出境自由行大数据报告2019》指出，出境游市场下沉明显，二三线城市出境游消费崛起。携程旅行发布的《2019国民旅游消费报告》显示，三线及以下城市出境游人数同比增速超过一线城市。因此，随着我国国民收入不断提高，二三线城市乃至更多下沉市场的出境游需求将会稳步提升，并成为出境游客源市场的重要增长点。根据阿里妈妈发布的《下沉市场洞察报告——时空脱域中的小镇青年》，"小镇青年"因为生活半径小和通勤时间短，从而相对拥有更多的闲暇时间，虽然工资水平低，但生活成本也低，经济压力相对更小，所以19~39岁的"小镇青年"是下沉消费市场的活跃代表。对于在线旅游平台来说，低线城市客户和"小镇青年"是下沉市场中的用户增长红利，未来他们将成为助推在线出境游业务快速增长的群体。

参考文献

［1］《2023年中国出境游行业洞察报告》，"36氪研究院"微信公众号，2023年4月

27 日，https：//mp. weixin. qq. com/s/blJO23lycOsheUDLdlYKfg。

［2］《2021 全球自由行报告：我的中国，真好玩!》，劲旅网，2022 年 1 月 28 日，https：//xueqiu. com/1543547907/210471533。

［3］《2019 年中国在线出境游行业研究报告》，"艾瑞咨询"百家号，2019 年 9 月 26 日，https：//baijiahao. baidu. com/s? id＝1645694911250035580&wfr＝spider&for＝pc。

B.16
平台数据跨境流动风险防范
与合规建设

——以奇安信为例

邓慧慧　郭　琳　潘雪婷*

摘　要： 在数智化时代下，把控住网络安全的"命门"，就能稳住数字经济发展的地基。数据要素的价值日益凸显，数据跨境流动在传输、存储和应用3个重要环节的风险防范与合规建设也备受关注。2022年，奇安信以冬奥会网络安全"零事故"的优异答卷展现出我国网络安全平台的强硬实力。通过规模化市场扩张、产品覆盖范围扩大、核心技术壁垒构建等发展战略，奇安信逐渐成为我国网络安全行业的"领头羊"。未来，奇安信将持续在数据安全和人工智能大模型方面进行战略布局，为我国数字经济发展保驾护航。

关键词： 网络安全　跨境数据流动　奇安信

当今世界步入数智时代，数据已成为举足轻重的生产要素，数据要素的流动也在不断对网络安全提出更高的要求。在数字中国战略的指引下，数字经济早已驶入发展的快车道，数据要素的市场规模扩大、市场潜能被发掘，

---

* 邓慧慧，对外经济贸易大学北京对外开放研究院研究员，国际经济研究院教授、博士生导师，对外经济贸易大学区域与城市经济研究中心主任，主要研究方向为数字经济，区域、城市与产业发展；郭琳，对外经济贸易大学国家（北京）对外开放研究院国际经济研究院博士研究生，主要研究方向为数字经济；潘雪婷，上海财经大学城市与区域科学学院博士研究生，研究方向为区域经济。

数据流动风险防范与数据合规建设成为实施数字中国战略的重要前提。2023年2月，中共中央、国务院印发《数字中国建设整体布局规划》，指出强化数字中国建设的关键就是筑牢可信可控的数字安全屏障，增强数据安全保障能力，健全网络数据监测预警和应急处置工作体系。

2022年2月20日，北京冬奥会随火炬的熄灭画上完美的句号，奇安信科技集团股份有限公司（以下简称"奇安信"）以网络安全"零事故"的优异答卷完成了北京冬奥会的网络安保工作，成为第一家完成冬奥会网络安保任务的第三方网络安全服务商。根据北京冬奥会官方数据，奇安信以内生安全、经营安全的理念，完成了冬奥会3个赛区包括竞赛场馆和非竞赛场馆在内的40余个场馆的网络安全建设任务，在冬奥会期间累计发现、修复安全漏洞5782个，累计监测网络攻击超2.4亿次，发掘并处理相关舆情事件105件，排查风险主机150台，发现恶意样本数54个①。奇安信用"中国模式"和"中国服务"为2022年北京冬奥会铸造了坚固的网络安全防线，展现出其在网络安全领域突出的技术实力和全面的领先优势。2023年6月20日，中国网络安全产业联盟（CCIA）发布《2023年中国网络安全市场与企业竞争力分析报告》，其中公布了CCIA评选的"2023年中国网安产业竞争力50强"，奇安信连续3年登顶CCIA榜单，已成为新一代网络安全行业的"领头羊"。

一　中国数据安全发展现状

全球数字经济版图的不断扩张、数字经济规模的不断扩大，使得数据的重要作用日益凸显，对数据境内和跨境流动安全提出了新的要求。数据安全是数字经济诞生和发展的基础和底线，数据流动的风险防范和合规建设是保护个人隐私、保障企业数据跨境流动安全的重要前提。

（一）数据相关法律法规框架日益完善

我国在数据合规和监管方面起步较晚，但近年来相关法律法规的相继落

---

① 资料来源：新华网，http://www.news.cn/2022-02/21/c_1211581950.htm。

地生效意味着我国在网络安全和数据安全领域的基本法律法规框架已建构完成（见表1）。从《中华人民共和国网络安全法》到《中华人民共和国数据安全法》，再到《中华人民共和国个人信息保护法》，数据合规相关法律法规的不断细化已是大势所趋，未来针对不同数据活动的规范细则也将不断落地。以数据跨境流动为例，我国针对数据出境活动颁布《数据出境安全评估办法》，该办法无疑是对《中华人民共和国个人信息保护法》中"数据出境安全评估"这一部分的细化；而《个人信息出境标准合同办法》则是对《中华人民共和国个人信息保护法》中"合同备案及数据认证"这一部分的细化。基于此，数据跨境流动相关的基本法律法规框架也建构完成。

表 1 中国数据合规相关法律法规

时间	法律法规
2015 年 7 月	《中华人民共和国国家安全法》
2017 年 6 月	《中华人民共和国网络安全法》
2020 年 1 月	《中华人民共和国密码法》
2021 年 1 月	《中华人民共和国民法典》
2021 年 9 月	《中华人民共和国数据安全法》
2021 年 11 月	《中华人民共和国个人信息保护法》
2022 年 7 月	《数据出境安全评估办法》
2023 年 6 月	《个人信息出境标准合同办法》

资料来源：笔者根据公开资料整理。

（二）数据安全分级、分类、分行业管理

在数据相关法律法规框架日益完善的同时，中国在数据安全保护领域逐步实行分级、分类、分行业的管理制度。2017 年颁布的《中华人民共和国网络安全法》提出，数据可从个人、公共管理、信息传播、组织经营和行业领域等不同维度进行分级分类保护，不同维度的数据安全对风险规避和法律合规具有不同的要求。除此之外，不同行业对数据治理和数据安全的要求也有所不同，特定行业的数据治理可能被列为重点管理部分，如涉及金融行业征信数据的《征

信业务管理办法》、涉及医疗领域数据的《信息安全技术—健康医疗数据安全指南》、涉及汽车行业行车数据的《汽车数据安全管理若干规定》等。

二 典型数据跨境流动风险及应对

（一）中国数据跨境传输方式

自 2022 年 9 月 1 日起，《数据出境安全评估办法》正式施行，对我国数据出境传输的具体情形提出了安全评估要求（见表 2）。若数据处理者或数据传输者未按相关要求进行安全评估，将视情节严重程度进行不同程度的处罚。

表 2　中国数据出境传输安全评估要求

境内数据处理者类型	要求
向境外提供重要数据	需要申报数据出境安全评估
是关键信息基础设施运营者和处理 100 万人以上个人信息的数据处理者	以提供人数而非个人信息数量为标准，处理 100 万人以上个人信息的需要申报数据出境安全评估
自上年 1 月 1 日起累计向境外提供 10 万人个人信息或者 1 万人敏感个人信息的数据处理者	以最高两年时长为准，自上年 1 月 1 日起算，达不到数量要求的可以不申报数据出境安全评估，达到数量要求的应当申报数据出境安全评估
国家网信部门规定的其他情形	需要申报数据出境安全评估

资料来源：根据《数据出境安全评估办法》相关内容整理。

（二）典型数据跨境流动风险

在全球化、数智化背景下，数据跨境流动已成为涉及跨境 IPO 业务的企业、开展外贸业务的企业、跨国企业等众多企业不可或缺的生产要素传输过程。数据跨境流动场景主要分为两类：跨境传输和跨境访问，前者指的是数据接收方基于约定或合同，接收源于其他国家或地区的数据，跨境采集也属于其中一种特殊情况；后者指的是数据访问方基于合同对其他国家或地区的服务器进行合法访问，同时读取其中的部分或全部数据并进行约定处理操作的过程。

数据跨境流动风险主要出现在数据的传输、存储和应用3个环节中。在传输环节中,数据跨境流动的路径广、程序多、溯源难,传输过程的稳定性可能被破坏,数据本身也可能被修改、伪造。在存储环节中,数据经历跨境传输后只能存储于当地服务器,数据安全在很大程度上取决于当地的防护级别,数据泄露风险不太可控。而在应用环节中,由于数据跨境传输的介质和应用多样化、广泛化,原属地与流向地之间政策法规存在不同,数据的所有权和使用权之间的界限较为模糊,因此在数据的应用和开发过程中存在合规风险。

典型的企业数据跨境流动风险包括法律合规风险、操作风险、网络安全风险等。法律合规风险往往涉及境内与境外相关法规中对运营者、数据处理者等数据跨境流动责任方主体责任的要求,若违背任意一方的法律要求或监管规定,则有承担刑事或行政责任同时面临处罚的风险。操作风险指的是数据跨境流动过程中不同处理权限、多种数据设施在操作时出现问题从而导致数据被泄露、破坏的风险。而网络安全风险是指数据跨境流动过程中传输路径受到网络攻击从而导致数据被篡改、损坏的风险。

数据跨境流动风险会导致跨国企业在业务开展的过程中承担声誉损失、经济损失以及业务范围难以扩张的后果,影响投资者和合作者的信任,不利于企业的可持续发展。关于数据跨境流动风险的应对,现有企业主要从以下几个方面进行。

1. 加强数据安全技术体系建设

从技术手段上对数据跨境流动进行优化和完善,建立高水平的安全技术体系,在合法合规的基础上加强数据在传输、存储、应用上的安全防护,用技术升级和安全工具部署为整个数据跨境流动周期保驾护航,保障数据跨境流动过程中的安全和稳定,最大限度地避免数据被篡改、泄露和破坏。

2. 保持长期持续的合规监测

企业应对自身数据安全保持长期且持续的自我评估,保持对自身数据跨境流动的长期监测和问题处理,随时掌握数据传输环节的动向和状态,与数据接收方保持有效且稳定的沟通。同时,时刻重点关注敏感数据的流向、存储和应用，定期检查隐私数据、个人数据等敏感数据的安全状态，及时把握是否存在数据违规情况，保证数据跨境流动的合规、有序、安全、稳定。

3. 建立数据安全保障管理体系

在企业内部建立合理的数据安全保障管理体系，基于企业自身特性按需设立相应的管理机构，对内部数据安全以及个人隐私保护进行统筹规划，时刻落实监管部门的相关要求并填补管理漏洞。同时，企业可以考虑建立问责制度，对涉及数据跨境流动过程各个环节的员工进行追责处理，这可以在一定程度上保证数据跨境流动的安全性并完善补救机制。

三 奇安信企业介绍与发展历程

奇安信成立于2014年，是稳居国内领先地位的网络安全产品及服务提供商，基于最新的数字技术向政企机构提供覆盖面广、安全有效的网络安全解决方案。经过多年的发展，如今的奇安信无论是在企业规模上，还是在市场占有率上，都连续数年稳居行业第一，更是凭借丰富的网络攻防实战经验、百余款覆盖网络安全全景的产品、完整的生态链条和强大的生态体系成为新一代网络安全行业的领军者。2022年，奇安信在北京冬奥会上用网络安全行业的"中国模式"、"中国产品"和"中国服务"交出了网络安全"零事故"的"中国答卷"，护航数智时代下的网络安全和经济发展。

2015年，奇安信提出"数据驱动安全"的理念，主张用大数据方法来解决大数据时代的安全问题。2016年，奇安信从360公司脱离，成为独立运营的360企业安全集团，与Coremail在邮件安全方面达成深度合作，开始提供2B企业级安全服务。同年，奇安信开始全面参与国家级重大活动的网络安全保障工作，助力公安部开展实战攻防演习，并先后完成了两会、上海合作组织峰会、G20峰会、文博会等国家级重大活动的网络安全任务。

由于发展时间尚短、技术水平有限，这一阶段我国关键信息基础设施防护存在一些薄弱环节。首先，宏观体系未完全建立，而微观体系存在失衡。其次，应变能力较弱，不足以应对差异化、多样化的网络安全攻击，也不足以应对复杂多变的网络安全形势。最后，网络安全防护对新技术的应用不够得心应手，在全新的数据环境中缺乏对安全威胁的从容应对。在这一背景下，奇安信在 2017 年提出了"44333"全新防护体系，即"四个假设、四新战略、三位一体、三同步和三方制衡"，成为国内网络安全行业全新的风向标。同年，"永恒之蓝"勒索病毒爆发，奇安信在 72 小时内先后为超过1700 家政企机构提供了网络安全现场服务，为逾 2000 家机构提供了电话服务，经此一役，奇安信成为网络安全行业的应急服务标杆。

2019 年，中国电子战略入股奇安信，奇安信正式成为网络安全"国家队"的一员，顺利推进网络安全研发平台建设，促进针对新赛道的产品不断诞生并发布。在 2019 年第六届世界互联网大会上，奇安信作为新一代网络安全代表亮相，发布品牌的全新标志"虎符"（见图 1），展示出新一代网络安全的"中国符号"，发出了网络安全行业的"中国声音"。同年，奇安信成为首届北京网络安全大会的主办方，在此次大会上提出发展的全新理念——"内生安全"，重新定义企业的发展方向，并正式获得为 2022 年北京冬奥会和冬残奥会提供网络安全服务的机会。在"内生安全"理念的引导下，奇安信在 2020 年搭建了以"理清楚"、"建起来"和"跑得赢"为重点的内生安全框架，并成功上市。在新的内生安全框架下，网络安全体系不仅获得了更高的防御能力，包括动态防御、主动防御、纵深防御，还获得了更精准的靶向防护和联防联控能力。

图 1　奇安信全新标志

297

2021年至今，我国数字化转型正全面展开，政企机构和个人用户的网络安全需求处于亟待满足的阶段。作为行业"领头羊"，奇安信始终保持与众多头部互联网厂商的战略合作，在技术更新和产品更迭方面始终走在行业前沿。

四　发展策略及业务布局

随着新一代数字革命的不断深入，数字场景的应用也在不断增加，数据不仅成为不可取代的生产要素和战略资源，也成为网络安全服务的重点对象。人工智能、大数据应用等数字技术，不单是社会生产生活的全新动力，也是维护网络安全的重要工具。基于此，2023年我国网络安全行业的发展正转向数据安全、合规先行、服务化转型、数字经济等方面。

（一）奇安信发展策略

1.规模化进行市场扩张，树立标杆

基于本身可靠而强大的技术硬实力，奇安信所推出的产品和服务能够满足大多数政企机构的网络安全需求，并与众多大中型政企机构建立了长期稳定的合作关系，对于头部客户的个性化需求一般都可以满足。奇安信在此基础上采用"先难后易"的拓展方式实现行业纵向规模化、区域横向规模化和产品体系规模化发展。

从网络安全行业角度来看，奇安信率先选择在大型政企机构上实现业务突破，从而在头部客户群体中树立起业务标杆的形象，再利用标杆形象把业务从头部客户逐渐拓展到普通客户，从而实现行业纵向规模化。

从区域角度来看，奇安信同样采取"先难后易"的策略，通过多年在大型政企机构客户业务上的深耕，在国家级、省部级政府以及监管侧（如公检法司）客户群体中具备优秀的口碑，在这一类客户群体中顺利释放技术卓越、实力强劲的品牌效应。企业的硬实力在与大型政企机构的合作之中得到展现，从而通过区域间的辐射作用实现区域横向规模化。

从产品角度来看，传统的网络安全企业面向客户出售单一防护产品的"一次性交易"并不能维持较强的客户黏性。比起单一防护产品，奇安信为客户提供的是体系化的防护方案，通过所提供的安全服务（包括咨询、运行、应急在内的多项服务）深度规划并参与客户的网络安全建设，大幅增强客户黏性。与单一防护产品的简单堆砌不同，在体系化的防护方案中，奇安信的多款产品之间可以有效实现协同联动，避免堆砌产品的笨拙与被动，实现主动防御，为客户提供了更完善、更稳定的网络安全保护，从而实现规模化扩张。奇安信通过行业纵向、区域横向、产品体系的规模化，像"滚雪球"一样实现了企业市场扩张的规模化，顺利成为网络安全行业的头部企业。

2. 扩大产品覆盖范围，占据优势

目前，奇安信所拥有的网络安全产品品类超过 100 种，新赛道产品以及安全服务在行业内的市场占有率始终处于领先地位。其中，最为核心的安全产品可被划分为终端安全、数据安全、边界安全、态势感知 4 个类型。

奇安信旗下的终端安全产品的市场占有率自 2018 年以来连续 5 年在国内位居第一，在政企机构中拥有超 5000 万人的用户群体①。终端安全产品中的优秀代表，如天擎 EDR、"信创终端一体化终端安全解决方案"、可信浏览器、"商业密码证书可信计划"在业内都获得了高度评价和较高的市场占有率。同时，通过在数据安全和隐私保护领域的创新型产品，奇安信实现了对数据安全市场的快速占领。奇安信推出的数据安全创新产品"五件套"（特权卫士、权限卫士、API 卫士、隐私卫士和数据安全态势运营中心）实现了从 5 个不同方面同时为客户提供隐私保护，成功为客户构建完整的数据安全闭环体系。此外，在《数据出境安全评估办法》于 2022 年 7 月发布后，奇安信率先发布数据跨境卫士，在跨境业务开展、境外机构管理、数据跨境传输等多重场景中为企业提供符合数据跨境合规流程的技术支持。

对于网络安全中竞争最激烈的细分领域——边界安全领域，奇安信持之以恒地打磨自身的核心产品——新一代智慧防火墙，从具备优势逐渐转向扩大优

---

① 资料来源：国金证券，https://www.vzkoo.com/read/2022091961edf13788aa70ddd6900dbd.html。

势。奇安信的智慧防火墙产品不仅继承了创新安全技术，还借助内部的三大中心（网络威胁感知中心、终端安全管理中心、安全管理分析中心）的协同联动，为用户构建新一代数据防御平台，成功在竞争激烈的市场中占据不可撼动的地位。在边界安全产品的基础上，奇安信通过态势感知产品上的创新技术构建企业主动防御体系，针对不同应用场景、态势感知所对应的不同产品，进一步满足多样化的防护需求。奇安信四大核心领域代表产品见表3。

表3 奇安信四大核心领域代表产品

终端安全	终端安全防护	终端安全响应系统（EDR）、终端安全运营平台（ESOP）
	办公终端安全	网络安全准入系统（NAC）、终端安全管理系统（天擎）、可信浏览器、终端安全管理系统 SaaS 版本（天守）
	移动终端安全	移动威胁防御系统、移动安全管理系统、云手机安全管理系统、移动环境感知系统、移动应用自防护系统
	个人安全产品	奇安信天守安全软件
数据安全	数据安全防护	数据库防火墙、运维安全管理与审计系统（堡垒机）、数据防泄漏系统、数据库审计与防护系统、数据脱敏系统等
	数据流通安全	数据交易沙箱系统、数据跨境卫士
	个人信息保护	隐私卫士
边界安全	防火墙与网关	新一代智慧防火墙、安全 SD-WAN、安全接入网管系统（SSL VPN）
	网络隔离	光单向安全隔离数据自动导入系统（单向光闸）、安全隔离与信息交换系统（双向网闸）、跨网文件安全交换管理系统等
	网络入侵检测与防御	入侵检测系统、入侵防御系统
	上网行为管理	上网行为管理系统、网络安全审计系统
	其他	服务调用平台、智能流量管理系统、抗拒绝服务系统（Anti-DDos）、Web 安全网关
态势感知	监管、研判与指挥	网络空间安全态势感知与协调指挥系统、智慧城市安全监管与运营响应平台、监管态势感知单机版、监管态势感知研判系统等
	运营、编排与管理	态势感知与安全运营平台（NGSOC）、安全编排自动化与相应系统（SOAR）等
	攻防、检测与演习	威胁检测与分析系统（天眼）、自动化渗透测试系统、攻击诱捕系统、实战攻防演习平台等
	情报、分析与支撑	威胁情报平台、ALPHA 威胁分析平台、大数据智能建模平台等

资料来源：奇安信网站。

除了在四大核心领域上的产品开发，在"云、大、工、移"新赛道全新防护场景的安全产品开发上，以及在运用大数据和人工智能新技术来提升安全防护能力的产品开发上，奇安信也保持着领先的市场占有率和竞争力。借助广阔的产品覆盖范围，奇安信既能在传统的核心领域上具有领先优势，又能在新赛道产品的开发上展现竞争力，能够最大限度地满足客户的网络安全需求，在网络安全市场上始终占据发展的"主航道"。

3. 构建八大研发平台，降本增效

众所周知，日新月异的互联网发展使得网络安全行业处于惊人的更新迭代之中，不断变化的应用场景和用户需求已经无法用传统模式来满足，而网络安全产品的开发具有定制化的特征，"Reinventing the wheel"（重复造轮子）的现象对整个行业的发展存在一定程度的阻碍。

在此背景下，奇安信创新性地开发了八大网络安全研发平台（鲲鹏、诺亚、雷尔、锡安、川陀、大禹、玄机、千星），再分别以上述研发平台为基础，以满足客户需求的定制化组件为辅助，快速开发客户所需的定制化产品，从而大幅提升研发速度与研发效率。在一类安全产品的开发过程中，既有通用化的安全内容，也有定制化的专门内容。奇安信推出的八大网络安全研发平台是不同类型的安全内容标准化、模块化的体现，而后续的辅助组件是客户内容定制化、专门化的体现，二者相结合能够实现研发成本的大幅降低与研发效率的大幅提升。

奇安信创新性的八大网络安全研发平台，顺利为其构建了核心技术壁垒，避免陷入研发成本高、研发周期长、研发盈利低、研发拓展差的"造轮子怪圈"，同时绕开了对通用化安全内容的重复研发，既为企业实现了高水平的降本增效，又大幅减少了产品的研发时间，同时对产品质量没有任何负面影响，更好更快地满足了政企机构和普通用户的个性化需求。

（二）奇安信未来业务布局

1. 全面发力数据安全

2023 年 5 月 23 日，国家互联网信息办公室发布《数字中国发展报告

（2022 年）》，该报告显示，2022 年我国数据产量达 8.1ZB，同比增长 22.7%，全球占比达 10.5%，位居世界第二。截至 2022 年底，我国数据存储量达 724.5EB，同比增长 21.1%，全球占比达 14.4%。2022 年我国数字经济规模达 50.2 万亿元，同比名义增长 10.3%，占国内生产总值的 41.5%。我国数字经济发展已迈出有力步伐，数据安全是数字经济发展的坚实后盾，必须大力保障数据安全。

进入由人工智能等新技术主导的数智时代后，数据由虚到实、由固定到流动，其价值也由低到高，在此过程中流动风险越来越大，被攻击的范围越来越大，损失也越来越大，所以数据威胁成为当下安全事故的主要因素。在这样的大环境下，2023 年 5 月 26 日，奇安信数据安全分公司在贵阳揭牌成立。依托母公司强大的技术实力与优势地位，奇安信数据安全分公司无论是在战略上还是在投入上都具备先发优势，有望在能力创新、体系构建、产品推广和场景生态方面实现全新的突破，为我国数据安全保护添砖加瓦，为我国数字经济发展保驾护航。同时，奇安信正式对外发布数据安全保护系统"奇安天盾"，成为业内首款率先实现"能看清、能管好、能防住"的数据安保系统，该系统以奇安信典型的网络安全"零事故"为目标，具备全链条数据安全防护能力，能够有效保障数据要素市场的稳定运行和数据要素价值的全面释放。奇安信作为网络安全行业的领军企业，在数据安全方面加大重点布局和资源投入力度，必将为我国高达 1500 亿元的数据安全保护市场注入新的"强心剂"。

网络安全行业所面对的攻击方式往往因技术更新而日新月异，传统的安全防护手段较少涉及针对身份和权限的攻击应对，针对数字化业务的攻击应对设计也较少，因此面对当前主要攻击手段时防护力有所下降，企业数字安全的威胁日益增加。当前，政企机构的数字化工作面临访问流程重复烦琐、工作协同混乱繁杂、数据环境危险复杂等问题，为解决上述问题，奇安信在 2023 全球数字经济大会上推出了"奇安天信"零信任工作系统。该系统聚焦企业数字化工作困境，解决安全边界模糊问题，保证数字化工作安全合规、可信高效地开展。通过构建"一站式访问、一站式工作、一站式保护"

入口，解决数据流动过程中混乱重复的风险问题，始终为企业的数字化工作提供坚固可靠的后盾。"奇安天信"业务布局见图2。

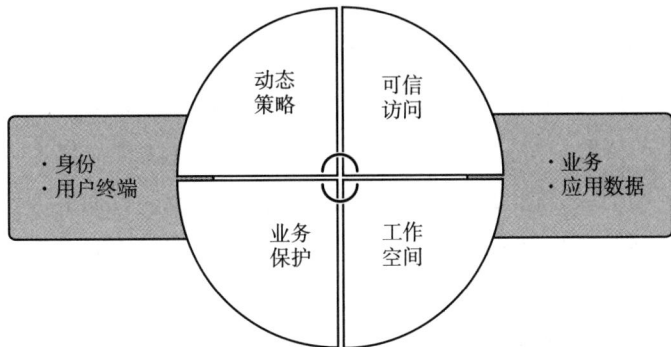

图 2　"奇安天信"业务布局

资料来源：奇安信网站。

2. 积极训练人工智能大模型

2022 年底以来，以 ChatGPT 为代表的生成式人工智能（AIGC）如龙卷风一般席卷了世界，在全球带起了人工智能大模型、机器深度学习的新热度与新话题。以 ChatGPT 为代表的 AIGC 所涉及的网络安全问题主要包括四个方面：第一，人工智能在意识形态、价值观方面的合规性，这是内容安全方面的问题；第二，部分企业内部员工在公共人工智能平台上利用本公司的数据对人工智能进行"调教"，这是数据泄露方面的问题；第三，若公司内部部署了本地的人工智能大模型系统，人工智能大模型系统安全保护也是主要问题；第四，利用 AIGC 为政企机构和普通用户的网络安全提供保护和后盾，这是网络安全人才储备方面的问题。在上述四个方面的安全问题之中，奇安信提出了"一管三不管"的原则，内容安全和内容合规并非奇安信的责任范围，而其他三个问题（数据泄露、人工智能大模型系统安全保护和网络安全人才储备）都是奇安信关心的部分，也是未来会持续努力的方向。

安全防护和网络攻击始终是矛和盾的关系，在 AIGC 出现后，奇安信提

303

倡"要以其之矛攻其之盾"。奇安信团队对于 AIGC 相关的强化学习大语言模型等技术已有长时间的实践,并计划在未来将相关技术广泛应用于安全产品开发、威胁检测、漏洞挖掘、安全运营及自动化、攻防对抗、反病毒、威胁情报分析和运营、涉网犯罪分析等领域。尽管 AIGC 对网络安全行业的益处显而易见,但其不确定性仍然存在。在主导网络安全行业朝自动化、智能化方向创新的同时,奇安信在人工智能大模型的训练上也提出了对数据安全的新需求,推动以数据为中心的数据规划、法律法规、数据审核等一系列标准、法规的制定及数据中心、数据交易、数据安全等一系列产品、平台的建设和发展。

奇安信始终以"使网络更安全,让世界更美好"为企业使命,以"成为全球第一的网络安全公司"为奋斗目标,坚持"客户优先、创新优先、协同优先",坚持做用户最坚实的安全后盾。奇安信将始终响应数字中国战略,作为网络行业的标杆力量,以保障网络安全为出发点,以技术创新为增长点,全面推进我国网络安全行业的健康、可持续发展,为用户提供覆盖面更广、安全性更高、创新性更强的产品和服务,为我国数字经济发展保驾护航。

参考文献

［1］《2022 年中国信息安全行业龙头企业分析》,前瞻产业研究院网站,2022 年 9 月 13 日,https：//www.qianzhan.com/analyst/detail/220/220913-49a2b141.html。

［2］《2022 年奇安信研究报告》,国金证券网,2022 年 9 月 19 日,https：//www.vzkoo.com/read/2022091961edf13788aa70ddd6900dbd.html。

［3］《数据跨境合规白皮书》,普华永道网站,2023 年 5 月,https：//www.pwccn.com/zh/services/issues-based/globalisation-services/publications/data-cross-border-compliance-white-paper-may2023.html。

［4］《2023 年中国网络安全市场与企业竞争力分析》,中国网络安全产业联盟网站,2023 年 6 月 20 日,http：//www.china-cia.org.cn/home/WorkDetail?id=649806890200330f44492dbb。

附录一　北京市平台经济领域
相关政策梳理

周梦雯[*]

序号	发布机构	发布时间	文件名称	类型
1	北京市丰台区人民政府办公室	2022 年 1 月 14 日	《北京市丰台区数字经济创新发展三年行动计划(2021—2023 年)》	行动计划
2	北京市通州区人民政府办公室	2022 年 1 月 29 日	《关于印发北京城市副中心推进数字经济标杆城市建设行动方案(2022—2024 年)的通知》	通知
3	北京市人民政府	2022 年 1 月 30 日	《北京市营商环境创新试点工作实施方案》	实施方案
4	北京市丰台区人民政府	2022 年 2 月 16 日	《"十四五"时期丰台区高精尖产业发展规划》	规划
5	北京市丰台区人民政府	2022 年 2 月 21 日	《"十四五"时期中关村科技园区丰台园发展建设规划》	规划
6	北京市商务局	2022 年 5 月 11 日	《把握 RCEP 机遇　助推"两区"高水平发展行动方案》	行动方案
7	北京市经济和信息化局	2022 年 5 月 30 日	《北京市数字经济全产业链开放发展行动方案》	行动方案
8	北京市经济和信息化局、北京市商务局	2022 年 6 月 8 日	《北京市数字消费能级提升工作方案》	工作方案

---

* 周梦雯，对外经济贸易大学国家（北京）对外开放研究院国际经济研究院博士研究生，主要研究方向为数字经济、区域经济。

续表

序号	发布机构	发布时间	文件名称	类型
9	北京市经济和信息化局	2022 年 7 月 26 日	《北京市推动软件和信息服务业高质量发展的若干政策措施》	政策措施
10	北京市经济和信息化局	2022 年 8 月 3 日	《北京市促进数字人产业创新发展行动计划（2022—2025 年）》	行动计划
11	北京市经济和信息化局	2022 年 10 月 10 日	《关于开展 2022 年工业互联网平台创新领航应用案例征集活动的通知》	通知
12	北京市经济和信息化局	2022 年 11 月 21 日	《关于推进北京市数据专区建设的指导意见》	指导意见
13	北京市人民代表大会常务委员会	2022 年 11 月 25 日	《北京市数字经济促进条例》	条例

附录二　2022年北京市平台经济领域十大事件

周梦雯*

习近平总书记发表重要文章《不断做强做优做大我国数字经济》

2022年1月出版的《求是》杂志第2期发表了中共中央总书记、国家主席、中央军委主席习近平的重要文章《不断做强做优做大我国数字经济》。该文章指出，数字经济凭借其前所未有的发展速度、辐射范围和影响程度，正在成为全球要素资源重组、经济结构重塑、竞争格局改变的关键力量。为此，党中央自党的十八大以来高度重视发展数字经济，将其上升为国家战略，并立足数字经济的健康发展推动构建新发展格局、建设现代化经济体系、构筑国家竞争新优势。该文章提出未来做强做优做大我国数字经济的方向，即"统筹国内国际两个大局、发展安全两件大事，充分发挥海量数据和丰富应用场景优势，促进数字技术和实体经济深度融合，赋能传统产业转型升级，催生新产业新业态新模式"。该文章的发布，体现了党和国家领导人对数字经济发展的高度重视，并指明了我国数字经济的未来发展道路。

我国数字经济领域首部国家级专项规划发布

2022年1月12日，国务院发布了我国数字经济领域首部国家级专项规

---

* 周梦雯，对外经济贸易大学国家（北京）对外开放研究院国际经济研究院博士研究生，主要研究方向为数字经济、区域经济。

划——《"十四五"数字经济发展规划》（以下简称《规划》），并首次在国家级文件中对数字经济的概念进行界定。《规划》在总结我国当前数字经济发展现状、形势的基础上，从顶层设计角度明确了"十四五"时期我国数字经济发展的原则和目标，并围绕数字基础设施、数据要素作用、产业数字化转型、数字产业化、数字化公共服务、数字经济治理体系、数字经济安全体系、数字经济国际合作等8个方面部署了重点任务，提出了包括信息网络基础设施优化升级在内的11项重点工程，形成了我国发展数字经济的行动指南。此次《规划》发布是我国数字经济领域的重要事件，为我国各行业树立起发展数字经济的清晰目标、构筑起各主体多元共治新格局，助力我国数字经济提升整体实力、提高发展质量，标志着我国数字经济进入健康发展新阶段。

数字人民币（试点版）App上线并广泛应用

2022年1月4日，数字人民币（试点版）App在各大手机应用商店上架。数字人民币（试点版）App的开发者为中国人民银行数字货币研究所。目前，数字人民币试点已形成"10+1"格局，包括上海、海南、长沙、西安、青岛、大连、深圳、苏州、成都、雄安新区和北京冬奥会场景（北京、张家口）。数字人民币（试点版）App目前可供选择开通的数字钱包包括中国工商银行、中国农业银行、中国银行、中国建设银行、中国邮政储蓄银行、交通银行六大国有银行，以及招商银行、网商银行（支付宝）、微众银行（微信支付）。支持关联的消费交易第三方涵盖京东、美团、滴滴出行、哔哩哔哩、中石化等50余个App。应用场景从初期试点的线下日常消费场景拓展到公共事务、电商平台、政务等入口，并朝着全场景覆盖的目标不断迈进。

随着数字人民币试点应用的不断推广，人民币将迎来前所未有的大升级。数字人民币（试点版）App是全世界第一个主权数字货币App，它的诞生对于我国数字经济发展的意义重大。一是有效促进了数字经济时代的支付基础设施建设，替代了实体货币，节约了现金生产和流通时所需的各项成本，也提升了法律效力。二是有效促进了我国数字经济的国际化发展，在确保中国金融安全的基础上防范美国金融遏制，促进更加公平、更具效率、更加先进的全球跨境支付体系的建立。

平台掀起"出海"热潮，寻找第二增长曲线

2022年9月，拼多多旗下的跨境电商平台Temu正式上线，在运营模式上，Temu采用了自营模式，商家只需要将货送到仓库，其余的定价、销售、营销、物流配送、售后等环节均由平台负责。自营模式下，拼多多在海外运用低价策略，首选美国市场作为初期目标，平台"烧钱补贴"和"砸重金营销"，靠"砍一刀"搅动北美市场。跨境电商业务的开展，体现了拼多多做中国制造业"出海"服务者的决心。

字节跳动最重要的"出海"业务是TikTok。目前，TikTok的海外电商从东南亚拓展到欧美。2023年9月，TikTok Shop在美国上线，面向美国本土商家开放站点。根据TikTok Shop发布的全球年末大促季收官战报，TikTok Shop跨境整体GMV销量增长136%。目前，"交个朋友"已经开通"交个朋友海外电商学苑"账号，国内商家涌入海外、将国内的"短视频带货"和"直播带货"模式复制到海外有望成为未来趋势。

互联网企业大裁员

据网经社不完全统计，截至2022年12月22日，被曝裁员的互联网公司除了阿里巴巴（包括盒马和钉钉）、腾讯、京东、百度、哔哩哔哩、字节跳动、小米、快手等互联网大厂外，也有美团、滴滴、小电科技、国美电商、途牛、有赞、橙心优选、美菜、叮咚买菜、爱回收等电商平台，以及小红书、知乎、开课吧、新氧、好大夫在线等知名互联网公司。

平台企业纷纷推出新亮点、新服务

2022年，为积极应对国际、国内经济下行压力及新形势新挑战，部分互联网企业开始注重长期发展，在一系列数字经济相关政策的扶持下，把握数字化发展新机遇，拓展经济发展新空间，寻找新的发展方向。2022年3月30日，阿里投资元宇宙领域，这是继腾讯、字节跳动大力布局元宇宙之后，又一家互联网大厂加码元宇宙。2022年8月，淘宝推出"一千零一店"，打造线上交互探店新形式，摒弃传统逛街的拘束，将云端购买、特色街区与探店相结合，解锁线上探店新模式。2022年2月，拼多多进军短视频，将旗下短视频板块升级至App首页一级入口，取名为"多多视频"。

直播行业戴上"紧箍"

为规范直播行业乱象，国家广播电视总局、文化和旅游部于2022年6月联合发布《网络主播行为规范》，划定了网络主播提供直播服务过程中的31条行为红线，如封禁多次违规且屡教不改的问题主播账号并禁止该类主播以更换账号、平台等方式再度开播，不得出现假吃、催吐、暴食现象，财经、医学专业主播需持证"上岗"。网络直播不是法外之地，2021年以来多位网络主播因偷税漏税受到处罚。一系列针对网络直播行为的处罚，体现了我国整治并规范网络直播行业的决心。

抖音发力电商业务，布局同城零售

2022年，抖音开始布局电商业务，不仅将商城列为App首页一级入口，还与今日头条一并打造更加完善的直播"带货"体系。2022年"双11"，抖音电商成绩斐然，官方数据显示，其日均销量同比增长156%。与此同时，抖音还加入同城零售赛道。2022年8月，抖音与饿了么达成深度合作，共同探索本地服务新场景，其中抖音商家提供的团购商品将由饿了么完成配送服务。同年12月，顺丰同城、达达和闪送也相继接入抖音，"分羹"生活服务板块。抖音由最初的短视频平台不断实现跨界合作，不仅向线上的电商业务扩展，还向线下的同城零售布局，平台企业的跨界合作值得重视。

东方甄选成"带货黑马"

2022年，"带货主播"格局迎来大洗牌。头部主播风光不再，新东方的直播品牌"东方甄选"入驻抖音，并在半年后迅速跃居带货榜首。新抖数据显示，2022年6月，东方甄选的粉丝量从100万人涨到300万人只用了3天，随后3天，粉丝量突破了1000万人，当月销售额达6.81亿元，甚至超过了前5个月的总和。东方甄选的"爆红"不仅源于其选择在头部直播间"百废待兴"的时候切入了赛道，更在于其在高度同质化的带货方式中探索出了独特的风格。以母品牌的教育基因作为优势，东方甄选开启了"知识带货"模式，用内容链接商品与消费者，通过主播丰富的知识储备及故事性与幽默性兼具的讲解提升消费者购物体验，甚至与其形成情感上的共鸣。另外，东方甄选"不收坑位费"的纯佣金模式得到了大量品牌方的青睐。东方甄选已建立起成熟的品牌矩阵，在抖音上开拓"东方甄选之图书""东方甄选美丽生活"等支线赛道，正在挖掘"垂直带货"领域。

《北京市数字经济促进条例》发布

数字经济正在成为新时代推动经济转型升级的重要引擎和关键力量，发展数字经济是把握新一轮科技革命和产业变革新机遇的战略选择。北京市委、市政府高度重视并加快推进数字经济相关决策部署，2022年11月25日，北京市第十五届人民代表大会常务委员会第四十五次会议通过《北京市数字经济促进条例》，自 2023 年 1 月 1 日起施行。该条例着重突出了四个重点方向：一是着力夯实数字经济发展的物质和技术基础；二是立法探索做强做优做大数字经济的"北京方法"；三是确保经济发展成果惠及民生，造福人民美好生活；四是强化数字经济安全，确保数字经济行稳致远。

Abstract

The annual theme of "Beijing Platform Economy Development Report (2023)" is "New Stage of Platform Economy: Innovation Leadership and International Competition". Faced with pressures such as international supply chain bottlenecks and economic globalization, weak domestic demand side, and digital industrial transformation, the digital economy has opened up new fields of international cooperation and a new track for big country gaming. As a new economic base, the platform economy has been given new attention. Since 2022, policies in the field of platform economy have been warming up frequently. On January 29th, the National Development and Reform Commission and other departments jointly issued the "Several Opinions on Promoting the Standardized, Healthy and Sustainable Development of the Platform Economy", which pointed out that the focus of the work of the platform economy includes optimizing the development environment, enhancing innovation and development capabilities, and empowering economic transformation and development, The Central Economic Work Conference held from December 15th to 16th clearly proposed "supporting platform enterprises to showcase their skills in leading development, creating employment, and international competition". Under the stimulation of multiple positive factors, the platform economy unleashes new vitality and presents a new atmosphere, which has great potential in accelerating integration and innovation and exploring international markets.

The "Beijing Platform Economy Development Report (2023)" comprehensively utilizes methods such as survey research, horizontal comparison, and case analysis to deeply analyze the Beijing platform economy, summarize and extract the achievements and experiences of Beijing's innovative "platform+" ecosystem and business model, and sort out and analyze the current situation and direction of Beijing's business environment and compliance policies during the normalization supervision stage, Gather and explore the strategies and obstacles of Beijing's top platform enterprises in participating in global division of labor and international competition, and outline a panoramic view of Beijing's platform economic development in 2022. The report believes that in the face of complex changes in the domestic and international environment, the Beijing platform economy has always shown strong growth resilience. In the process of improving quality and efficiency, it deeply cultivates life services to create new consumption formats and employment models, corrects industry chaos, builds digital infrastructure, improves the data element market, and releases huge scale and radiation effects with the role of "pioneers". Focusing on the 14th Five Year Plan, Beijing will seize opportunities such as the construction of the "Two Districts" and the construction of a global digital economy benchmark city to create a "Beijing Model" for digital and intelligent highlands, unlock new scenarios for platform applications such as intelligent transportation, logistics integration, and financial technology, lead new pathways for digital and real integration such as the Internet of Things, data exchange, and intelligent manufacturing, and will deeply link global innovation networks on the broader international stage, Release the economic efficiency of the headquarters, gather high-end elements, expand the circle of friends, and explore diversified cooperation paths.

Entering a critical period of transformation and upgrading, the role of Beijing's platform economy as an "innovation engine" and "carrier to the sea" has become increasingly prominent. However, in the process of transforming growth logic, standardizing business behavior, and improving development quality, various platforms have exposed the spears and shields of platform public attributes and capital profit goals. The controversy of social responsibility deficiency and the dilemma of regulatory governance deficiency coexist, information security, monopoly barriers Difficulties such as data rights confirmation constrain the stimulation of platform economic innovation potential and the accumulation of competitive potential. Standing at the intersection of breaking the old balance and establishing a new order, Beijing should adhere to the concept of people-oriented and technology oriented, promote collaborative progress between technology research and development and ecological governance, create an efficient and sustainable supply chain ecosystem that meets the requirements of the "dual carbon" strategy, and create a more inclusive and resource sharing economic system to stimulate innovation vitality; Implement a standardized regulatory mechanism with horizontal linkage and vertical connectivity, clarify the rights and responsibilities of multiple entities in the digital public domain, and grasp the principles of "keeping" and "changing" in the change of business formats; Integrate domestic and foreign resources to build a full chain service system for enterprises going overseas, seize the opportunity of global division of labor adjustment and industrial chain reconstruction, actively participate in international rulemaking, control data risk nodes, improve overseas warehouse layout, explore judicial coordination mechanisms, cultivate new advantages for platform enterprises to participate in international competition, consolidate the stock of traditional markets, and explore the increment of emerging markets.

Keywords: Platform Economy; Platform Enterprise; Collaborative Innovation; Normalized Supervision; Overseas Expansion

Contents

I General Report

Abstract: Under the wave of digitalization, the platform economic model resonates with the innovation of science and technology in the same frequency, injecting key kinetic energy to drive "digital-real integration". In 2022, the vitality of the platform economy "Beijing benchmark" has emerged, the growth momentum of the digital economy has been strong, digital infrastructure has been orderly built, and platform governance policies have been intensively introduced, taking the lead in forming the leading domestic data element market. With the deepening of the cultivation of platform economic entities in Beijing, the warming of various livelihood platforms, the formation of a pattern of geese in the industrial chain led by "head goose enterprises", the extensive gathering of innovative elements in the innovation ecosystem, and the globalization of platform enterprises have significantly accelerated. However, in a more complex external environment, the Beijing platform economy urgently needs to make up for the technical barriers in the industry, the lag in the supervision of new business forms, the lack of talent "reservoir" and other "hard power" shortcomings, and overcome the "soft environment" constraints such as data cross-border risks, social and cultural differences, and macro turbulence. To this end, the report argues that Beijing should take multiple measures, pay attention to the demands of various groups, and implement the multi-subject responsibility regulation; Make good use of the system "experimental field" to promote the advanced standards in the field of platform economy to "go out" and "introduce"; Expand the Internet of everything scenario, and further enrich the content of digital consumption, night economy and convenience services; Promote the digital transformation of the production side, and upgrade the "made in China" to "quality" with "wisdom"; Build overseas warehouses to enhance supply chain resilience and enhance the competitiveness of overseas enterprises.

Keywords: Platform Economy; Digital Infrastructure; Innovation Leading; International Expansion

II   Innovation Reports

B.2   Collaborative Innovation and Ecological Progress

　　—*Research on the Implementation Status and Prospect*

　　of Beijing Intelligent Transportation Platform

Abstract: With the increasing demand for global carbon emission reduction, the Beijing Intelligent Transportation Platform will become an important driving force to promote the construction of a powerful transportation country by integrating digital technologies and transportation systems, optimizing transportation networks and reducing transportation emissions, and constantly striving to achieve the goal of carbon peak and carbon neutrality. This report introduces the development environment, development opportunities, development status and future prospects of Beijing's smart transportation, and puts forward corresponding countermeasures and suggestions. The construction of the intelligent transportation platform has played a positive role in optimizing logistics transportation, intelligent distribution, green logistics and other aspects, promoting the implementation of the "dual carbon" strategy. In the future, the platform will continue to develop, and improve the efficiency and sustainability of the transportation system by strengthening the integration of the industry and the supply chain, introducing new technologies and new models. To further promote Beijing to build a transportation power as the lead to promote the prosperity of the transportation platform.

Keywords: Intelligent Transportation Platform; Digital Economy; "Dual Carbon" Strategy; Beijing

B.3 Integrated and Innovative Development of Port and Supply Chain in the Context of Platform Economy

Wang Qiang, Yang Xinyue / 038

Abstract: Ports are not only important hubs and infrastructure for logistics transportation systems, but also important channels for a country to engage in foreign trade, and play an important role in smoothing the flow of global supply chains. Due to its strong supply chain system, ports have become an important driving force for local and even global economic growth, which is the key to its great success. The development of port supply chain platforms will play an important role in promoting the development of ports and regional economies. The port supply chain platform focus on the port, and through the support of information technology, achieves the interconnection and sharing of various nodes in the supply chain. Various attempts have been made in the construction of port supply chain platforms in China. The national transportation and logistics public information platform and the "one-stop" supply chain service platform of Lianyungang Port have achieved good results. Under this trend, Beijing can integrate into the port supply chain with the help of platform economy, take advantage of technology, build information platforms, build inland ports with resource advantages, develop multimodal transport using platform information, and support port financial innovation through technological empowerment.

Keywords: Platform Economy; Port; Supply Chain

B.4 Beijing Supply Chain Platform Construction Status, Innovation and Development Trend

Wang Qiang, Liu Mengting / 052

Abstract: The integration of platform economy and supply chain has become an irresistible trend. The construction of supply chain platform has a strong promoting effect on improving enterprise efficiency, reducing enterprise cost and enhancing enterprise competitiveness. This report focuses on the current development status and prospects of the Beijing supply chain platform in the context of global supply chain platform development and construction. Firstly, a detailed introduction was given to the development status of Beijing's supply chain platforms, including typical supply chain platforms. Secondly, the characteristics of the development of supply chain platforms were analyzed based on relevant data. Thirdly, based on relevant information, the development trend of Beijing's supply chain platform in the current supply chain ecological environment was elaborated. Finally, based on the above analysis, corresponding countermeasures and suggestions are proposed for the development of Beijing's supply chain platform: increase policy support, provide more funds, and provide tax incentives; improve the talent training mechanism for supply chain platform professionals; strengthen international exchanges and cooperation, and build a domestic and international supply chain ecosystem; develop a green supply chain platform and comprehensively promote carbon reduction in the supply chain.

Keywords: Supply Chain Platform; Internet Supply Chain; Digital Transformation; Green Supply Chain

B . 5　Digital Transformation and Platform-Based Development of Commercial Banks in the Era of Digital Economy

Xue Yi, *Wang Ruohan and Zhang Xinzhi* ∕ 070

Abstract: In the era of the digital economy, the processes of "dephysica-lization" and "platformization" of banking services are accelerating. Financial technology (fintech) is driving the digital transformation of commercial banks and propelling them into the era of Banking 4. 0. In this context, the development of commercial banks in Beijing has shown characteristics such as continuous increase in investment and deployment of fintech, accelerated establishment of fintech subsidiaries, deepening cooperation with fintech companies, and gradual acce-leration of open banking practices. Commercial banks, represented by China Construction Bank and Bank of Beijing, have continuously innovated and improved their digital transformation models, achieving good results. However, data leakage, lack of unified data open standards and scope, and uncertainty in business models resulting from data openness have become important challenges in promoting digital transformation and platform development for commercial banks. To address this issue, on one hand, it requires the government to improve the traditional regulatory system, explore regulatory technology, and establish institutional norms for the banking industry in the new era and new formats. On the other hand, it also requires commercial banks to proactively embrace the national regulatory system and actively promote the construction of a new era banking governance system through organizational integration, extension of business scenarios, and the establishment of security frameworks.

Keywords: Commercial Banks; Digital Transformation; Platformization Development; Regulatory Technology

B.6 Current State and Trends of Beijing's Financial

Technology Platforms   *Deng Huihui, Huang Xiwei* / 095

Abstract: The development of China's financial technology is entering a new stage of "accumulation and momentum" from "pillar and beam": the regulatory framework in the third-party payment field is becoming increasingly clear, and detailed requirements have been put forward for different roles in the payment value chain; The digital payment represented by the digital RMB is leading a new wave of revolution in payment methods and media; Under the guidance of supporting new forms of foreign trade, the state encourages the development of the cross-border payment industry, and policy dividends are expected to be continuously released. In the field of big technology credit, financial technology and innovative business models not only promote significant progress in inclusive finance, but also bring new challenges to regulators in areas such as systemic financial risks, antitrust, and financial consumer rights protection. Beijing Financial Technology Platform should grasp and lead new technological changes; Embrace the new development opportunities brought by new trends such as the digital renminbi; Adhere to the path of inclusiveness, continue to focus on small and micro enterprises and agriculture, rural areas, and farmers, and assist in the development of the real economy; Adhere to win-win cooperation and promote the digital transformation of the traditional financial industry and even the entire society.

Keywords: Fintech; Financial Inclusion; Regtech; Central Bank Digital Currency (CBDC)

B.7 An Important Carrier in the Era of Digital Consumption

—*The Operation Mode and Innovative Development of Live*

Streaming E-commerce Platform   *Zhao Xiaokun, Li Zekun* / 120

Abstract: Since the establishment of Mogujie live e-commerce mini program in 2016, China's live e-commerce platform has developed rapidly in just a few years, and live broadcasting has become an important sales channel for many e-commerce. Compared with the traditional e-commerce model, live e-commerce breaks the limitations of time and space and builds a convenient communication path between consumers and merchants. On the one hand, consumers can learn about all aspects of product information in real time through live broadcasting, which broadens consumption channels and saves consumers' search costs. On the other hand, merchants can also get consumers' feedback on the products in real time through live broadcasting, so as to solve consumers' various doubts about the products in real time, and obtain higher sales and profits on the premise of satisfying consumers' consumption experience. This report focuses on the live streaming e-commerce platform, summarizes the development process, development advantages and development characteristics of China's live streaming e-commerce, and further analyzes its innovation path, shortcomings and countermeasures by taking the live streaming e-commerce platform of Douyin as an example. Finally, this report puts forward relevant suggestions for the future development of live streaming e-commerce, in order to guide the live streaming e-commerce platform to a healthier development path and better play its value in the future economic development.

Keywords: Live Streaming E-commerce Platform; Douyin Live Broadcast; Platform Economy

B.8 The "Breakthrough" and "Stand-up" of Online Fresh Food Platforms Under the New Retail Model

Zeng Qingge, Guo Lin / 137

Abstract: Under the new retail model, the online fresh food retail market has made great strides during the epidemic with its "high-frequency, just-in-time" product demand and direct-to-the-end logistics and delivery. This report firstly reviews the development history of online fresh food platforms, and analyses the current situation of the industry, taking into account the development characteristics of the platforms, business models and industry chain distribution. Secondly, the report identifies the real-life pain points of online fresh food platforms in the process of business development, based on the industry dilemma of thin margins, expensive logistics and narrow customer base. Finally, this report puts forward the upgrading path of Beijing's online fresh food platform, online fresh food development should be able to break the reality of the pain points, improve the platform's service level, improve the distribution and supply management, break through the industry's internal volume predicament in an innovative development mode, based on the industry's core, grasp the essence of the livelihood industry, effectively ensure product quality, and support the capital's "food basket".

Keywords: New Retailing; Online Fresh Food Platform; Platform Service

Ⅲ Supervision Reports

B.9 Current Status and Development Direction of Regulatory Practices for Platform Enterprises in Beijing

Lan Qingxin, Ma Peng / 155

Abstract: Platform enterprises serve as essential drivers for the innovative and efficient development of the global industrial chain in the digital economy era. Currently, Beijing hosts a cluster of platform enterprises excelling in various industries. Effectively addressing the challenge of balancing development and regulation, enhancing the strength and quality of platform enterprises, and fostering a conducive environment for the growth of platform enterprises and their international service ecosystems have placed new demands on the regulatory capabilities and frameworks in Beijing's platform enterprise landscape. With the ongoing push for standardized regulation, Beijing is proactively establishing a model zone for supervising and servicing online markets, building an integrated and comprehensive regulatory framework, consistently innovating regulatory approaches, and intensifying specialized systemic governance. These endeavors hold significant real-world significance in bolstering China's global competitiveness in the digital economy, propelling high-level achievements in external openness, and establishing standardized regulatory practices. However, challenges persist in the regulation of platform enterprises in Beijing, encompassing incomplete mechanisms for safeguarding the rights of online consumers, difficulties in combating unfair competition. Hence, this report puts forth policy recommendations to encourage diversified participation in the normalized regulation of the platform economy, elevate the caliber and efficiency of digital regulation for platform enterprises, expedite progress in legislation pertaining to digital regulation, and cultivate regulatory talents tailored for platform enterprises.

Keywords: Platform Enterprises; Normalized Regulation; Digital Regulation; Beijing

B.10 Compliance Issues for Platform Enterprises in Beijing

Lan Qingxin, Ji Yutong / 180

Abstract: Through a series of guiding opinions issued and key enterprise regulatory and enforcement actions, the normalized regulatory situation of platform-based business will be basically formed in 2022. Considering the national normative regulatory framework, from the perspective of internal corporate governance of Platform Enterprises in Beijing, this report firstly described the current status of compliance construction from various key areas like compliance system construction, data and personal information protection, intellectual property rights and financial business. Then report analyzed the potential risks in the areas of data privacy compliance, anti-monopoly, unfair competition and taxation, such as suspected infringement of user privacy violation, big data discrimination pricing (BDDP), as well as imperfections in the internal tax system. Therefore, in order to further enhance the efficient management of platform enterprises in Beijing and strengthen the vitality of market competition, this report finally puts forward suggestions that enterprises should strive to enrich the compliance management mode of platforms by improving the effectiveness of compliance management, reasonably and standardized use of information technology; adhere to the concept of driving technological innovation, and fully fulfil their social responsibilities.

Keywords: Platform Enterprises; Internal Governance; Compliance

B.11　Big Tech Finance Platforms: Development and

　　　　Regulation　　　　　　　　　　*Xue Yi*, *Guo Huixiao* / 197

Abstract: In recent years, based on huge customer base and data advantages, big tech has played an increasingly important role in the financial system and has become an important form of financial organization. At present, big tech in finance is constantly reshaping the market structure of the financial industry from multiple aspects such as payment, credit, and monetary funds. It is reducing the cost of financial services and optimizing financial services, exporting digital technology to improve the efficiency of financial services, promoting technological innovation of traditional financial institutions, expanding the coverage of financial services and help inclusive finance. It has also brought many risks and challenges, including market monopoly, data leakage, systemic financial risks, etc., which have brought great challenges to supervision. This article suggests that regulators should pay attention to the combined application of entity-based regulation and activity-based regulation, pay attention to the international cooperation of regulators, focus on the particularity of risks of big tech financial platforms, and reasonably grasp the degree and boundary of supervision of big tech financial platforms. In the future, given the global footprint of big tech, a hybrid regulation approach may become a new trend.

Keywords: Big Tech; Big Tech in Finance; Financial Risks

B．12　Cross-Industrial Operation of Digital Platforms in Beijing:
Current Development and Typical Platform Analysis

Liu Hang, Li Xiaozhuang / 220

Abstract: Cross-industrial operation of digital platforms has become a very common phenomenon. Through cross-industrial operations, digital platform enterprises can enter new markets that are significantly different from their original main business to operate, expanding their business scope, and achieving diversification. This report focuses on the development status of cross-industrial operation of digital platforms in Beijing, typical platforms analysis, and related problems and policy analysis. First, this report analyzes the characteristics and current situation of cross-industrial operations of digital platforms in Beijing, indicating that the phenomenon of cross-industrial operations of digital platforms are becoming increasingly common, which in turn blurs the boundaries of the digital platform markets, and then distinguishes the cross-industrial business models of two types of digital platforms: "vertical cross-industrial operation based on technology dimension" and "horizontal cross-industrial operation based on user dimension". Second, this report then analyzes the cross-industrial business practices of Baidu, AutoNavy (Amap) and JD. com, as well as typical platforms such as Tencent, Meituan, Douyin and Kuaishou based on these two different types of cross-industrial business models. Finally, this report points out three types of problems in the cross-industrial operation of digital platforms in China: definition of relevant market, "killer acquisition" and market power transmission, and then provides specific policy recommendations.

Keywords: Digital Platform; Cross-Industrial Operation; Diversified Management Mode; Beijing

B. 13 Typical Practices and Reform Directions for Optimizing the

Business Environment for the Platform Economy

in Beijing　　　　　　　　　　　　　*Deng Huihui*, *Liu Yujia* / 239

Abstract: The platform economy is a typical business model of the digital economy. It provides opportunities for entrepreneurship and employment, improves productivity and resource utilization, meets diversified consumer demand, and enhances economic inclusion and inclusiveness. To further promote the development of the platform economy, Beijing has optimized the business environment by optimizing the administrative approval process, expanding the scale of support for e-tailing, strengthening intellectual property protection, and optimizing the regulatory approach, which has achieved remarkable results. However, the current business environment of the platform economy still faces problems such as asymmetry of market power, insufficient protection of labor rights, and potential hazard of data privacy and security. Simultaneously, Beijing's platform economy still suffers from non-standardized market orders and inadequate or excessive supervision, faces challenges in cross-border business, and needs to improve the facilitation level for international operations. Thus, this report recommends improving legal policies for the platform economy, formulating data security and privacy protection rules, and creating a fair and healthy competitive environment to support innovation. In addition, the current report also suggests increasing financial support for the platform economy, strengthening cross-border cooperation, participating in making international standards, deploying and promoting 5G technology, and improving the digital-financial infrastructure.

Keywords: Platform Economy; Business Environment; Digital Technology; Beijing

IV   International Expansion Reports

B. 14   E-commerce Patform "Thousands of Sails Across the
Border" to Expand the Market
—*JD. COM*, *DHgate and XBN STOCK Business Model*
Analysis   *Zhi Chen*, *Xu Hao* / 254

Abstract: In an external environment full of uncertainties, cross-border e-commerce has demonstrated strong growth resilience, injecting "cardiotonic agents" into the global economy and trade with the certainty of growth. Along with the complex background of global economic weakness, fading pandemic dividends and intensified political games, cross-border e-commerce industry has accelerated its evolution in the direction of humanization, diversification, digital intelligence and branding, with the transaction scale, market players and financing amount breaking new heights. Beijing cross-border e-commerce platform in the favorable policy boost, logistics channels and supporting industries are becoming more and more perfect, "cloud Silk Road" thriving, the industry "a hundred barges competing for the flow". This report takes the business models of JD. -COM, DHgate and XBN STOCK as examples to show the thinking and course of Beijing's representative cross-border e-commerce platforms in the process of taking the helm of the sea, constantly exploring their comparative advantages and adjusting their business strategies in a timely manner. At this stage, cross-border e-commerce is becoming a digital trade road that connects the world, e-commerce platforms should follow the trend, seize the opportunity of compliance to reshape the competitiveness of platform services, the use of digital intelligence, decentralized ideas to explore the boundaries of product content and marketing methods, based on a high level of international economic cooperation to open up the small-language market, to create an overseas warehouse nodes and a smart supply chain in the red sea of e-commerce "riding the wind and waves".

Keywords: Cross-border E-commerce; Cross Border Logistics; JD. COM; DHgate; XBN STOCK

B.15 Online Tourism Platform Race for Outbound Tours

—*Taking Ctrip and Mafengwo Overseas Business Expansion as Examples* *Zhou Mengwen, Yu Yue* / 274

Abstract: With the gradual relaxation of epidemic prevention policies, governments and online tourism platforms actively take measures to promote the development of online tourism, the scale of China's online tourism market is constantly expanding, the number of online tourism enterprises is growing rapidly, and the demand for outbound tourism market is rapidly rebounding. This report compares and analyzes the overseas business expansion process and overseas travel business layout of the two online tourism platforms, Ctrip and Mafengwo. It is found that both companies are continuously expanding their overseas business. However, Ctrip mainly invests or acquires foreign online tourism platforms or online booking platforms, directly achieving its overseas business expansion; Mafengwo mainly aims to expand its overseas business by reaching strategic cooperation agreements with the government or tourism bureau of the destination country. The two companies also have different market positioning in outbound travel. Ctrip mainly provides "transportation + accommodation" outbound travel products and services for business travelers. Mafengwo is a social sharing platform for outbound travel users to provide free travel, self-help travel guides. In the future, the online outbound tourism market will be a differentiated competition in the field of segmentation, with the support of internet traffic, the outbound tourism products of online tourism platforms will pay more attention to "user experience + quality content + platform social".

Keywords: Online Tourism Platform; Outbound Travel; Ctrip; Mafengwo

B.16   Platform Cross-border Data Flow Risk Prevention and

Compliance Building

—*A Case Study of QI-ANXIN*

Deng Huihui，*Guo Lin and Pan Xueting* / 291

Abstract：In the era of digitalization，controlling the lifeblood of network security can stabilize the foundation of digital economy development. The value of data elements is becoming more and more prominent，and the risk prevention and compliance construction of cross-border data flow in the three important links of transmission，storage and application are also attracting much attention. In 2022，QI-ANXIN demonstrated the strength of China's cybersecurity platforms with the excellent answer sheet of "zero accident" in the Winter Olympics. Through large-scale market expansion，product coverage expansion，building core technology barriers and other development strategies，QI-ANXIN has gradually become the "leader" of China's network security industry. In the future，QI-ANXIN will continue to make strategic layouts in data security and AI big model to escort the development of China's digital economy.

Keywords：Network Security；Cross Border Data Flow；QI-ANXIN

社会科学文献出版社

皮 书

智库成果出版与传播平台

❖ 皮书定义 ❖

皮书是对中国与世界发展状况和热点问题进行年度监测，以专业的角度、专家的视野和实证研究方法，针对某一领域或区域现状与发展态势展开分析和预测，具备前沿性、原创性、实证性、连续性、时效性等特点的公开出版物，由一系列权威研究报告组成。

❖ 皮书作者 ❖

皮书系列报告作者以国内外一流研究机构、知名高校等重点智库的研究人员为主，多为相关领域一流专家学者，他们的观点代表了当下学界对中国与世界的现实和未来最高水平的解读与分析。截至2022年底，皮书研创机构逾千家，报告作者累计超过10万人。

❖ 皮书荣誉 ❖

皮书作为中国社会科学院基础理论研究与应用对策研究融合发展的代表性成果，不仅是哲学社会科学工作者服务中国特色社会主义现代化建设的重要成果，更是助力中国特色新型智库建设、构建中国特色哲学社会科学"三大体系"的重要平台。皮书系列先后被列入"十二五""十三五""十四五"时期国家重点出版物出版专项规划项目；2013~2023年，重点皮书列入中国社会科学院国家哲学社会科学创新工程项目。

权威报告·连续出版·独家资源

皮书数据库
ANNUAL REPORT(YEARBOOK)
DATABASE

分析解读当下中国发展变迁的高端智库平台

所获荣誉

● 2020年，入选全国新闻出版深度融合发展创新案例

● 2019年，入选国家新闻出版署数字出版精品遴选推荐计划

● 2016年，入选"十三五"国家重点电子出版物出版规划骨干工程

● 2013年，荣获"中国出版政府奖·网络出版物奖"提名奖

● 连续多年荣获中国数字出版博览会"数字出版·优秀品牌"奖

皮书数据库　　"社科数托邦"
微信公众号

成为用户

　　登录网址www.pishu.com.cn访问皮书数据库网站或下载皮书数据库APP，通过手机号码验证或邮箱验证即可成为皮书数据库用户。

用户福利

● 已注册用户购书后可免费获赠100元皮书数据库充值卡。刮开充值卡涂层获取充值密码，登录并进入"会员中心"—"在线充值"—"充值卡充值"，充值成功即可购买和查看数据库内容。

● 用户福利最终解释权归社会科学文献出版社所有。

数据库服务热线：400-008-6695
数据库服务QQ：2475522410
数据库服务邮箱：database@ssap.cn
图书销售热线：010-59367070/7028
图书服务QQ：1265056568
图书服务邮箱：duzhe@ssap.cn

社会科学文献出版社

皮 书

智库成果出版与传播平台

❖ 皮书定义 ❖

皮书是对中国与世界发展状况和热点问题进行年度监测，以专业的角度、专家的视野和实证研究方法，针对某一领域或区域现状与发展态势展开分析和预测，具备前沿性、原创性、实证性、连续性、时效性等特点的公开出版物，由一系列权威研究报告组成。

❖ 皮书作者 ❖

皮书系列报告作者以国内外一流研究机构、知名高校等重点智库的研究人员为主，多为相关领域一流专家学者，他们的观点代表了当下学界对中国与世界的现实和未来最高水平的解读与分析。截至2022年底，皮书研创机构逾千家，报告作者累计超过10万人。

❖ 皮书荣誉 ❖

皮书作为中国社会科学院基础理论研究与应用对策研究融合发展的代表性成果，不仅是哲学社会科学工作者服务中国特色社会主义现代化建设的重要成果，更是助力中国特色新型智库建设、构建中国特色哲学社会科学"三大体系"的重要平台。皮书系列先后被列入"十二五""十三五""十四五"时期国家重点出版物出版专项规划项目；2013~2023年，重点皮书列入中国社会科学院国家哲学社会科学创新工程项目。

权威报告·连续出版·独家资源

皮书数据库
ANNUAL REPORT(YEARBOOK)
DATABASE

分析解读当下中国发展变迁的高端智库平台

所获荣誉

- 2020年，入选全国新闻出版深度融合发展创新案例
- 2019年，入选国家新闻出版署数字出版精品遴选推荐计划
- 2016年，入选"十三五"国家重点电子出版物出版规划骨干工程
- 2013年，荣获"中国出版政府奖·网络出版物奖"提名奖
- 连续多年荣获中国数字出版博览会"数字出版·优秀品牌"奖

皮书数据库　　"社科数托邦"
微信公众号

成为用户

登录网址www.pishu.com.cn访问皮书数据库网站或下载皮书数据库APP，通过手机号码验证或邮箱验证即可成为皮书数据库用户。

用户福利

- 已注册用户购书后可免费获赠100元皮书数据库充值卡。刮开充值卡涂层获取充值密码，登录并进入"会员中心"—"在线充值"—"充值卡充值"，充值成功即可购买和查看数据库内容。
- 用户福利最终解释权归社会科学文献出版社所有。

社会科学文献出版社 皮书系列
SOCIAL SCIENCES ACADEMIC PRESS (CHINA)
卡号：513979871278
密码：

数据库服务热线：400-008-6695
数据库服务QQ：2475522410
数据库服务邮箱：database@ssap.cn
图书销售热线：010-59367070/7028
图书服务QQ：1265056568
图书服务邮箱：duzhe@ssap.cn

法律声明